Bernd Neuzner und Horst Brandstätter
WAGNER Lehrer Dichter Massenmörder

Bernd Neuzner
und Horst Brandstätter

WAGNER
Lehrer Dichter
Massenmörder

Samt Hermann Hesses Novelle
Klein und Wagner

EICHBORN VERLAG
Frankfurt am Main 1996

© Vito von Eichborn GmbH & Co. Verlag KG,
Frankfurt am Main, 1996.
Reprint der limitierten Bleisatzausgabe.
Umschlag: Franz Greno.
Satz: Greno, Nördlingen.
Druck und Bindung: Wiener Verlag, Himberg.
ISBN 3-8218-4459-0

Inhalt

Wahlverwandtschaften

Stünde einmal, wie für die übrigen
Reiche der Natur, auch für das
Menschengeschlecht ein Linnäus auf,
welcher nach Trieben und Neigungen
klassifizierte, wie sehr würde man erstaunen,
wenn man so manchen, dessen Laster in
einer engen bürgerlichen Sphäre und in
der schmalen Umzäunung der Gesetze
jetzt ersticken muß, mit dem Ungeheuer Borgia
in einer Ordnung beisammen fände.

Friedrich Schiller,
Der Verbrecher aus verlorener Ehre

In der Geschichte des Massenmordes spielt der schwäbische
Lehrer Ernst Wagner eine eher bescheidene Rolle. Er scheint
dies, bei allem Größenwahn, selbst gefühlt zu haben: »Ein
Cäsar wäre ich sehr gerne gewesen [. . .]. Ich hätte gewiß Geschichte gemacht. Für andere mag es aber besser gewesen sein,
daß ich nicht ein Cäsar war, sondern ein Schulmeister.« Wenn
wir dennoch an seinen vierzehn Opfern rühren, so nicht allein
deshalb, weil wir seine Lebensgeschichte und seine von uns
rekonstruierten autobiographischen Aufzeichnungen in vieler
Hinsicht für exemplarisch halten. Wir gestehen, daß uns der
»Fall Wagner« auf eine uns selbst irritierende Weise fasziniert
hat. »Ohne die entsetzlichen Opfer, welche unausgesetzt dem
fatalen Seelenleben dieses Menschen fallen, ohne die umfassen-
den moralischen Verwüstungen, die davon ausgehen, fiele es
leichter, zu gestehen, daß man sein Lebensphänomen fesselnd

findet. Man kann nicht umhin, das zu tun [. . .].« So beginnt Thomas Mann einen im Frühjahr 1939 veröffentlichten Essay mit dem Titel »Bruder Hitler«.

In diesem merkwürdig oszillierenden Text, der sowohl Haß einfordert von jedem, »dem das Schicksal der Gesittung auf irgendeine Weise auf das Gewissen gelegt ist«, und doch zugleich »eine reichlich peinliche Verwandtschaft« wittert, ist auch vom »Anschluß« Österreichs und von Wien die Rede: »Ich habe den stillen Verdacht, daß die Wut, mit der er den Marsch auf eine gewisse Hauptstadt betrieb, im Grunde dem alten Analytiker galt, der dort seinen Sitz hatte, seinem wahren und eigentlichen Feinde, — dem Philosophen und Entlarver der Neurose, dem großen Ernüchterer, dem Bescheidwisser und Bescheidgeber, selbst über das ›Genie‹.«

Jedes Exempel schreit nach Simplifizierung, und man könnte es sich einfach machen: Adolf Hitler und Ernst Wagner sind nicht nur Brüder im Geiste, sie sind sozusagen auch eines Geistes Kind. In der Tat liegen zunächst gewisse Parallelen auf der Hand. Die kleinbürgerliche, als Deklassierung empfundene Herkunft, der frühe Tod der Väter, das Ressentiment von vermeintlich oder tatsächlich Zukurzgekommenen, die sich vor der »gewöhnlichen Welt« in ein übersteigertes Selbstbewußtsein retten und sich in gemeinsamer Vorliebe für Richard Wagner als Künstler fühlen. Als der um fünfzehn Jahre ältere Ernst Wagner im Oktober 1909 mit der Niederschrift seiner Autobiographie beginnt und minuziös seine Taten plant, pinselt Adolf Hitler im Meidlinger Obdachlosenasyl an seinen Kunstpostkarten und entwirft Luftschlösser. »Wir schiffen« — schreibt der mit seinen selbstverlegten Dramen gescheiterte »Schriftsteller« Ernst Wagner zu ebendieser Zeit — »zu sehr in übelriechenden Niederungen und müssen jetzt endlich den Ballast auswerfen, um in reiner gesunder Region zu schweben. Ich habe ein scharfes Auge für alles Kranke und Schwache, bestellt mich zum Exekutor und kein Kommabazillus soll durchschlüpfen. 25 Millionen Deutsche nehme ich auf mein

Gewissen und es soll nicht um ein Gramm schwerer belastet sein als zuvor.«

1924 finden wir den gescheiterten »Kunstmaler« Adolf Hitler in der Festungshaftanstalt Landsberg am Lech und Ernst Wagner in der Heil- und Pflegeanstalt Winnental. Beide schriftstellern fleißig in ihren Zellen und spekulieren auf ihre Freilassung. Der eine schreibt *Mein Kampf*, wird rechtzeitig zu Weihnachten 1924 entlassen, um dann neun Jahre später zum »Exekutor« gewählt zu werden. Mit der Freilassung des in der Anstalt dichtenden Ernst Wagner wird es indes nichts, obwohl er im Januar 1924 dank einer entsprechenden Initiative sogar einen Besuch des württembergischen Innenministers (dieser wird 20 Jahre später ein Opfer des »Volksgerichtshofs« werden) in seiner Winnentaler Zelle verbuchen kann. So wird er sich in den nächsten Jahren mit in der Anstaltsdruckerei gedruckten Flugblättern und unter Anrufung der Gerichte vor allem mit Franz Werfel beschäftigen, den er für den Plagiator seiner Werke hält und der für ihn, dem Zeitgeist folgend, zunehmend zum »Juden« wird.

Dabei hätte Ernst Wagner Grund genug, seine Plagiatsphantasien spätestens von 1925 an in eine andere Richtung zu lenken. In diesem Jahr erscheint der erste Band von *Mein Kampf*, und dort finden sich »Wagnerische« Ideen unbestreitbar und zuhauf. Sie gruppieren sich vor allem um einen Satz des »Führers«, den Wagner 1913 mit der Ermordung seiner Familie und dem geplanten Selbstmord paradigmatisch vorexerzierte: »Die Forderung, daß defekten Menschen die Zeugung anderer ebenso defekter Nachkommen unmöglich gemacht wird, ist eine Forderung klarster Vernunft und bedeutet in ihrer planmäßigen Durchführung die humanste Tat der Menschheit.«

Als sich dann der »Führer« um die konkrete Umsetzung *seines* Plans bemühte, finden wir ausgerechnet den Psychiater Wagners unter den Befürwortern des Euthanasiegedankens. »Es gibt« — renommiert der »Führer« im Kapitel »Volk und

Rasse« — »Wahrheiten, die so sehr auf der Straße liegen, daß sie gerade deshalb von der gewöhnlichen Welt nicht gesehen oder wenigstens nicht erkannt werden. Sie geht an solchen Binsenwahrheiten manchmal wie blind vorbei und ist auf das höchste erstaunt, wenn plötzlich jemand entdeckt, was doch alle wissen müßten. Es liegen die Eier des Kolumbus zu Hunderttausenden herum, nur die Kolumbusse sind eben seltener zu treffen.«

Die dumpfe Stilblüte von den Eiern des Kolumbus zieht sich auch noch durch die 474./478. Auflage von 1939. Da war Ernst Wagner, dem derartiges kaum unterlaufen wäre — er hätte es mit der roten Tinte des Hauptlehrers höhnisch angestrichen — schon ein Jahr tot. Am 27. April 1938, eine Woche nach dem 49. Geburtstag des Führers und sechs Wochen nach der Annexion Österreichs, starb er in der Heilanstalt Winnental eines natürlichen Todes. Stolz und selbstbewußt hatte er von sich behauptet, schon 1930 der erste Nationalsozialist in Winnental gewesen zu sein. Und sein Psychiater sollte ihm in einem wissenschaftlichen Nachruf bescheinigen, daß er die »Aufbauarbeit des Führers bewundert und einem grundsätzlichen Antisemitismus gehuldigt« habe. Eine kurz vor seinem Tod gemachte Bemerkung Wagners verschweigt der Psychiater: »Wenn ich französischer Ministerpräsident wäre, dann gäbe es kein drittes Reich und keinen Hitler. Schon bei der Machtübernahme hätten die Franzosen einmarschieren sollen. Sie werden ihr Versäumnis noch schwer büßen müssen.« Im Jahr nach Wagners Tod beginnt der zweite Weltkrieg.

1940 fahren auch in Winnenden die grauen Omnibusse der »Gekrat« vor, der »Gemeinnützigen Kranken-Transport-GmbH«. Es werden 396 Patienten abgeholt. Ihr Ziel: Mauthausen und Grafeneck. In seiner Aussage vom 23. April 1948 gibt der Direktor der Winnentaler Anstalt, der 1935 ins Amt gekommene Dr. Otto Gutekunst, zu Protokoll, wie er auf eine Einladung, sich in Grafeneck nach dem Verbleib seiner Patienten zu erkundigen, reagierte: »Ich hatte natürlich Interesse zu erfahren, was dort oben vorgeht; ich konnte mir ja nicht vorstellen, wie die Tötung der vielen Menschen vor sich gehen sollte. Ich sagte ihm [dem Leiter von Grafeneck], ich würde kommen, wenn er mich mit dem Auto abhole und wieder heimfahre.« Der kommod arrangierte Ausflug auf die Schwäbische Alb hat stattgefunden. Otto Gutekunst weiter: »Der Arzt zeigte mir eine Baracke mit Betten, die wahrscheinlich nie benutzt wurden, denn sie waren alle frisch bezogen, den Gasraum mit vorgeschützter Brause, die Verbrennungsöfen, und außerdem sah ich im Nebenraum einen großen Haufen mit Knochenstücken. Meiner Erinnerung nach verklopfte ein Angestellter in Grafeneck diese Knochenstücke gerade mit einem Hammer. Nach meiner Rückkehr sagte ich meinem Pfarrer Flachsland in Winnenden, er möge bei einer etwaigen Beisetzung einer Urne aus Grafeneck nicht sagen: ›Ich gebe *Deine* Asche zu Asche‹, sondern ›Ich gebe *die* Asche zu Asche‹, um zu betonen, daß es sich nicht um die Asche des Toten handelt!«

Den »großen Repetenten deutscher Nation für alles Schöne und Gute, Rechte und Wahre«, so nannte ihn respektvoll Gottfried Keller. Karl Marx verhöhnte ihn als den »Vergil des Wilhelm I.«, und Friedrich Nietzsche, dessen Stern aufging, als der seinige verblaßte, bezeichnete ihn gallig als »Bildungsphilister«. Beides ist so polemisch wie zutreffend. Die Rede ist von Friedrich Theodor Vischer, einem vom Sedanfieber vereinnahmten 1848er, der als knorriger Charakter eine überaus populäre Figur war und von dessen 1878 erschienenem Roman *Auch Einer* Ernst Wagner sich nicht nur den Titel für den ersten Teil seiner autobiographischen Aufzeichnungen, sondern auch den stilistischen Sarkasmus lieh. Dieser Roman, der bis in die dreißiger Jahre mit respektablen Auflagen eine Art Kultbuch professoraler und akademischer Kreise war, hat sich im allgemeinen Bewußtsein längst verflüchtigt. Geblieben sind zwei von heute her seltsam miteinander korrespondierende Formulierungen, die zu geflügelten Worten wurden: »Das Moralische versteht sich immer von selbst« und die Doktrin von der »Tücke des Objekts«. Diese zieht sich wie ein roter Faden durch das merkwürdig ungefüge Buch, das man auch als eine Art Selbstbiographie und Selbstparodie des Ästhetikprofessors lesen kann, der mit seiner vielbeachteten Habilitationsschrift *Über das Erhabene und Komische* Furore machte.

Der Roman *Auch Einer* verweist indes nicht nur auf die Befindlichkeiten der Gründerzeit, sondern ist bereits auf dem Weg zu Freud. Vischers »Tücke des Objekts« ist nichts anderes als eine Theorie des »dummen Zufalls«, der Fehlleistungen, die Vischer selbstironisch und mit drastischer Komik als Differenzen zwischen »Oberstock« und »Unterstock« beschreibt. Den Ursachen eines Katarrhs oder eines Hühnerauges rückt er ebenso zuleibe wie einem umgeworfenen Tintenfaß oder verlegten Reiseutensilien. Von Georg Groddeck wissen wir aus dessen *Lebenserinnerungen,* wie wichtig dieser Roman für ihn war. Auch bei einem seiner Vorträge (1917) verweist er auf ein Gespräch mit einem jungen Mann, der die langweiligsten Schmöker, nicht aber *Auch Einer* zu Ende gelesen habe, was für Groddeck der »Beweis« sei, daß dieser junge Mann »mit seinem Unbewußten auf schlechtem Fuße stand«.

Wer sich die Portraitphotos von Ernst Wagner vor und nach der Tat anschaut, hat Mühe, die beiden abgebildeten Personen auf einen Nenner zu bringen. Aus einem schwammig-aufgedunsenen Schreibtischtäter wird ein selbstbewußter »Krieger«, der alles andere als gebrochen wirkt. Es scheint, als sei seine Borniertheit mit seiner Tat gereift. Es sind nicht so sehr die offenen Gewaltphantasien in den autobiographischen Aufzeichnungen des Ernst Wagner, die uns erschrecken, sondern die Tatsache, daß sie mit Reflexion und, bei aller egozentrischen Larmoyanz, sogar mit so etwas wie Selbstironie durchsetzt sind. Das unterscheidet sie, fast wäre man versucht zu sagen wohltuend, von dem geschraubten Heucheldeutsch eines Adolf Hitler, der sich mit seinen subtilen Gewaltphantasien anbiedert und im Kanzleistil stets von »Maßnahmen« spricht, wenn er kaltblütig-planmäßigen Mord meint.

Rund um den Ludwigsburger Marktplatz drängen sich beängstigend die Geburtshäuser der Dichter und Denker. Friedrich Theodor Vischer, David Friedrich Strauß, Eduard Mörike und Justinus Kerner, sie alle wurden in Steinwurfweite von diesem Marktplatz geboren. Hier ging Schiller zur Schule, und in der Stadtkirche spielte Schubart Orgel, bevor wir ihn auf dem nahen Asperg finden. Der kurze Weg zum Asperg führt über Eglosheim, von wo aus sich der 1874 in ärmlichen Verhältnissen geborene Ernst Wagner anschickt aufzusteigen. Längst ist aus dem Volk der Dichter und Denker ein Volk der Fabrikanten, Unternehmer und Erfinder geworden, die es sich leisten können, sich mit Denkmälern zu möblieren. So gedenkt man gleicherweise Friedrich Schiller und der Leipziger Völkerschlacht. In diesem Panorama haben wir uns Ernst Wagner vorzustellen.

Er orientiert sich an den Denkmälern und hangelt sich auf die für seine Herkunft schon ungewöhnliche Stufenleiter zum Lehrerseminar. Als er das geschafft hat, hebt er ab, spricht hochdeutsch und kauft sich gelbe Schuhe, mit denen er durch den Dreck der schwäbischen Dörfer stolziert, wo er sich an Bauernkinder verschwendet glaubt. Ab und an äußert er nach dem fünften Bier, daß von ihm noch etwas zu erwarten sei. Er liest und dichtet unentwegt und entwirft mit der im Lehrerseminar angehäuften Bildung kolossale Dramen, die in doppeltem Sinn Papier bleiben, auch wenn er sie, wie weiland Schiller seine *Räuber,* auf eigene Kosten drucken läßt. Intelligent, konstruiert, dabei merkwürdig altbacken und ambitioniert nach den Klassikern schielend; es fehlt der göttliche Funke, während die Gewalt in den Texten lodert: *Bilder aus dem alten Rom, Nero, Der Nazarener.* Dergleichen zeittypische Mittelmäßigkeit findet sich aber durchaus nicht nur im Pro-

gramm von Selbstverlagen. Doch als Dichter bleibt der Dorf-
lehrer Wagner, der sich in die Metropolen, zumindest aber
nach Stuttgart sehnt, notorisch erfolglos. Irgendwann beschließt er, sich eine Mauser zu kaufen, und sein Gesamtkunstwerk selbst in die Hand zu nehmen.

In Ernst Wagners autobiographischen Texten finden wir
ziemlich am Anfang den scheinbar alles motivierenden Satz:
»Daß ich mich des Geständnisses gleich entledige: Ich bin
Sodomit.« Und er fährt fort: »Es ist glücklich heraus, aber viel
mehr will ich dazu nicht sagen; eure Lüsternheit wiegt auch
keine Minute Selbstverachtung auf.« Was immer Ernst Wagner
unter dieser Selbstbezichtigung verstanden hat, aus ihm ist
nichts herauszubringen und alle Ermittlungen verlaufen im
Sande. Das Geheimnis um die Verletzung des wilhelminischen
Männerbildes — Männer zu lieben, wagt er vermutlich nicht
einmal zu denken — nimmt er mit ins Grab. Daß das Unheil
nicht vom Alkohol komme, der »Kasus also nicht im Gaumen,
sondern ziemlich weiter unten« liege, bemerkt er an anderer
Stelle. Der, wie wir aus seinem *Tagebuch* wissen, zwanghaft
koitierende ungarische Dichter und Psychiater Géza Csáth,
der sich mit Drogen systematisch ruinierte, notiert — nahezu
zeitgleich mit Wagner — im Januar 1913, daß er das Morphium
benötige, um auf diese Weise die Onanie, das Erzübel der
»Unmännlichkeit«, zu besiegen. Er schreibt, daß dies »das
kleinere von beiden Übeln« sei. Géza Csáth ermordete 1919
seine Frau und endete als Selbstmörder. 1911 hatte der Anhänger Freuds ein wissenschaftliches Werk *Über den psychischen
Mechanismus der Geisteskrankheiten* veröffentlicht. Làszló F. Földényi sagt über Csáth, daß er zu Beginn des Jahrhunderts »mit
der Unerbittlichkeit des Arztes« festgestellt habe, »daß das
Schwelgen im Gesundheitsbewußtsein« geradezu »ein Vor-
zeichen unaufhaltsamen Krebses« sei.

»Wir wollen die Liebe zur Gefahr singen, die gewohnheits-
mäßige Energie und die Tollkühnheit.« So beginnt das »Mani-
fest des Futurismus«, das 1912 auf einem Plakat der Wochen-

schrift *Der Sturm* unter Punkt 3 verkündet: »Wie die Literatur bisher die nachdenkliche Unbeweglichkeit, die Ekstase, den Schlummer gepriesen hat, so wollen wir die aggressive Bewegung, die fiebrige Schlaflosigkeit, den gymnastischen Schritt, den gefahrvollen Sprung, die Ohrfeige und den Faustschlag preisen.« Es war im Februar 1909 zuerst im Pariser *Figaro* erschienen, und seinen Verfasser, Filippo Tommaso Marinetti, finden wir später unter den Schwarzhemden Mussolinis wieder. Wir wissen um die künstlerische Initialzündung dieses Manifests unter der europäischen Avantgarde, und es liegt durchaus im Bereich des Denkbaren, daß deren Wellen auch den selbsternannten Dichter Ernst Wagner erreichten, den wir als informierten Zeitgenossen jedenfalls nicht unterschätzen sollten. Immerhin hat er sich in der Stuttgarter Landesbibliothek neben Georg Kaiser auch Hermann Essig ausgeliehen (der im Verlag Der Sturm veröffentlichte und 1919 mit seinem *Taifun* den Schlüsselroman über den expressionistischen Kreis um Herwarth Walden schrieb).

In der Nacht vom 3. auf den 4. September 1913 wird Ernst Wagners papierene Phantasie und seine Philosophie der Tat blutige Realität. Tatsache ist aber auch, daß kaum ein Jahr später in Berlin bei Paul Cassirer ein »Künstlerflugblatt« mit einer Lithographie von Max Liebermann erscheint, auf deren Rückseite ein Text abgedruckt ist, der bereits zur Allgemeinverbindlichkeit geworden war: »Der Krieg beschert uns. Wir sind andere seit gestern. Der Streit um Worte und Programme ist zu Ende. Wir kämpften gegen Windmühlen. Manchem war die Kunst ein Zeitvertreib. Wir hatten Farben, Linien, Bilder, Luxus. Wir hatten Theorien. Was uns fehlte, der Inhalt, das, Brüder, gibt uns die Zeit. Seien wir ihrer würdig. Keine gemächliche Hingabe mehr! Aus Feuerschlünden, aus Not und Blut, aus Liebe und heiligem Haß wird uns Erlebnis. Wehe dem Künstler, der heute nicht erlebt!« Dies ist ein Text aus dem Hochparterre, sein austauschbarer Verfasser ist der *Kunst-*

schriftsteller Julius Meier-Graefe. Im Souterrain hieß das dann: »Jeder Stoß, ein Franzos', jeder Schuß, ein Ruß'!«

Hermann Hesse, der sich in der *Neuen Zürcher Zeitung* **Anfang** November 1914 mit seinem Artikel »O Freunde, nicht diese Töne!« mit als einer der ersten gegen die »unheilvolle Verwirrung des Denkens« wandte, ist nicht einmal drei Jahre jünger als Ernst Wagner. Kehren wir zwei Jahrzehnte zurück. Am 2. November 1893 wird Hermann Hesse unter dem von seinem Vater geäußerten Verdacht der *moral insanity*, seit Cesare Lombroso der Terminus technicus für »moralisches Irresein« und den »geborenen Verbrecher«, in derselben Heil- und Pflegeanstalt Winnental untersucht, in der Ernst Wagner sein Leben beschließen wird. Kurz zuvor hatte er aus der Anstalt Stetten an seinen Vater geschrieben: »Sehr geehrter Herr! Da Sie sich so opferwillig zeigen, darf ich Sie vielleicht um 7 M oder gleich den Revolver bitten. Nachdem Sie mich zur Verzweiflung gebracht, sind Sie doch wohl bereit, mich dieser und sich meiner rasch zu entledigen. [. . .] Ihre Verhältnisse zu mir scheinen sich immer gespannter zu verhalten, ich glaube, wenn ich Pietist und nicht Mensch wäre, wenn ich jede Eigenschaft und Neigung an mir ins Gegenteil verkehrte, könnte ich mit Ihnen harmonieren. Aber so kann und will ich nimmer leben und wenn ich ein Verbrechen begehe, sind nächst mir Sie schuld, Herr Hesse [. . .].« Und in einem Postskriptum fügt er hinzu: »Ich beginne mir Gedanken zu machen, *wer* in dieser Affaire schwachsinnig ist.«

Hermann Hesse wird sich in die Literatur retten und — sich mit seinem ersten Veröffentlichungsversuch ausgerechnet und erfolglos an jenen schwäbischen Philosophen wenden, den sich Ernst Wagner fünfzehn Jahre später und unmittelbar vor seiner Tat zu seinem literarischen Testamentsvollstrecker wählt. Hesse hat sein erstes Manuskript mit »schonungsloser«, aber »gründlicher« Kritik zurückgehalten, Ernst Wagners Manuskripte, die im zweiten Weltkrieg verbrennen sollten, hat die Polizei beschlagnahmt. 1919 veröffentlichte Hermann Hesse die Erzählung *Klein und Wagner*. Daß es sich dabei um den Hauptlehrer Ernst Wagner handelte, blieb bis heute so gut wie unbeachtet.

Tatbestand

Er war ein braver Mann, der Herr Klein, und hinter
seiner Bravheit versteckte er nichts als Unflat und
Schande! Ja, wenn er ehrlich sein wollte — wieviel
heimliche Gedanken hatte er vor sich selber verbergen müssen! Wieviel Blicke nach hübschen Mädchen
auf der Gasse, wieviel Neid gegen Liebespaare, die
ihm abends begegneten, wenn er vom Amt zu seiner
Frau nach Hause ging! Und dann die Mordgedanken.
Und hatte er nicht den Haß, der ihm selber hätte gelten sollen, auch gegen jenen Schullehrer — — —
Er schrak plötzlich zusammen. Wieder ein Zusammenhang! Der Schullehrer und Mörder hatte ja —
Wagner geheißen! Also da saß der Kern! Wagner —
so hieß jener Unheimliche, jener wahnsinnige Verbrecher, der seine ganze Familie umgebracht hatte.
War nicht mit diesem Wagner irgendwie sein ganzes
Leben seit Jahren verknüpft gewesen? Hatte nicht
dieser üble Schatten ihn überall verfolgt?

Hermann Hesse, *Klein und Wagner*

In der Nacht vom 3. zum 4. September 1913, etwa gegen 5 Uhr
früh, als die Morgendämmerung einbrach, ermordete der noch
nicht vorbestrafte Hauptlehrer Ernst Wagner in seiner Wohnung in Degerloch seine Frau und seine 4 Kinder, nachdem er
am Abend vor dieser Tat noch bis gegen 9 Uhr mit der Hausbesitzerin Witwe S. [Stepper] und mit seiner Familie scheinbar
friedlich im Garten gesessen, die warmen Sommerabende ge-

lobt und die Tochter der Frau S. [Stepper] nach Büchern, die er für seinen Turnunterricht brauchen könnte, gefragt hatte. Die Ausführung der grauenvollen Mordtat geschah ohne Zeugen; wie sie vonstatten ging, wissen wir nur aus den eigenen Aussagen des Angeschuldigten. Nach Wagners Angaben war er mit seiner Familie gegen 9 Uhr abends zur Ruhe gegangen; er nahm ein langes, schon seit Jahren in seinem Besitz befindliches Dolchmesser mit feststehendem Griffe, sowie einen Totschläger zu seinen Taten. Ob er diese beiden Waffen am Abend schon unter das Kopfkissen gelegt hatte oder ob er in der Frühe sie erst ins Schlafzimmer hereinholte, steht nicht sicher fest; in diesem Punkte war Wagner seiner Erinnerung nicht sicher; später hat er offenbar sich des Umstandes entsinnen können, daß er vor Ausführung der Tötung seiner Frau schon einmal außer Bett gewesen war und dabei seine Frau vorübergehend aus dem Schlaf geweckt hatte. Morgens kurz vor der Tat richtete er sich im Bett auf, machte seine Frau durch Schläge mit dem Totschläger auf den Kopf bewußtlos und tötete sie sodann durch zahlreiche tiefe Stiche in Hals und Brust, die zu einer Durchschneidung der großen Halsblutgefäße und zu einer schweren Verletzung des Herzbeutels, des Herzens und der Lungen führten. Nach dem Ergebnis der gerichtlichen Obduktion der Leiche muß der Tod wohl sehr rasch eingetreten sein. Aus dem Umstande, daß die Getötete auch an Armen und am linken Daumen Verletzungen hatte, ist zu schließen, daß sie Abwehrbewegungen ausgeführt hat; ob mit oder ohne Bewußtsein, war nicht festzustellen. Wagner selbst versichert, daß sie gestorben sei, ohne zum Bewußtsein gekommen zu sein. Die Lage, in der die Leiche gefunden wurde (das linke Bein hing über den Bettrand heraus), gestattet kein sicheres Urteil darüber, ob etwa irgend ein Kampf stattgefunden hat. Doch liegt für mich kein Grund vor, den Angaben Wagners irgend zu mißtrauen. Nur mit Nachthemd und Socken bekleidet, ging er sodann — ich folge hier immer seiner eigenen Schilderung — mit dem Dolche in der Hand zunächst in das Schlafzimmer seiner beiden Knaben Robert und Richard, die er durch mehrere schwere Lungen-, Herz- und Halswunden tötete. Aus dem Obduktionsprotokoll geht hervor, daß auch hier ein rasches Ende durch Verbluten eingetreten sein muß. Dann ging er durch die Küche hindurch in das Schlafzimmer seiner beiden Töchter Klara und Elsa und tötete auch diese durch Stiche in das Herz und den Hals, die den raschen Tod unzweifelhaft zur Folge hatten. Ob die in den Akten sich findende Annahme, daß die ältere Tochter Klara Wagner beim Empfang der schweren Wunden bei Bewußtsein war, zutrifft, mag dahingestellt bleiben. Auch ein in tiefem Schlaf Befindlicher macht Abwehrbewegungen, wenn man ihm plötzlich starken Schmerz zufügt. Die anfängliche Äußerung Wagners, er habe auch bei den Kindern oder einem der Kinder vor dem Dolch den Totschläger zur Betäubung angewandt, hat er später selbst als unsicher bezeichnet; bestimmt wisse er nur, daß er seine Frau vor dem Totstechen betäubt habe, um ihr jeden Widerstand unmöglich zu machen. Den Leichnamen zog Wagner die Bettdecke (er hatte sämtliche Familienglieder in ihrem Bett liegend während ihres Schlafes ermordet) über Gesicht und Körper. So wurden sie am Vormittag des 5. September durch die Polizeibeamten auch tatsächlich vorgefunden. Das blutige Nachthemd warf Wagner in sein eigenes Bett, wo man es bei der Besichtigung der Wohnung vorfand. Dann wusch er sich, kleidete sich an, ließ den Dolch in einer Schublade des Vertikows liegen, ohne ihn vom Blute zu reinigen, holte sich seine 3 Schußwaffen, seine reichliche Munition von über 500 Patronen und die Eisenkloben (s. unten) aus dem höher gelegenen Mansardenzimmer, nahm einen seiner Frau gehörigen schwarzen Schleier, einen Leibriemen, eine Mütze, einen Ausschnitt aus einer schwäbischen Albvereinskarte an sich, packte alles in eine Reisetasche, steckte nur einen kleinen Revolver in seine Rocktasche und verließ seine Wohnung. Die Zimmer wurden am 5. September von den Polizeiorganen in bester Ordnung gefunden, sie waren sämtlich abgeschlossen, die Vorhänge heruntergelassen, die Fenster geschlossen, die Betten zugedeckt. Ehe Wagner das Haus verließ, schrieb er auf eine kleine Schiefertafel, die vor der Korridortüre seiner Wohnung hing, mit fester Hand: »Ausflug nach Ludwigsburg usw.« Ferner schrieb er auf ein ähnliches Schiefertäfelchen der Frau S. [Stepper] einige Worte und bestellte 3 Schoppen Milch, legte auch 35 Pfennige bei. Dann holte er sein Fahrrad aus dem Holzstall, band die durch die Waffen und Munition sehr beschwerte Reisetasche vorne auf dem Rad fest und wollte nunmehr die neue Weinsteige hinab nach Stuttgart fahren. Allein die Reisetasche war zu schwer; er mußte absteigen und das Rad führen. So gelangte er über die alte Weinsteige hinab nach Stuttgart, gab auf dem Bahnhof das Rad als Passagiergut auf, fuhr mit dem Zuge 8.01 nach Ludwigsburg. Unterwegs nahm er eine der beiden von ihm mitgenommenen großen Mauserpistolen aus der Tasche heraus, um sich gegen eine etwaige Verhaftung (falls die Mordtat in Degerloch rasch entdeckt worden wäre) wehren zu können. Als auf dem Bahnhof nichts Verdächtiges zu entdecken war, legte er die Pistole im Bahnhofsabort wieder in die Reisetasche zurück, gab sein Fahrrad in der Handgepäckabgabe auf und wanderte nun langsam mit der Reisetasche in der Hand in die Stadt hinein. Unterwegs kaufte er in einem Laden einen Rucksack, wobei er dem Sattlermeister K. [Kühner] einen guten, keineswegs einen verstörten Eindruck machte. Er ging nunmehr in den Schloßgarten, packte auf einer Bank sitzend aus der Reisetasche einen Teil ihres Inhaltes in den Rucksack um. Dann wanderte er zur Clußschen Brauerei, genoß dort ein Stück Schinkenwurst mit Brot und ein Fläschchen Mineralwasser. Nun pilgerte er wieder durch den Schloßgarten in den Schloßhof und von da langsam nach Eglosheim hinaus. Gegen 11 Uhr traf er dann im Hause seines Bruders ein, den er nicht daheim fand, wohl aber dessen Ehefrau. Mit dieser sprach er scheinbar ruhig von seiner Familie, ohne daß ihr dabei ein Verdacht kam; er sagte ihr, er gehe jetzt nach Mühlhausen, um die Kinder zu holen; sie seien alle 4 dort. Er bat um ein frisches Hemd, weil das seinige durchgeschwitzt war. Frau M. [Martha] Wagner gab später an, sein Hemd sei wie »aus dem Wasser gezogen« gewesen. Sie habe ihm etwas zu essen geben wollen, er habe aber nichts angenommen. Vielmehr habe er nur 1½ Schoppen Bier getrunken und seiner Schwägerin 3 Mark gegeben. Er ließ sich dann von dem Kinde des Bruders den Hasenstall zeigen, wobei sich nach Angabe der Schwägerin das Kind vor ihm ängstigte. Seiner Schwägerin fiel auf, daß er beim Wandern durch das ganze Haus, das er genau besichtigte, sein Gepäck immer bei sich behielt und es nicht aus dem Auge ließ. So erschien er ihr als etwas aufgeregt und unheimlich, wie sie später angab. Er sprach mit ihr auch über das elterliche Haus, das zu billig verkauft worden sei; die Familie Wagner habe eben gar kein Glück. In einem Augenblick, wo er allein war, nahm er aus einer in der Reisetasche oder dem Rucksack befindlichen Zigarrenkiste, die er unter seinem Rock verbarg, 228 Patronen heraus und versteckte sie in einem beim Haus befindlichen Garten im Stroh oder Heu über dem Hasenstall. Er sagte zur Schwägerin, er wolle auf dem Heimweg bei ihr übernachten, sie solle ihm das Haus auch bei Nacht zugänglich machen, da es spät werden könne. Es wurde ihm darauf ein Zimmer im Dachstock, in dem sonst ein Sohn des Hauses schlief, für die Nacht zugesagt. Der Aufbewahrungsort des Schlüssels wurde ihm gezeigt. Beim Weggehen zog er sein eigenes feuchtes Hemd über das von der Schwägerin geborgte Trikothemd des Bruders und legte einen vorher unterwegs gekauften neuen Hemdkragen um, da der alte Kragen völlig durchgeschwitzt war. Seine Reisetasche ließ er sich durch die zwei kleinen Kinder seines Bruders mit einem Handwägelchen auf den Bahnhof fahren; den Rucksack trug er selbst. Seine Nichte E. [Elisabeth] begleitete ihn bis zum Bahnhof, er unterhielt sich mit ihr über ihre Tanzstunde. Im Bahnhofhotel trank er, da es noch nicht Zeit zur Abfahrt war, eine Tasse Kaffee, gab dann sein Fahrrad nach Bietigheim auf, fuhr mit dem Zug um 1 Uhr nach Bietigheim. Auf der Fahrt (vielleicht auch erst auf dem Bahnhof?) schrieb er an die Hausbesitzerin Witwe S. [Stepper] in Degerloch mit sicherer Hand eine Postkarte folgenden Inhalts: »Ich bitte um Verzeihung, obwohl ich weiß, daß es keinen Wert hat, es war nicht anders zu machen. E. Wagner.« Die Karte gab er dann später am Nachmittag in Großsachsenheim auf. In Bietigheim gab er zunächst seine Handtasche in Verwahrung, fuhr mit dem Rade nach Großsachsenheim, wo er Briefe an seine Schwester in B. [Berlin] (ganzer Inhalt: Nimm Gift! Ernst), an seinen Schwager H. M. in Z. [Hermann Müller, Zwickau], an seinen Rektor in Degerloch, an die Allgemeine Rentenanstalt in Stuttgart, an die Redaktion des *Neuen Tagblattes* (»An die Lehrerschaft«, »An mein Volk«) in Stuttgart, an Professor X. in E. [Christoph Schrempf, Esslingen], an Hauptlehrer H. in S. [Holzapfel, Scharenstetten], an seinen Schwager B. in M. [Brems, Mannheim] zur Post gab. Dann machte er eine »Rekognoszierungsfahrt« über Untermberg, Bissingen auf den Bahnhof Bietigheim zurück. Diese Radfahrt ermüdete ihn angeblich stark. In Bietigheim holte er sich auf dem Bahnhof seine Reisetasche, ging in die Stadt, ließ sich sein Fahrrad durch einen Mechaniker nachsehen und ausbessern, begab sich dann zur Post, wo er Manuskript-Pakete an Förster S. [Schelling] und Professor X. [Schrempf] aufgab. Er kehrte noch kurze Zeit im Gasthaus zur Krone ein, genoß etwas Obst, ein Stück Hefenkranz, bestellte auch ein Viertel Liter Wein, von dem er aber nicht alles getrunken haben will. Kurz nach 7 Uhr abends fuhr er sodann von Bietigheim weg. Ein heftiger Durst zwang ihn unterwegs öfters Wasser zu trinken. Der Weg führte ihn über Großsachsenheim, Sersheim, Vaihingen, Kleinglattbach, Illingen auf die Höhe über Mühlhausen. In Großsachsenheim warf er noch einige Briefe in den Schalter. Es war etwa 11 Uhr nachts, als er auf der Höhe über Mühlhausen ankam. Einem ihm begegnenden Manne, dem Hilfswärter F. [Fischer] aus Mühlacker, der frug, wer denn da sei, gab er keine Antwort, so daß dieser nach

Illingen weiter ging. Sein Fahrrad hatte Wagner vorher in ein Maisfeld gelegt. Er holte es nun hervor, gürtete sich den Lederriemen um den Leib, steckte eine der Mauserpistolen unter den Rock, während er die andere Pistole und die Munition, sowie Kloben, Feile und schwarzen Schleier in die Handtasche steckte. Er setzte sich die mitgenommene Mütze auf den Kopf. Ein strömender Regen, der sich nunmehr einstellte, kam ihm sehr ungelegen.

»Es war gerade, wie wenn er bestellt wäre; ich habe mich elend darüber geärgert«, sagte er später hierüber.

Das Fahrrad, den Filzhut, den er bisher aufgehabt hatte, und den kleinen Taschenrevolver ließ er im Maisfeld zurück, wanderte nunmehr durch das Dorf Mühlhausen hindurch (Schloßgasse, an die Enz, Enzgasse, Brücke über die Mühle) auf den Weg Roßwag-Vaihingen und zur Höhe dahinter hinauf. (Siehe den Plan von Mühlhausen.) An einer der dort stehenden Telephonstangen machte er Halt, öffnete seine Handtasche, entnahm ihr eiserne Kloben, die er in Abständen von einem halben Meter in die Telephonstangen einbohren wollte, um dann mit ihrer Hilfe bis nach oben zu klettern und die Telephondrähte mit einer mitgebrachten Feile durchzufeilen, damit zwischen Mühlhausen und anderen Stationen (Mühlacker, Bietigheim) keine telephonische Verständigung stattfinden könne. Weil ihm aber die Telephonstangen höher vorkamen, als bei einem früheren Spaziergang (einige Wochen vor der Tat), weil er selbst ganz durchnäßt war und weil auch eine zweite Telephonstange ihm keine besseren Aussichten auf das Gelingen seines Planes zu geben schien, so verzichtete er auf ihn, warf sein Handwerkszeug weg und wanderte mit seiner Reisetasche wieder ins Dorf Mühlhausen hinein, trank an einem Brunnen aus seiner gefüllten Mütze Wasser, trat in der Schulgasse in eine Scheuer, um sich für die weiteren Taten zurechtzumachen. Dabei bemerkte er, daß ihm eine seiner beiden großen Mauserpistolen fehlte, er ging zurück durch das Dorf zu der ersten Telephonstange, fand die Pistole dort und ging nun in den —

Oberdorf genannten — Teil des Dorfes Mühlhausen zurück, wo er nunmehr in den Scheuern der Bauern M. [Martini], B. [Bauer], W. [Walz] und N. [Negele] Brand legte. Die Inhaber dieser Scheuern waren ihm nicht bekannt. Zur Brandstiftung benützte er sein Benzinfeuerzeug. Nun begann er seine Wanderung durch das Dorf, die untere Hälfte des Gesichtes durch einen schwarzen Schleier verdeckt, die großen Mauserpistolen am Leibriemen befestigt, auf jeder Seite des Körpers eine, die Munition vor sich in einer Handtasche seiner Frau. Die einzelnen Etappen dieser grauenvollen Wanderung sind in den Akten dargestellt. (Vergleiche den Plan von Mühlhausen mit dem eingezeichneten Weg, den Wagner nahm, und den einzelnen Orten, an denen er Menschen niederschoß bzw. anschoß, sowie der Stelle, an der er selbst niedergeschlagen wurde.) Wagners Erinnerung ist dabei nicht völlig sicher. Es steht fest, daß er an 4 Stellen Brand legte, auch die der Familie S. [Schlecht] gehörende Scheuer des Gasthauses zum Adler anzündete, daß er dann auf alle ihm sichtbaren Leute, die männlichen Geschlechtes waren, mit seinen beiden Mauserpistolen unterschiedslos schoß, meist aus der Entfernung weniger Meter, gleichgültig, ob sie ihm auf der Straße in den Weg liefen oder am Fenster ihrer Wohnung sichtbar wurden. Die ihm in den Weg laufende Frau L. [Lutz] und die Frau des Schultheißen H. [Häcker] verschonte er, traf dagegen — freilich *un*absichtlich, wie er immer mit Bestimmtheit und durchaus glaubwürdig versicherte —, zwei weibliche Kinder, ferner ein 21jähriges Mädchen und 2 Frauen, sowie 2 Stück Vieh. Frau H. [Häcker] frug er, nahe auf sie zutretend, mit abgehackten Worten nach dem Schultheißen, wo er sei, worauf sie in ihrer Angst auf Männer in der Nähe zeigte und sagte, »da kommt er«. Frau H. [Häcker] selbst ließ er ganz unbehelligt.

Die Einzelheiten mögen hier unerörtert bleiben, es genügt zu erwähnen, daß von den Verletzten 8 alsbald starben, 12 schwer verwundet waren. Von letzteren starb einer (der Küfer Jakob K. [Knötzele]) einige Stunden nach seiner Verwundung.

Enz

Mühlhausen a./E.

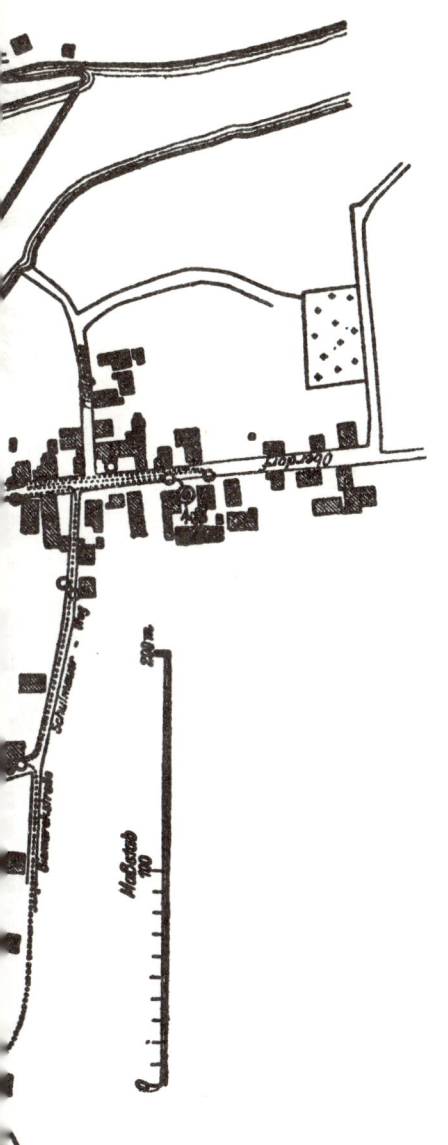

●   Ausgangspunkt des Weges, den Wagner zurückgelegt hat.

●   Stellen, wo Wagner Personen erschossen hat.

○   Stellen, wo Wagner Personen angeschossen hat.

✳   Stelle, wo Wagner überwältigt wurde.

▦   Abgebrannte Gebäude.

Einige der Getöteten hatten mehrere Schüsse erhalten. Sofort getötet wurden: Schäfer W. [Widmaier], Jakob Sch. [Schmierer], Heinrich K. [Knötzele], Friedrich G. [Geissinger], Christian V. [Vogel], Friedrich B. [Bauer], Georg M. [Müller], Marie B. [Bader]. Die Meisten erhielten Schüsse in die Herzgegend. Verletzt wurden: Jakob K. [Knötzele] (starb noch am 5. September), Friedrich N. [Negele], Tobias K. [Kientsch], Karl B. [Benz], Luise B. [Bauer], Johann M. [Martini], Jakob B. [Bopp], Christian M. [Müller], Tobias B. [Bader], Katharine B. [Bader], Frida M. [Mayer]. Ein Teil der Verletzten wurde wieder völlig hergestellt, andere waren nach 9 Wochen (am 8. November) noch völlig erwerbsunfähig, während Frau Katharina B. [Bader] und der Polizeidiener K. [Kientsch] nur teilweise arbeitsfähig waren. 2 Stück Vieh wurden ebenfalls erschossen. In der Erregung seiner furchtbaren Vernichtungsarbeit hatte Wagner übersehen, daß er seine Pistolen, von denen jede 10 Geschosse faßte, beide leergeschossen hatte; nunmehr wurde er von beherzten Männern, dem Polizeidiener K. [Kientsch], dem Eisenarbeiter B. [Bürle] und dem Chr. M. [Müller] niedergeschlagen, wobei er zwei lange Hiebe über das Gesicht erhielt. Ferner wurde ihm die linke Hand zertrümmert; an der rechten Hand wurden ihm schwere Verletzungen beigebracht, als B. [Bürle] ihm mit einem Karst die Mauserpistole aus der Hand schlug. Er stürzte zu Boden und blieb zunächst besinnungslos liegen. Er wurde offenbar für tot gehalten. B. [Bürle] nahm ihm die langen leeren Mauserpistolen, die am Leibriemen befestigt waren, ab. 198 scharfe Patronen wurden noch bei ihm gefunden (ferner ein Taschenfeuerzeug, ein langer eiserner spitzer Kloben, ein Taschenmesser, ein schwarzer Frauenschleier, ein ganz verbogenes Brillengestell ohne Glas, eine Datschkappe mit schwarzem Seidentuch, ein Rucksack mit einem Taschenrevolver und einem schwarzen kurzen Totschläger mit Handschlinge). Stationskommandant D. [Dirschinger] fand ihn nachts 2 Uhr mit Verletzungen am Kopf, an den Armen und Händen quer über den Straßenkandel liegen. Da er erkannte, daß Wagner noch atmete und die Augen aufschlug, wurde dieser in das leerstehende Armenhaus verbracht, wobei die erbitterte Volksmenge eine drohende Haltung annahm, so daß er von mehreren Landjägern gegen sie geschützt werden mußte. Er wurde mit gefesselten Füßen auf eine Matratze gelegt. Der Adlerwirt erkannte ihn als seinen Schwager. Der Brand wurde mit Hilfe herbeigerufenen Militärs, das zufällig in der Nähe einquartiert war, gelöscht, nachdem 5 Hauptgebäude und einige Nebengebäude ein Opfer der Flammen geworden waren.

Als Wagner wieder bei Besinnung war, lehnte er, nach den Beweggründen seiner Verbrechen gefragt, jede Mitteilung ab und erklärte, er werde erst in Vaihingen Auskunft geben. Diese Weigerung beruhe nicht auf einer Mißachtung der Behörde; er halte es vielmehr für richtiger, wenn er seine Angaben in Vaihingen mache. Man solle ihn nicht lange in Mühlhausen liegen lassen, sonst könnte er noch krank werden. Dem Landjäger S. [Schneider] gab er aber sofort an, daß er in Degerloch seine Familie mit dem Totschläger betäubt und mit dem Messer erstochen habe. Dies wurde dann kurze Zeit darauf von Degerloch aus telephonisch bestätigt. Auch gab er zu verstehen, daß er die Absicht gehabt habe, sich zuletzt selbst zu töten, dies sei ihm nun unmöglich geworden. Es sei ihm recht, wenn er geköpft werde, weil er nicht mehr leben wolle. Man solle ihn fortschaffen, dann werde er gewiß nichts verschweigen. Der Transport nach der nächsten Oberamtsstadt Vaihingen a. E. geschah dann einige Stunden später am Abend des 5. Septembers. Er wurde in das Bezirkskrankenhaus in Vaihingen verbracht. Dort wurden seine Wunden in Behandlung genommen und der zertrümmerte linke Unterarm amputiert. Wagner erlitt eine Säbelwunde an der rechten Stirnseite, eine Hiebwunde an linker Wange, Ober- und Unterlippe und Unterkiefer, in dem auch ein Zahn glatt ausgehauen war; ferner schwere Verletzungen der linken Hand, von denen eine gerade ins Handgelenk ging und die Hand halb abgetrennt hatte; am rechten Handrücken eine Markstückgroße Hautwunde, sowie eine kleine Hiebwunde, durch welche der Mittelfinger durchschnitten und das Gelenk zwischen Mittelhandknochen und Mittelfinger eröffnet war; endlich blaue Flecken an Hals, Nakken und an den Schultern. Der Amputation des linken Vorderarmes folgte glatte Wundheilung.

Am 6. September 1913 erfolgte dann die erste richterliche Vernehmung durch den Oberamtsrichter in Vaihingen. Letzterer hatte ihn schon in der Schreckensnacht in Mühlhausen bei klarem Bewußtsein vorgefunden und von ihm erfahren, daß er über die Beweggründe seines Handelns Aufschriebe hinterlassen, diese an verschiedene Adressen versandt habe und daß daher das Gericht, wenn es im Besitze dieser Aufschriebe sein werde, volle Aufschlüsse erhalten werde, so daß seine Einvernahme sich kurz gestalten könne.

Bei seiner Vernehmung am 6. September im Bezirkskrankenhaus schilderte Wagner dem vernehmenden Richter die Art, wie er seine Familie in Degerloch ermordet habe und gab als Beweggrund seines Handelns 12 Jahre zurückliegende sittliche Verfehlungen, nämlich Unzucht mit Tieren an. Diese Verfehlungen haben ihm schwere Gewissensbisse gemacht, er habe dann aus Äußerungen und Anspielungen der Bürger in Mühlhausen und Radelstetten schließen müssen, daß sie um seine sittlichen Verfehlungen wissen. Die Schadenfreude, die sie dabei an den Tag gelegt hätten, habe ihn sehr erbittert, und so habe er beschlossen, Selbstmord zu begehen, seine Familie mitzunehmen, aber sich auch an Mühlhausen, wo ihm seine Verfehlungen vorgekommen seien, zu rächen. Er gab dann weiterhin eine Schilderung, wie er die Tat geplant habe, seit wann er sich mit dem Mord- und Brandstiftungsgedanken trage und was ihn bisher immer wieder an ihrer Ausführung hinderte, sprach von seinen Schriften und ihrer Versendung an Professor X. [Schrempf] und seinen Freund S. [Schelling], erläuterte seine Pläne, die durch seine Überwältigung vereitelt worden seien, vor allem seinen Plan der Ermordung der Familie seines Bruders und der Brandlegung in Eglosheim. Wagner wurde in Haft behalten, verblieb in Vaihingen, bis er dann nach einigen Wochen in das Untersuchungsgefängnis nach Heilbronn verbracht wurde.

Der Untersuchungsrichter stellte mit Wagner in mehreren Terminen eingehende Vernehmungen an. Außerdem wurden zahlreiche Zeugen vernommen; die Beamten und Bürger der Gemeinden Mühlhausen und Radelstetten, zahlreiche Lehrer und dienstliche Vorgesetzte des Wagner gaben ein anschauliches Bild der Persönlichkeit Wagners vor seiner Tat. Seine Schriften wurden eingezogen und damit wurde ein Tatsachenmaterial gewonnen, wie es zur Aufklärung der Individualität eines Menschen kaum vollständiger gedacht werden kann, zumal unter den Schriften auch eine umfangreiche, in 3 Abteilungen gegliederte Selbstbiographie Wagners ist. Dazu kommt, daß Wagner, soviel die Kontrolle seiner Angaben bisher ergab, ein Mann von seltener Wahrheitsliebe ist, der offenbar nichts beschönigt, und wo er glaubt, eine Aussage nicht machen zu sollen, bestimmt erklärt, er verweigere hierüber jede Auskunft. So wird die Beobachtung und Beurteilung seiner Persönlichkeit durch keine verlogenen Aussagen oder raffinierten Täuschungsversuche erschwert.

Das auffälligste Ergebnis der zahlreichen Zeugenvernehmungen war, wie später genauer auszuführen sein wird, wohl dies, daß keine der vielen Personen in Radelstetten, Mühlhausen, Degerloch trotz eingehender bezüglicher Fragen irgend eine Kenntnis von sittlichen Verfehlungen des Wagner in Mühlhausen hatte, so daß er selbst es gewesen ist, der zuerst durch sein Bekenntnis vor dem Oberamtsrichter in Vaihingen und durch die Übersendung seiner Biographie an Professor X. [Schrempf] und Förster S. [Schelling] sowie durch seinen Brief an das *Neue Tagblatt* in Stuttgart ein mehr als ein Jahrzehnt lang gehütetes Geheimnis verraten hat. Dieses Ergebnis der Zeugenvernehmungen stand in so grellem Kontrast zu seinen Aussagen über die Verhöhnungen, Verspottungen, Verfolgungen, denen er sich im Gefolge seiner sittlichen Verfehlungen ausgesetzt wähnte, daß die Vermutung auftauchen mußte, daß hier krankhafte Seelenvorgänge mit im Spiele sein dürften. So kam es denn, daß sowohl der Oberamtsarzt in Vaihingen (28. Oktober 1913), als auch auf Anfrage der Gerichtsarzt in Heilbronn (30. Oktober 1913), der Wagner zu untersuchen Gelegenheit hatte, den Antrag stellten, Wagner möge zur Beobachtung seines Geisteszustandes gemäß § 81 StrPO. für die Dauer bis zu 6 Wochen in die K. Klinik für Gemüts- und Nervenkrankheiten in Tübingen eingewiesen werden. Das Gericht entsprach in Übereinstimmung mit dem Wunsche der K. Staatsanwaltschaft und des Verteidigers diesem Antrag und so wurde Wagner am 11. November im Automobil nach Tübingen verbracht. Hier verblieb er bis zum Morgen des 24. Dezember 1913, kam dann wieder in die Untersuchungshaft nach Heilbronn zurück, bis er nach Einstellung des Strafverfahrens der Irrenanstalt W. [Winnental] übergeben wurde (Februar 1914).

Robert Gaupp

Reaktionen

Ich blicke zurück auf meine gedachte Tat.
Gesetzt, sie wäre geschehen, könntet ihr
anderen mehr tun als euch meine Tat denken?
So ist das Gedachte also gleich dem Geschehenen.

Ernst Wagner, 1912

Als das Gedachte in Degerloch und Mühlhausen tatsächlich
geschehen war, ist das Entsetzen allgemein. Es geschieht, was
in solchen Fällen zu geschehen pflegt:

Schlagzeilen, Extrablätter, Sensationstourismus. Man stellt
Ansichtskarten vom Tatort her, führt politische Diskussionen
über die Aufrüstung der bis dato nur mit Säbeln ausgerüsteten
Polizei und die Sperrstunde in schwäbischen Wirtshäusern. In
den Zeitungen melden sich die Augen- und die Ohrenzeugen,
berufene und unberufene Kommentatoren. Es ist die Stunde
der flinken Federn. Schon am 7. September verfertigt die
Stuttgarter Dichterin Emilie Munz einen aufschlußreichen
Appell, der am 9. September im *Stuttgarter Neuen Tagblatt*
erscheint:

Helft!

Ein Schreckgespenst — es kauert mir zur Seit'
Und flüstert gräßlich mir ins bange Ohr
Des Wahnsinns unerhörte Freveltat.
Die Menschengeist nicht faßt und Menschenherz
Erstarren macht in grauser Folterqual.

Verantwortlich, für Deutsche und auswärtige Politik J. Büttner, für das Feuilleton Paul Wittko, für
Sport und Gerichtssaal L. V. C. Cub, für den Handelsteil: L. V. W. Günzler, für die Anzeigen: P. S

Die entsetzliche Bluttat von Deg

Die eigene Frau und
gesteckt. + 10 Menschen

Es bebt der Stift. Umsonst müht sich der Geist,
Aus tiefstem Grund aus jenem Born zu schöpfen
Draus unsrer Sprache Quell buntperlend bricht
Und seinen üpp'gen Reichtum schäumend beut.
Es quillt kein Wort, das voll erschöpfte uns
Die Schauer jener nachtumhüllten Tat!
Und keines Pinsels Farbe malt sie echt
Und hätt' sein Schwarz er aus der Hölle Schlund,
Sein Rot aus qualmend Blut er sich gemischt.
Drum still davon! — — —
Die Toten schlummern sanft.
Erlösend trug ein schmerzlos rasch Geschick,
Des schweren Abschieds bange Stunden kürzend,
In lichte Sphären sie, in Fried' und Ruh'! —
Doch jene — die des Schmerzes Uebermaß

34

6. September 1913   70. Jahrgang

arter

Tagblatt

□ Bezugs-Preise: □
Sutg. A ohne Schmuck, Wochenblatt
Sutg. B mit Schmuck, Wochenblatt

Durch Erscheinung
In Groß-Stuttgart
Bei auswärt. Agenturen

Postbezug
Bei Württemb. Würtg.
In Bayern Reich
Im Großweltbor seit der
Beilage Buch u. Anzeige
Voll der Stadt Stuttgart
monatliche Bestellgebühr

Erscheint täglich vorm. 11 Uhr
□ An Sonntagen morgens 6. Uhr. □

... Roll
...beralische und kommunale Angelegenheiten W. Oester. ... sonstiges Lokales, Nachrichten aus dem Lande
... — Druck u. Verlag der Neues Tagblatt G. m. b. H. (Direktion: Carl Esser) sämtl. in Stuttgart

loch und Mühlhausen a. d. Enz.

r Kinder getötet. ✛ Mühlhausen an vier Stellen in Brand
offen, 9 schwer verwundet — wahnsinnig oder bei hellem Verstand?

Das Herz umkrallend schonungslos zerfleischt,
Vor deren Tür die graue Sorge grinst,
Aus Schutt und Qualm entgegen droht —
Für sie möcht' ich in jeder Menschenbrust
Des Mitleids volle Saite mächtig rühren
Zum brausenden, erschütternden Akkord:
Wehrt eurer Klag', der Wind verweht sie rasch,
Doch *Hilfe bringt!* Daß Keines mir ja fehle!
Und kargt nicht dran! Es lohnt die edle Tat
Uns Gott, und unsres Herzens eig'ne Stimme!

»Es bebt der Stift. Umsonst müht sich der Geist.« Die in den
Schlagzeilen immer wieder variierte »Schreckenstat«, ausgeführt — wie es in einer einschlägigen Broschüre heißt — »kühl
bis ans Herz hinan und das von einem Lehrer«, läßt sich sprach-

35

lich nicht in hergebrachte Bilder fassen und erfordert den Rückgriff auf den seit Schillers *Räubern* kaum mehr verwendeten »Mordbrenner«.

Der »Mordbrenner Wagner« wird nicht nur zum Titel von Sensationsbroschüren und photographischen Gedenkblättern, die aus dem »einzig in der Weltgeschichte dastehenden« Verbrechen Kapital zu schlagen suchen, sondern zu einem bis in die Gegenwart verwendeten feststehenden Terminus. So gilt das bald darauf errichtete eindrucksvolle Denkmal auf dem Mühlhausener Friedhof, wo auch Wagners Frau und Kinder beigesetzt werden, nicht den Opfern einer Katastrophe, sondern den »Opfern des Mordbrenners Wagner aus Degerloch«. Es wird so unfreiwillig auch zu einer Ehrung für den Täter.

Wer diesen Friedhof allerdings heute aufsucht, wird vergeblich nach Erinnerungen an alle 14 Opfer suchen. In den sechziger Jahren hat man das Denkmal und die Gräber von Wagners Angehörigen beseitigt und an der Friedhofsmauer lediglich die alten Erinnerungstafeln für die getöteten Mühlhausener Bürger angebracht, wobei man merkwürdigerweise die Gedenktafel für ein am Tattag dort nur zufällig anwesendes auswärtiges Opfer, das in der alten Anlage einen zentralen Platz einnahm, deutlich von den Einheimischen absetzte.

Der »Mordbrenner Wagner aus Degerloch« ist auf einer großen Tafel noch immer vorhanden, seine Frau Anna und die Kinder sind verschwunden.

Der Fall Wagner war im September 1913 nicht nur eine schwäbische und deutsche Sensation. Auffallend ist, daß sich die Presse mit Kopf-ab-Parolen zurückhält und von einer vermuteten Geisteskrankheit des Täters ausgeht. Selbst die internationale Presse reagierte mit Leitartikeln. Im *Stuttgarter Neuen Tagblatt* erschien am 10. September 1913 die Übersetzung eines Artikels aus dem *Paris Midi,* den wir, mitsamt der redaktionellen Einleitung, ungekürzt und stellvertretend wiedergeben. Denkbar, daß der vom »Erbfeind« geforderte kurze

Prozeß die einheimischen Gemüter vor ähnlichen Forderungen zurückhielt:

Auch in Frankreich beschäftigt der Fall Wagner die Gemüter. Ein Beispiel, wie die französische Journalistik die Sache behandelt, in ihrer sprunghaften espritvollenden Art, und nicht ohne Hiebe auf das verhaßte Deutschland liefert die Pariser Zeitung Paris Midi, *deren Chefredakteur folgenden Leitartikel schreibt:*

Welcher Lärm um diesen Wagner, der im Begriffe stand, ein ganzes Dorf zu ermorden!

Es ist ein Glück für Deutschland, daß es zweierlei Wagner gibt. Der blutdürstige württembergische Lehrer hat zwar mit dem erhabenen Musiker, der dem jüngeren Deutschland seine edlen Werke schenkte, nichts gemein, als den Namen, der jenseits des Rheins ebenso bekannt ist, wie der eines Dupont oder Durand. Läßt sich nicht aber trotzdem zwischen dem Mörder und dem Künstler eine Stammesverwandtschaft feststellen, die darin ihren Ausdruck findet, daß der eine durch grauenhafte Verbrechen, der andere durch geniale Symphonien denselben unrichtigen Wust philosophischer Theorien zur Geltung zu bringen sucht?

Gott allein weiß, was Richard Wagner in seine Opern hineinlegen wollte, in denen er alles, von der Schöpfung der Welt an bis zur Vorherrschaft Deutschlands auszudrücken suchte. Zwar hat der Schöpfer der Götterdämmerung selbst seinen Werken nicht diese Tiefgründigkeit beigemessen. Sie wurde erst durch die deutschen, wie auch die französischen Wagnerkommentare hineininterpretiert. Bei ihnen ist dieser Wahn aus einem allgemein währenden Taumel entstanden. Zum Teufel, ihr Herren Musikschriftsteller! Die Musik ist doch Kunst des Unbestimmten. Wir haben von ihr nicht zu verlangen, daß sie uns den pythagoreischen Lehrsatz beweist.

Um aber wieder zum gegenwärtigen Wagner zurückzukehren! Er hat mit seinen Taten ebensoviel Lärm gemacht, wie der andere mit seinen Werken, trotzdem sich jene auf Mord und Brandstiftung beschränken, die einem unvernünftigen Gehirn entsprungen sind. Die deutschen Zeitungen drucken Briefe dieses Schulmeisters ab, und Pariser Zeitungen widmen ganze Spalten, die ernsthaft genommen werden wollen, den Untersuchungen über seine Zurechnungsfähigkeit. Hol's der Teufel, ihr Herren Kriminalisten! Ein Mensch, der tötet, muß unschädlich gemacht werden, dazu braucht es nicht so vieler Umständlichkeiten. Weil dieser entsetzliche Mensch erklärt hat, die ganze Menschheit verdient beseitigt zu werden, fragt ihr euch: »Ist er wahnsinnig?« Nein. Schopenhauer dachte genau dasselbe. Wenn er die Deutschen betrachtete, in deren Umgebung er zu leben gezwungen war, geriet er in Wut und wünschte ihnen aufrichtig den Tod.

Schopenhauer hat es lediglich verstanden, diesen an und für sich so simplen Gedanken mit einer Reihe prächtiger Bilder und interessanter Paradoxen auszustatten. Der württembergische Lehrer erwürgt seine Kinder und zündet ein ganzes Dorf an; das ist allerdings viel prosaischer.

Das Leben ist nichts Angenehmes. Rechnet man noch dazu das Unglück, als Deutscher geboren zu sein, so kann man es schrecklich nennen. Aber das ist noch immer kein Grund, den anderen das Leben zu vereiteln und ihnen die Revolverkugel schmackhafter als das Leben zu machen.

Ist dieser Mensch wahnsinnig? Was hat das zu sagen, wenn er ein Ungeheuer ist? Tötet ihn! Es heißt ihm zuviel Ehre antun, wenn man zwei Tage von ihm spricht.

Maurice de Waleffe

Das Drama in Mühlhausen ist weit vor seinem gedachten Höhepunkt unterbrochen worden. Im Laufe der Ermittlungen findet man die (im Tatbericht erwähnten) autobiographischen Aufzeichnungen, die belegen, daß die zur Ausführung gekommenen Taten lediglich eine Art Vorspiel waren.

Nach vollendeter »Arbeit«, so die Definition Wagners zu seiner geplanten Auslöschung aller männlichen Einwohner Mühlhausens, wollte er den Schnellzug von Mühlacker nach

Ludwigsburg auf offener Strecke zum Halten bringen, das Zugpersonal überwältigen und mit dem entführten Zug nach Ludwigsburg fahren. Die Lokomotive wollte er notfalls selber bedienen, er hatte dazu auf dem Stuttgarter Bahnhof Beobachtungen gemacht. Kurz vor dem Ziel wollte er die Notbremse ziehen, um mit der Verwandtschaft in Eglosheim abzurechnen:

»Und ich lache dann so hell und schön, daß alle, die es hören, später sagen, es sei eines Engels Lachen gewesen. Und ich werde klopfen an das Fenster von meines Bruders Haus, er wird seinen Kopf herausstrecken und fragen: Wer ist da? Ich, der Ernst, bin's. Ich habe mich verspätet, bringe aber frohe Botschaft. Und er wird die Türe aufmachen und es eilig haben zu vernehmen die frohe Botschaft. Dergleichen ist selten in eines Wagners Haus gekommen. Gib mir einen Trunk Wasser, werde ich sagen und zur Küche gehen. Du kannst mir auch einen Krug Most holen, werde ich sagen und das Beil suchen. Und ich werde ihm auf der Kellerstaffel die frohe Botschaft auf den Schädel hämmern, und er wird beseligt sein. Und ich werde Würgengel sein im Haus, der Würgengel des Mitleids. Dann will ich die Hölle zum zweiten Mal aufrufen, ich will rächen der Sünden größte und kleinste, die an mir und den Meinen, an Witwe und Waisen begangen worden sind. Ich will euch meinen Haß in den Kopf gerben und in den Bauch löchern, und meines Hasses Flamme soll eure Häuser verzehren und mein Haus und meines Vaters Haus und das Warenhaus dazu.«

Dramatischer Schlußpunkt seines Vernichtungsfeldzuges wäre das Ludwigsburger Schloß gewesen: »Ich töte. Ins Schloß. Ich töte. Ich brenne und verbrenne [...]. Und ich selbst kann mich dann in der Herzogin Bett verbrennen. Auch darum wünschte ich, daß die Herzogin jung wäre.«

Abschiedsbriefe

> Sie werden in meiner Schule
> alles in guter Ordnung finden;
> denn, arbeitete ich auch nicht
> mit Lust und Liebe, so tat
> ich es doch aus Pflichtgefühl.
>
> Ernst Wagner
> im Abschiedsbrief
> an seinen Rektor

Vom 26. August 1913 an schreibt Wagner die im Tatbericht
erwähnten Abschiedsbriefe, die er auf der Fahrt von Degerloch
nach Mühlhausen an verschiedenen Orten zur Post gibt. Im
folgenden findet sich der Abdruck der drei wichtigsten Briefe.
Die an das *Stuttgarter Neue Tagblatt* adressierten Sendschreiben
»An mein Volk!« und »An die Lehrerschaft!« geben wir nach
dem Wortlaut des *Stuttgarter Neuen Tagblatts* wieder, wo sie am
6. September 1913 unmittelbar nach der Tat erstmals im Druck
erschienen sind. Der auch in bezug auf Hermann Hesse und
seine Rezeption des Falls Wagner äußerst aufschlußreiche Brief
an den Religionsphilosophen Christoph Schrempf ist, nach
einer lange verschollen geglaubten Aktenabschrift, hier erstmals vollständig zugänglich. Um den seinerzeit in Esslingen
wohnenden prominenten Adressaten zu schützen, hat Gaupp
in seinen Veröffentlichungen alle auf Schrempf bezüglichen
Stellen — er firmiert bei ihm als Professor X. in E. — ausgelas-
sen. Der Beginn des Sendschreibens »An mein Volk!« ist als
Anspielung auf die Jahrhundertfeiern zur »Völkerschlacht bei
Leipzig« zu verstehen, bei der 1913 auch das gigantische,
91 Meter hohe Denkmal in Leipzig eingeweiht wurde.

Bei den hier nicht abgedruckten weiteren Abschiedsbriefen ist interessant, daß Wagner in seinem Brief an den befreundeten verheirateten Hauptlehrer Holzapfel für die Begründung seiner Taten den Begriff »das Unaussprechliche« verwendet, das ihm die üble Nachrede zugezogen habe (»Hätte ich gewußt, was ich jetzt weiß, so hätte ich natürlich nicht geheiratet und das Allerschwerste wäre mir erspart geblieben«). Dem Förster Schelling gegenüber, einem Junggesellen, dem er das zweite Exemplar seiner Autobiographie »vermacht«, hegt er die Hoffnung, »daß Sie meine Tat verstehen werden, wenn Sie sie auch nicht billigen«. Und er macht ihm gegenüber eine dunkle Andeutung, die man auch so verstehen könnte, als ob Schelling selbst Erfahrungen mit übler Nachrede gehabt habe: »Denn es ist Ihnen nicht unbekannt, wie hundsgemein das Leben mit manchen Menschen umgeht.«

An mein Volk!

Die Anrede ist eine Jahrhunderterinnerung. Ich bin aber kein König, sondern ein armer Todeskandidat. Und euch will ich nicht aufrufen zu großen Taten, sondern ich will euch nur ein wenig die Meinung sagen.

Es ist des Volks viel zu viel, die Hälfte sollte man gleich totschlagen. Sie ist das Futter nicht wert, weil sie schlechten Leibes ist. Von allen Erzeugnissen des Menschen ist ausgerechnet der Mensch das schlechteste. Hielte mich nicht das eigene Jammerbild davon ab, so würde ich euch sagen, wie sehr mich vor all diesen häßlichen, kümmerlichen, siechen Menschen ekelt.

Woher kommt das Elend? Das, meine ich, kann euch niemand besser sagen als ich. Es kommt her von der geschlechtlichen Unnatur. Das heutige Geschlecht leidet am Geschlecht. Es ist ein billiger Spaß, mit dem Finger auf mich zu deuten; jeder von euch täte besser, er gedächte seiner eigenen Sauerei.

Ich habe viel leiden müssen. Ich bin verspottet und gehetzt worden von gemeinen Menschen. Ich könnte von einer abgrundtiefen Niedertracht der Menschen erzählen, wenn ich nicht glaubte, daß ich mich selber dabei nur blamierte.

Wem habe ich Übles getan? Es soll der auftreten, dem ich zu Schaden gelebt habe.

Aber ihr nehmet Anstoß an meiner Sünde? O der Lüge! Die allergrößte Freude hat sie euch bereitet. Das war ein Fressen für euren schmutzigen Rüssel.

Anstoß habe nur ich daran genommen. Ich habe mich zum Tod verurteilt. Ich habe das Urteil nicht vollzogen, weil ich ein schwacher Mensch war. Heute kann ich sagen, daß mir der Tod kein Grauen mehr einflößt, ich bin gesättigt mit Qual. Ich fürchte nichts mehr, wie ich nichts mehr erhoffe.

Aber es ist doch keine Kleinigkeit, Weib und Kinder umzubringen. Seit 6 Jahren ist mein steter Gedanke Mord. Er erwachte mit mir und legte sich nieder mit mir. Er störte mich bei meiner Arbeit und ängstigte mich in meinen Träumen. Wer hat so oft wie ich Beil und Dolch zu Bettgenossen gehabt? Aber ich war ein schwacher Mensch.

Daß ich meine Familie töten muß, ist klar. Wer das nicht versteht, mit dem rechte ich nicht. Die gemeinen Menschen, die mich gequält haben, möchten natürlich mit ihren zweideutigen und spitzen Reden auch noch meine Kinder quälen. Nur ihre Feigheit legte ihrer Gemeinheit Zügel an.

Und nun sollte ich ungerächt hingehen! Es ist mir ein schrecklicher Gedanke, daß ein unglücklicher Zufall mein Rachewerk verhindern könnte. In meinem ganzen Leben habe ich kein Glück gehabt.

Ich glaube an keinen Gott. Aber hätte ich diesen Glauben, auf den Knien wollte ich rutschen und diesen Gott anflehen, daß er mich morden lasse, den Teufel wollte ich anflehen, jeden Hund wollte ich anflehen, wenn ich Beistand von ihm zu erwarten hätte.

Und als der Wunder größtes wollte ich es ansehen, wenn mir in der Nacht des Mords alle diejenigen vor die Pistole gestellt würden, die zu hassen ich am meisten Grund habe. Nicht bloß töten, martern wollte ich sie, unmenschlich, tierisch — da ich nun einmal ein Tier bin — tierisch martern wollte ich sie. Und wenn dieses Wunders Bedingung auch die wäre, daß ich ganz derselben Marter unterworfen würde. Ein ganzes Hundert dieser elenden Wichte wollte ich aushalten, denn ich bin an die Marter gewöhnt.

Weil ich aber doch noch so viel Vernunft habe, um die Unmöglichkeit, meine Feinde zu martern, einzusehen, so entbiete ich ihnen wenigstens Götzens Gruß.

Nicht vergessen will ich aber auch, dankbar derer zu gedenken, die gut zu mir gewesen sind und mir Freundlichkeit erwiesen haben, selbst dann noch, als sie wußten, wie es mit mir stand. Ich habe mich ihnen gegenüber sehr reserviert verhalten, weil ich nicht wollte, daß durch mich ein Schatten auf sie fiele.

Zum Schluß gestatte ich es mir, meiner selbst freundlich zu gedenken und folgendes Urteil über mich zu fällen: Wenn ich das Geschlechtliche in meinem Leben abziehe, so bin ich von allen Menschen, die ich kenne, weitaus der beste gewesen.

Ernst Wagner.

An die Lehrerschaft!

Schon wieder einer! Und erst was für einer! Man sollte es nicht für möglich halten. Ja, meine lieben Kollegen, es ist sogar wahr.

Ich bedauere aufrichtig, wenn durch mich auch nur der letzte von Euch einen Schaden erleiden sollte, und ich hoffe zuversichtlich, die Leute werden so gescheit sein, die Schuld eines Einzigen nicht den ganzen Stand entgelten zu lassen.

Damit Ihr mich leichter abschütteln könnt, erkläre ich hiermit meinen Austritt aus dem Verein. Ich hätte es gerne schon früher getan, aber ich wollte alles vermeiden, was auffallen konnte. Der Oberschulrat wird mir mein Entlassungsgesuch gerne bewilligen.

Größer als mein Bedauern mit der Lehrerschaft ist das Bedauern mit mir selbst. Und ich kann es nicht unterdrücken: Es hat mir manches an Euch auch nicht gepaßt. Erspart Euch, bitte, alle Entrüstung; sie ist nicht ehrlicher als die der andern Leute; zeigt vielmehr ehrliche Schadenfreude.

Sollte sich aber der eine und andere ein Gefühl der Trauer über meinen Hingang abgewinnen können, so sei ihm dafür herzlicher Dank gesagt. Eure Tränen kann ich ablehnen wie der Heiland, denn ich bin erlöst. Ihr aber müsset fortfahren, Eure Dummköpfe, Schmutzfinken und Rüpel zu schulen. Der Tröster, den ich Euch hinterlasse, ist der Unteroffizier-Schulmeister.

Zum Zeichen, daß ich im Angesicht des Todes auch Eurer freundlich gedacht habe, grüßt zum letztenmal

Der Radelstetter Schulmeister

Ernst Wagner.

An Christoph Schrempf

Geehrter Herr Schrempf!

Ich heiße Ernst Wagner. Ihre Verwunderung wird jetzt so groß sein wie Ihr Schrecken. Ist doch zur Stunde mit diesem Namen die tiefste Verworfenheit verknüpft. Ich sehe, wie Sie sich anstrengen müssen, gefaßt zu bleiben.

Lesen Sie weiter, Sie müssen weiter lesen; denn Sie sollen mein Verteidiger vor der Welt sein.

Ihr Erstaunen darüber wird nicht gering sein. Ich kenne doch diesen Menschen gar nicht. Gott sei Dank, daß ich ihn nicht kenne, also werden Sie sagen. Und Sie werden mich abschütteln wollen, aber ich lasse mich nicht so leicht abschütteln, ich hänge mich fest an meinen Mann, wie es der verlorene Sohn getan hat.

Wie ich gerade auf Sie gekommen bin? Sie sind mir kein Unbekannter. Ich habe einige Ihrer Vorträge gehört u. wohl den größten Teil Ihrer Schriften gelesen. Dabei ist mir — ganz plötzlich — der Gedanke gekommen, daß der Verfasser des Hiob u. des Ödipus von allen Menschen der geeignetste wäre, mein eigenes elendes Leben zu verstehen u. zu beurteilen. Ich halte Sie für einen Mann von Herz und Kopf, ich halte Sie für den fähigsten Kopf im Schwabenlande. Nehmen Sie das nicht als Schmeichelei, deren Zweck durch meine Zumutung an Sie deutlich genug geworden sei. Ich schmeichle niemand, wahrlich meiner Gesinnung und vor allem meiner jetzigen Stimmung ist nichts fremder als Schmeichelei. Bin ich nicht in tiefster Betrübnis, so bin ich zum Fluchen aufgelegt.

Sie dürfen es nicht als eine Anmaßung von mir nehmen, wenn ich mich mit jenen Männern des Leidens in Parallele stelle; denn die waren ja nachweisbar unschuldig und zum mindesten sehr anständig, während meine Schuld so schmutzig ist, daß man sich schämen muß, davon auch nur zu reden. *Ich* wenigstens schäme mich. Und da Ihnen wahrscheinlich das Motiv meiner Tat bekannt sein wird, ehe Sie diesen Brief lesen, so gestatten Sie mir wohl, daß ich darüber schweige.

Will jemand bestimmt von mir wissen, wie ich dazu kommen könnte, so Abscheuliches zu begehen, so bin ich überfragt. Ich wollte immer etwas Besonderes sein und Ungewöhnliches tun, nun ist es ja glücklich so weit. Aber ob es Fürwitz war, ob Wahnsinn, ob Abnormität oder Gemeinheit sans phrase, es steht in Ihrem und jedermanns Belieben, zu wählen. Ich will mich in diesem Stück gar nicht verteidigen und entschuldigen.

Ich habe in meinen Schriften die Schuld des Menschen negiert. Natürlich, so sagt alle Welt, er wußte, warum; er möchte sich gerne rein waschen. Wenn aber auch Sie Ihren früheren Standpunkt vom »Gelebtwerden« noch einnehmen, müssen Sie mit mir ein größeres Mitleid haben als mit dem Juden und dem Griechen, zumal es sich bei mir um einen wirklichen Menschen handelt und nicht um einen erdichteten. Ich selbst natürlich habe größeres Mitleid mit mir selbst als mit den 2 genannten Leidensgenossen.

Sie werden sagen: Was ich auch geschrieben und behauptet haben mag, so liegt doch darin keine Nötigung, daß ich mich mit einem so tiefgefallenen, verbrecherischen Menschen einlasse und in seinen Sumpf steige. Aber gebe ich Ihnen nicht die allerbeste Gelegenheit, Ihre Lehrmeinung durch ein praktisches Beispiel zu erhärten?

Verzeihen Sie, wenn ich Ihnen so gleichsam die Pistole auf die Brust setze. Ich bin mir wohlbewußt, daß ich keinerlei Zwang auf Sie ausüben, daß ich Sie nur bitten kann. Diese Bitte in demütige, mitleidheischende Worte zu kleiden, ist mir aber versagt.

Soll es einem Menschen, der alle seine »Schuld« schonungslos bloßgelegt hat, nicht gestattet sein, den Wunsch zu äußern, man möge auch die guten Seiten an ihm nicht unbeachtet lassen? Hat nicht jeder das Recht darauf, allseitig beleuchtet zu werden? Ich weiß, die Menschen wollen beim Nächsten nur die Flecken sehen. Ich weiß, daß sie auch nach meinem Tode noch ihren Spott mit mir haben möchten. Und in ihren Spott wird laut die Entrüstung dröhnen, daß ich mich zu rächen gewagt habe.

Der Menschen Entrüstung wird auch Sie nicht verschonen — wie zuversichtlich ich auf Sie rechne! — Die Menschen werden Ihnen zürnen, wenn Sie sich meiner annehmen werden. Aber ich kenne Ihr Leben genügsam, um zu wissen, daß Sie sich in Ihrem Tun und Lassen nicht durch die Furcht vor den Menschen beeinflussen lassen.

Ich selbst aber will ein Hanswurst und aller Menschenkenntnis bar sein, wenn nicht stimmt, was ich jetzt sage: Die Entrüstung aller derjenigen, die nicht an ihrer Person oder ihrem

Besitz einen Nachteil erlitten haben, ist nur nachgeredet und erheuchelt. Wären sie ehrlich, so würden sie mir für die »Sensation« noch Dank sagen. Kein einziger von all den Entrüsteten würde meine Untat rückgängig machen, wenn es auch in seiner Macht läge. Die Entrüstung ist mit so viel Selbstwohlgefallen verbunden, und jeder Lump sonnt sich dabei in seinem eingebildeten Bessersein.

Nach all dem Vorstehenden werden Sie immer noch nicht wissen, was Sie eigentlich für mich tun sollen. Sie können doch nicht aus schwarz weiß machen und das, was ich getan habe, gutheißen.

Zunächst sollen Sie mir helfen, daß ich, der Tote, selbst zu Wort komme.

Wenn Sie sich mit dem Inhalt der Schriften, die ich Ihnen zusenden werde, bekannt gemacht haben, werden Sie leicht verstehen, daß ich sie bei Lebzeiten nicht habe veröffentlichen können. Ich denke dabei besonders an meine Lebensbeschreibung.

Sie sollen der Herausgeber meiner Schriften sein. Das hätten andere doch auch besorgen können, Verwandte oder Freunde, also werden Sie denken.

Ich selbst habe natürlich auch daran gedacht. Aber meinen Geschwistern habe ich den Rat gegeben, Selbstmord zu verüben, und wenn sie es auch nicht tun, so sind sie doch nicht geeignet zu dieser Aufgabe. Ich traue ihnen nicht das genügende Verständnis meiner Schriften zu, es fehlt ihnen am Geschick und vor allem an der nötigen Energie. Sie wüßten mit den Manuskripten nichts anzufangen, ja sie könnten dieselben gar im ersten Schmerz und Zorn vernichten. Und das, was ich geschrieben habe, soll doch gerade ihnen zu gute kommen; sie sollen, soweit dies eben möglich ist, damit entschädigt werden für das unsägliche Leid, das ich ihnen zugefügt habe. Die Adresse meines Schwagers, an den Sie sich am besten wenden, ist: Hermann Müller, Eisenbahnkassier in Zwickau, Sachsen, Brunnenstraße 33.

Was meine Freunde betrifft, so ist mir fast leid, daß ich solche habe. Seit ich in Degerloch bin, habe ich es absichtlich vermieden, Freundschaften zu pflegen oder solche anzuknüpfen. Ich will nicht Enttäuschung bereiten und niemand soll meinetwegen in der Achtung der Leute sinken.

In meiner Radelstetter Zeit bin ich viel zusammengewesen mit den Herren Hauptlehrer Holzapfel u. Revierförster Schelling, beide in Scharenstetten O/A Blaubeuren. Die dürften mich wohl am besten kennen, und an die können Sie sich wenden, wenn Sie Auskunft über mich zu haben wünschen.

Vermutlich wird von überall her, wo ich gewesen bin, alles Mögliche und nicht das Beste über mich zusammengetragen werden. Ich habe dagegen nicht das geringste einzuwenden, weiß ich doch, daß ich nichts, auch rein gar nichts mehr dadurch verlieren kann. Alles und das Schlimmste habe ich selbst geoffenbart. Ich habe sogar die Zuversicht, daß ich nur dabei gewinne.

Von meinen Schriften habe ich 3 vor 3–6 Jahren auf eigene Kosten in Ulm drucken lassen. Jedesmal meinte ich, es wäre die letzte.

Die 3 Heftchen enthalten

1. *Bilder aus dem alten Rom.*
2. *Nero.*
3. *Saul (David u. Saul).*

In meiner Biographie werden Sie die Erläuterung zu den 2 erstgenannten Heftchen finden. Saul ist eben genau so gemeint, wie er geschrieben ist.

Er hat seine Fortsetzung in *Joab* und in *Absalom* erfahren. Auf letzteren lege ich von allen meinen Schriften den größten Wert. Bieten Sie ihn vor den anderen Büchern an.

Den *Nazarener* denke ich mir als Buchdrama, doch kann er natürlich auch aufgeführt werden.

Von meiner Biographie würde am besten der dritte und letzte Teil, die *Stuttgarter Spaziergänge*, zuerst veröffentlicht werden, die dürften das größte Interesse erwecken.

Der alte Jehovah ist am ältesten. Er wird vielleicht in einigen Wendungen Anstoß erregen. Wenn solche Stellen den Druck gefährdeten, so gestatte ich, sie auszumerzen. Im Manuskript aber sollen sie sorglich verwahrt sein. Das gilt auch bei meinen andern Werken.

Nach eigener Meinung habe ich zwar nichts Lästerliches geschrieben, ebensowenig Zotiges. Ich bin zuweilen derb, aber nie zotig. Nicht leichtfertig habe ich geschrieben, sondern mit Ernst, mit blutigem Ernst. Das soll zum voraus jeder wissen, der mich liest.

Auch der *Unteroffizier-Schulmeister* ist ernst gemeint. Ihre Zustimmung wird er wohl kaum finden.

Meine *neue Rechtschreibung* wird wahrscheinlich dieses Jahr nicht mehr zur Einführung kommen.

Alle die vorgenannten Werke sollen Sie nacheinander und ohne Übereilung Verlegern vermitteln oder als Selbstverleger dem Buchhandel übergeben. Es ist mir natürlich ganz unmöglich, im einzelnen Bestimmungen zu treffen, ich vertraue ganz Ihrem Geschick und Ihrer Erfahrung. Veröffentlichen Sie zu diesem Zweck am besten diesen Brief.

Was soll ich selbst über meine Schriften sagen? Ich habe natürlich die beste Meinung von ihnen. Wäre es nicht so, wie könnte ich es wagen, Ihnen die Veröffentlichung zuzumuten? Sie verdienten es, gelesen zu werden, wenn sie auch nicht im Blute schwämmen. Stilistisch dürften sie wohl genügen, und was die Hauptsache ist: ich habe doch was zu sagen, während viele unserer Schriftsteller und sogar sehr berühmte, nichts zu sagen haben.

Verzeihen Sie dieses Selbstlob der Schriftstellereitelkeit. Alle Schriftsteller sind eitel. Und meine Eitelkeit hat ja nicht Aussicht auf Lohn und Ehre, sie steht im Angesichte des Todes, der Schande und des Fluchs.

Verzeihen Sie mir noch mehr, wenn ich jetzt noch etwas vorbringe, das wie nach Geschäft riecht. Aber in Ihrem Interesse darf ich es nicht unterdrücken. Für Ihre große Mühe und die noch größere Anfechtung, die Sie zu erdulden haben werden, ist eine Entschädigung mehr als billig. Diese zu bestimmen, ist Ihnen selbst anheimgegeben.

Glauben Sie nicht, daß ich auch nur im geringsten daran denke, Sie erkaufen zu wollen. Ich bin mir wohl bewußt, wie schwer und wie ungerecht ich Sie damit beleidigte. Zu dem, um was ich Sie bitte, kann Sie keine Belohnung verlocken und kein Geschrei der Menge wird Sie davon abhalten. Aber bange ist mir, wenn ich an den Kampf denke, den Sie mit sich selbst zu bestehen haben werden. Wer will eines solchen Menschen Sache führen? Wieviel Verachtung und Ekel ist dabei zu überwinden! O ich weiß nur zu gut, was das heißt. Aber ich *mußte* eben überwinden, denn ich bin doch immer ich selbst, aber was sollen Sie sich mit einem Fremden beschweren! Ich will Sie nicht zwingen mit »der letzten Bitte eines Sterbenden«; aber an wen soll ich mich wenden?

So will ich auf Sie bauen und jeden Zweifel niederschlagen. Ich verlange nicht, daß Sie mich rechtfertigen oder gar loben sollen. Kein anerkennend Wörtlein sollen Sie über mich und meine Schriften äußern, wenn Sie es nicht aufrichtigen Herzens tun können. Vielleicht verwenden Sie mich als geschicktes Beispiel, das zeigt, wie der arme Mensch seine Lebensrolle abspielt, so gut und so schlecht, als er eben von des Schicksals Fäden gezogen wird.

Wie lang doch dieser Brief geworden ist! Aber das kommt daher, daß ich in Gedanken viel mit Ihnen korrespondiert habe, und daß dies der 3. wirkliche Brief ist, den ich an Sie geschrieben habe. Die 2 Vorgänger habe ich im vorigen u. vorvorigen Herbst verbrannt, weil mein Vorsatz nicht zur Tat wurde. Sollte auch diesmal nichts draus werden, so sollte mich wahrlich die Mühe verdrießen.

Mit der Versicherung meiner Hochachtung u. meines Dankes

Degerloch 26. Aug. 1913.   Ernst Wagner.

Christoph Schrempf (1860–1944) muß eine beachtliche Persönlichkeit gewesen sein. Ursprünglich vom Pietismus beeinflußt, wurde er 1886 Pfarrer, geriet aber in Glaubenszweifel, die er seiner Gemeinde von der Kanzel aus mitteilte, was 1892 zu seiner Entlassung aus dem Kirchendienst führte. 1909 trat er aus der Landeskirche aus und habilitierte sich für Philosophie an der Technischen Hochschule Stuttgart. Als existentieller Denker, der sich stark mit Kierkegaard beschäftigte, unterschied er nicht zwischen Leben, Religion, Theologie und Philosophie. Obwohl er als religiöser Denker »mehr Angst als Verlangen« hatte, sich in »religiösen Dingen mit anderen zu vergesellschaften«, scharte er zahlreiche Anhänger um sich, vor denen er von offizieller Seite argwöhnisch beobachtete Sonntagsreden hielt. Sein existentielles Credo — »Ich lebe nicht, ich werde gelebt; also lasse ich mich leben« — wurde vielfach mißverstanden.

Hermann Hesse, der ihm einen Nachruf widmete, erinnert sich an die in seinen Knabentagen »mit Scheu und Unbehagen oder mit Haß und Verachtung genannte Figur des aufrührerischen Pfarrers«, die »nach Höllenschwefel roch, aber auch nach Mut und Stolz«. Etwa um 1897 versuchte Hesse in Schrempfs Zeitschrift *Die Wahrheit* einen Aufsatz zu veröffentlichen:

»Ich glaube, es war mein erster Versuch, etwas von mir Geschriebenes zum Druck zu bringen. Nach kurzer Zeit bekam ich meinen Aufsatz zurückgeschickt, was mich zwar betrübte, mir aber nicht ungerecht erschien. Und damals bekam ich einen ersten lebendigen Eindruck von Schrempf und seiner Art; das Manuskript kam nämlich nicht ohne Sang und Klang zurück, sondern es lag ein Briefchen von Schrempf bei, und außerdem war mein Aufsatz von seiner Hand mit manchen Strichen, Kreuzen und anderen Zeichen versehen, und aus beiden konnte ich genau erfahren, aus welchen Gründen mein Versuch abgelehnt worden war und wo meine Schwächen steckten. In meinem ganzen späteren Leben habe ich nie mehr von einem Redakteur ein so gründliches, schonungsloses, aber verantwortungsvolles Schreiben bekommen. Schrempfs Kritik galt nicht dem sprachlichen Ausdruck, sondern der Logik und dem Aufbau meines Aufsatzes, und die Stellen, wo er mich auf Abschweifungen ins Schönrednerische ertappt hatte, waren rot angestrichen wie in einem korrigierten Schulheft.«

In seinem Nachruf würdigt Hesse — Schrempf besuchte ihn 1935 in Montagnola, wo sie sich »zum ersten und einzigen Mal« persönlich trafen — nicht nur Schrempfs literarisches Werk, das in einer Gesamtausgabe von sechzehn Bänden vorliegt, sondern ausdrücklich seine »ununterbrochene persönlich-menschliche Leistung als Erwecker, Berater, Tröster, Freund, Gewissensschärfer [. . .], die er an mehreren Generationen vollzogen hat«. In diesem Nachruf fühlte sich Hesse aber auch verpflichtet, Schrempfs Anschauungen, »gegen grobe Mißverständnisse zu schützen« und »schlichte Seelen« zu warnen: »Der Satz ›Alles ist gut, also kann und darf ich tun, was mir beliebt, es wird gut sein, ich bin dafür unverantwortlich‹ wäre ohne Zweifel sehr gefährlich als Grundsatz eines hab- und machtsüchtigen Menschen. Die Menschen aber, denen Schrempfs Art von Glauben überhaupt erlebbar wird, stehen längst jenseits von Belieben und Ehrgeiz; sie haben einen großen Teil ihres Lebens damit verbracht, das Gute zu üben, und üben es auch weiter, obwohl sie nicht mehr daran glauben, daß es überhaupt ein Gut und Böse gibt. Sie sind nicht diesseits, sondern jenseits der Moral.«

Ernst August Wagner

Wahn, Wahn!
Überall Wahn!
Wohin ich forschend blick'
In Stadt- und Welt-Chronik,
Den Grund mir aufzufinden,
Warum gar bis auf's Blut
Die Leut' sich quälen und schinden
In unnütz toller Wut!

Richard Wagner, *Meistersinger*

Bei der von der Polizei angestellten Durchsuchung von Wagners Wohnung in Degerloch fand man einige Bände Schiller, Heine, Körner, Chamisso sowie christliche Bücher und pädagogische Schriften. In einem ebenfalls gefundenen Bücherverzeichnis der Volksbibliothek Stuttgart hatte Wagner die von ihm gelesenen Bücher unterstrichen: »*Sherlock Holmes Abenteuer*« sowie »Fichtes *Reden an die deutsche Nation, Reins Pädagogik,* Äschylos, Euripides, Gellert, Gerok, Hölty, Goethe, Gorki, Grillparzer, Heckels *Lebenswunder,* Hauptmann, Hebbel, Herder, Herodot, Homer, Hoppes *Tatsachen über den Alkohol,* Humboldts Briefe, Ibsen, Nibelungen [vermutlich Hebbels *Nibelungen*-Trilogie], Thomas von Kempis *Nachfolge Christi,* Kropotkins *Memoiren eines Revolutionärs, Kunstwart,* Lessing, Otto Ludwig, Mark Aurels *Selbstbetrachtungen,* Mörikes Dichtungen, Fritz Reuter, Naumanns Schriften, Pestalozzi, Nietzsche, Schopenhauer, Schrempf, David Strauß, Webers *Demokritos,* Wilhelm Raabe, Religionsgeschichtliche Schriften, Riehl, Rosegger, Schleiermacher, Schubart, Shakespeare, Sophokles, Sudermann, Tolstoi, Uhland, Friedrich Theodor

Vischer, Richard Wagners Dramen, Walther von der Vogel-
weide, Weitbrecht, Wieland, Württembergische historische
Schriften, Theobald Ziegler.« Es fand sich des weiteren eine
Mitteilung der Landesbibliothek Stuttgart, aus der hervorging,
daß Wagner im Januar und März 1912 zahlreiche Schriften
Christoph Schrempfs nach Radelstetten auf die Schwäbische
Alb entliehen hatte. An seinen Freund Schelling, Gaupps
»Förster S.« aus seiner Beschreibung des Tathergangs am 4. und
5. September 1913, hatte Wagner zum Jahresende 1912 geschrieben, daß er in der letzten Zei' öfter im Theater bei Vorstellungen des Goethebunds gewesen sei. Von seinen Kino-
besuchen schreibt er nichts.

Die Manuskriptpakete, die Wagner unterwegs auf seiner
Fahrt von Degerloch nach Mühlhausen zur Post gab, waren an
Schrempf und Schelling adressiert. Sie enthielten neben anderem Wagners umfangreiche Autobiographie, die er in den vier
Jahren vor 1913 erstellt hatte. Diese *zweifach* ausgefertigten
Exemplare seiner Lebensbeschreibung existieren heute nicht
mehr, da sie 1944 mit den anderen Beweisstücken zum Fall
Wagner bei einem Luftangriff im Heilbronner Landgericht
vernichtet wurden. Schelling hatte sein Exemplar der ermit-
telnden Polizei zur Verfügung gestellt. Schrempf wollte das
ihm vermachte Einzelstück zunächst behalten und vielleicht
später einer Fachzeitschrift für Psychologie oder Psychiatrie
zur Verfügung stellen. Daß es überhaupt in den Besitz der
Polizei gelangte, liegt an Wagners besonderer Ordnungsliebe.
Er hatte das Paket an Schrempf als eingeschriebene Sendung
aufgegeben und vergessen, den Einlieferungsschein zu vernichten. Diesen fand man in der Nacht in Mühlhausen dann bei
ihm und kam so auf Namen und Anschrift Schrempfs.

Schon auf der Schwäbischen Alb hatte Wagner viel gelesen.
Er nutzte dazu die Bibliothek seines Freundes, des Forstgehilfen
Schelling, der u. a. eine Shakespeare-Ausgabe besaß. Er
selbst gibt an, daß er, seit er in Radelstetten gewesen sei, jedes
Jahr für 300 bis 500 Mark Bücher verschlungen habe. Man

bedenke dabei sein Jahresgehalt von 1200 Mark, wozu allerdings noch sein Organistenlohn von 80 Mark gerechnet werden muß. Wagner hatte jedoch eine »besondere« Methode, seinen Lesehunger zu stillen, wovon er in seiner Autobiographie berichtet: »Gekauft habe ich die Bücher nicht, da wäre ich ein schöner Esel gewesen, den Herren Autoren die Freude zu machen, meine Sachen kauft auch niemand. Kusch dich, du Neidhammel! Nein, gewiß, ich bin nicht so schlimm, hätte ich das Geld dazu, ich würde mir eine schöne Bibliothek geleistet haben, kein einziges Buch wollte ich entleihen. So habe ichs gemacht. Erst bei meinen Kollegen in der Nachbarschaft, daß die Rede ging: Wagner kommt nur zu dir, wenn er ein Buch will. Dann kamen die öffentlichen Lesebibliotheken an die Reihe. Erhielt ich eine neue Sendung, so lag ich auf dem Sopha, wo zu lesen ist: nur ein Viertelstündchen! Ein- bis zweimal 4 Stunden, so daß Buch und Augendeckel zuletzt miteinander zuklappten.«

Mit seinen Sachen, die auch niemand kaufe, meint er seine in und vor der Radelstetter Zeit verfaßten Dramen und Gedichte.

Ernst August Wagner stammt aus ärmlichen bäuerlichen Verhältnissen. Er wird am 22. September 1874 in Eglosheim bei Ludwigsburg geboren und hat neun Geschwister sowie einen Halbbruder und eine Halbschwester. Im Jahre 1913 werden nur noch zwei Schwestern und ein Bruder leben. Bei einem seiner Vorfahren väterlicherseits hatte die hohe Kindersterblichkeit sogar dazu geführt, daß von neun Kindern überhaupt nur eines die Konfirmation erlebte.

Einen Tag vor seinem zweiten Geburtstag stirbt sein Vater, und der soziale Niedergang der Familie beginnt. Grundbesitz muß verkauft werden. Die Mutter versucht, mit einem kleinen Laden Geld zu verdienen. Sie heiratet wieder, hat verschiedene Liebhaber und wird geschieden. Ernst Wagner ist ein guter Schüler und kann trotz seiner Herkunft das Lehrerseminar besuchen. Nach seinem Examen ist er von 1894 bis 1901 als

Hilfs- und Unterlehrer an verschiedenen Orten Württembergs tätig: Renningen, Böblingen, Röthenbach, Winzerhausen, Gerstetten, Oberreinbach, Stuttgart, Heslach, Plieningen, Strümpfelbach-Oppenweiler, Schorndorf und Lorch, dem vorübergehenden Wohnort des jungen Friedrich Schiller. In dieser Zeit schreibt er mit 23 Jahren seine ersten Gedichte, die er auf einer Reise in die Schweiz vergeblich bei einer Zeitung unterzubringen versucht.

Als gewissermaßen erste literarische Produktion ist ein Brief des achtzehnjährigen Seminaristen Ernst Wagner erhalten, den er zum Tode seiner ältesten Schwester Marie schreibt. Er richtet den Brief an seine Schwester Pauline, die später den Witwer heiraten wird. Eine andere Schwester, Karoline, ist nach Amerika ausgewandert und eine weitere, Luise, nach Berlin verzogen, wo sie unverheiratet bleibt und als selbständige Dentistin arbeitet. Im Brief spekuliert Ernst Wagner, womöglich voller Schuldgefühle, über die Todesstunde seiner Schwester: »Wenn doch der Mensch den Raum zu durchdringen vermöchte, um Unglück und Glück, Freude und Leid, wie es gerade das Schicksal über uns verhängt, zu gleicher Zeit mit empfinden zu können. Es würden dann nicht jene Gegensätze entstehen, daß, während wir alle Ursache hätten, zu trauern und zu klagen, wir uns ahnungslos der Freude hingeben. Während ich am Sonntag in fröhlicher Stimmung mit dem Vetter zusammensaß, rang Marie vielleicht mit dem Tode.« Im selben Jahr 1892 entdeckt Ernst Wagner die »ahnungslose Freude« der Onanie, die ihn als erstes sexuelles Problem noch lange verfolgen wird. Erst 1922 wird er dichten können:

Lieber Sohn, beim Kopulieren
Ja nicht den Humor verlieren!

Wegen »hochgradiger nervöser Erregbarkeit« wird Wagner im April 1900 für ein halbes Jahr von der Schulbehörde beurlaubt und fährt für zwei Monate in die Schweiz, was seine Mutter fast verzweifeln läßt, da sie nicht weiß, wo er sich befindet. Im Juli 1901 kommt er, vermutlich immer noch nervös, erregt und erregbar, als Unterlehrer nach Mühlhausen an der Enz und bleibt dort bis November 1902. Wagner kleidet sich gern elegant mit gelben Schuhen und weißer Weste und spricht hochdeutsch. Von den jungen Frauen des Ortes fühlt er sich stark angezogen — zum Beispiel von den beiden Töchtern des Wirts Johann Konrad Schlecht im Gasthaus zum Adler. Die zwanzigjährige Rosine Wilhelmine und ihre zwei Jahre jüngere Schwester Anna Friederike bedienen im *Adler,* wo Wagner Stammgast ist. Eines Abends im Sommer 1901 kommt es dann nach reichlichem Biergenuß auf Wagners kurzem Weg vom *Adler* nach Hause zu seiner sogenannten sodomitischen Handlung — so jedenfalls erklärt er selbst den Beginn seiner Tragödie in Mühlhausen. Niemand weiß davon, aber er habe sich schon am Tag darauf von den Einwohnern des Dorfes »beobachtet, verfolgt und verhöhnt« gefühlt.

Auf Befragen der Polizei gibt seine Schwiegermutter, Friederike Schlecht, später an, daß in ihrem Stall Kühe, Rinder und mitunter auch »Kalbeln« gewesen seien, gegenüber in einer Scheuer auch Hühner, »ob Enten fraglich«. Sie gibt aber zu bedenken, ob Wagners Selbstbezichtigung nicht ein Wahn gewesen sein könnte.

Seine Sodomie gibt Wagner später auch als Grund für den Kauf eines Revolvers an, mit dem er sich einer drohenden Verhaftung habe entziehen wollen. In dieser Gefühlslage beginnt er ein intimes Verhältnis mit Anna Schlecht, die im Frühjahr 1902 von ihm schwanger wird. Diese Schwangerschaft bleibt nicht verborgen, einer Heirat versucht er sich jedoch zunächst zu entziehen. Anna verläßt Mühlhausen, und Wagner wird im Dezember 1902 nach Radelstetten versetzt. Im selben Monat stirbt seine Mutter, an der er sehr gehangen hat. Über seine Reaktion darauf wissen wir nichts.

Die Strafversetzung erbittert ihn, und vom potentiellen Schwiegervater fühlt er sich abgelehnt. Dieser behandle ihn von oben herab, hätte es aber gleichwohl gerne gesehen, wenn Wagner seine ältere Tochter Rosine Wilhelmine geheiratet hätte. Wagner selbst verspürt einen glühenden Haß gegen die Familie Schlecht in Mühlhausen, der später genährt wird durch die Erbschaftsauseinandersetzungen nach dem Tode Johann Konrads im Jahr 1905. Nicht sein ältester und auch nicht der zweite Sohn, obwohl auch Metzger von Beruf, erhalten Haus, Hof, Gasthaus und Metzgerei, sondern der jüngste, erst zwanzigjährige und unverheiratete Hermann August. Nach dem Tod des Vaters heiratet Rosine Wilhelmine überraschend schnell — knapp drei Wochen nach dessen Beerdigung.

Im Sommer 1903 wird Ernst Wagner Hauptlehrer in Radelstetten, er heiratet Anna Schlecht am 29. Dezember 1903, einem sehr ungewöhnlichen Termin an einem gewöhnlichen Wochentag; eine äußerste »Muß-Heirat«. Die Tochter Klara ist bereits zehn Monate alt. Man bewohnt die Lehrerwohnung im Radelstetter Schulhaus. In dem winzigen Dorf auf der Alb ist man froh, wieder einen festen Lehrer zu haben. Nach langwierigsten Auseinandersetzungen zwischen örtlicher Schulbehörde und Oberschulamt war es gerade erst erreicht worden, für die Lehrerwohnung einen eigenen Abort anzubauen.

In den folgenden Jahren werden die nächsten Wagner-Kinder geboren: Elsa Martha im Oktober 1904 — im Sommer davor unternimmt Wagner seine zweite Schweizerreise, auf der er einige recht theatralische Selbstmordversuche unternimmt —, Robert im Oktober 1906, Richard, der nach Ernst Wagners Meinung ein zweiter Richard Wagner werden soll, im Dezember 1907 und Rudolph Alfred im Juli 1909. Dieser letzte Sohn stirbt an Ernst Wagners 35. Geburtstag, dem 22. September 1909. Ein denkwürdiges Zusammentreffen — hatte Wagner doch zwei Jahre zuvor einem Kollegen gegenüber erklärt, falls ihm ein weiteres Kind geboren würde, sei es das beste, es gleich nach der Geburt an die Wand zu werfen. Der frühe Kindstod bleibt offenbar ohne Trauerreaktion.

Nach seiner Rückkehr aus der Schweiz beginnt Ernst Wagner 1904 Dramen zu schreiben, von denen er einige an Bühnen schickt. Es entstehen *Der alte Jehovah, Bilder aus dem alten Rom, Nero, David und Saul, Joab, Absalom.* Hinzu kommen die Schriften *Der Unteroffizier-Schulmeister* und *Die neue Rechtschreibung.*

Auf der Alb hat Ernst Wagner verschiedene väterliche Freunde, alle deutlich älter als er, den schon erwähnten Forstgehilfen Schelling und den Lehrer Holzapfel, beide aus Scharenstetten. Vielleicht ist auch der neun Jahre ältere Karl Stooß, ehemaliger Lehrer, Landwirt und Radelstetter Schultheiß, eine wichtige Figur für Wagner. Er hatte wie Wagner eine Wirtstochter geheiratet, dann aber das Lehramt aufgegeben und den Radelstetter Gasthof zum Adler geschlossen. Fortan war er Schultheiß wie einst Wagners Großvater und Urgroßvater und Mitglied der örtlichen Schulbehörde. Im Frühjahr 1907 verstarb er plötzlich und unerwartet mit erst 42 Jahren. Sein Sohn Heinrich war wohl Wagners bester und erfolgreichster Schüler. Mit 28 Jahren wurde er württembergischer Parlamentsabgeordneter (bis 1933 für den Bauern- und Weingärtnerbund), später Präsident des Bauernverbandes Württemberg-Baden und von 1961 bis 1969 Mitglied der CDU-Fraktion des deutschen Bundestages.

Beim Uhrmacher Frommer in Oberndorf kauft Wagner im Herbst 1907 seine erste Mauser-Pistole. Er fühlt sich jetzt auch auf der Alb beobachtet, verspottet und zurückgesetzt, geht trotzdem weiter häufig ins Wirtshaus nach Scharenstetten, trinkt viel, raucht, spielt leidenschaftlich Karten und tönt über seine literarischen Qualitäten: »Was Schiller, was Goethe! Ich bin der größte deutsche Dramatiker.« Seinen *Nero* läßt er im September 1907 bei der Ulmer Zeitung in 100 Exemplaren für 41 Mark drucken. Ebenfalls in Ulm werden 1906 für 80 Mark 300 Exemplare von *Bilder aus dem alten Rom* und drei Jahre später für 170 Mark in derselben Auflagenhöhe *David und Saul* gedruckt.

Im Herbst 1909 kauft sich Wagner die zweite Mauser-Pistole und beginnt mit der Abfassung seiner Autobiographie, deren erstes Kapitel nach Friedrich Theodor Vischers Roman die Überschrift *Auch Einer* trägt. Hierin entwickelt und beschreibt er seinen Rachefeldzug gegen Mühlhausen, Eglosheim und Ludwigsburg sowie den Plan der Tötung von Frau und Kindern. Mit dem neuen Fahrrad, dem »Elberfelder«, unternimmt er in seiner vielen freien Zeit Fahrten im Viereck Geislingen–Ulm–Blaubeuren–Laichingen und veranstaltet Schießübungen. Manchmal schreibt er an warmen Sommertagen, nackt im Wald spazierend, an seinem von ihm besonders hoch geschätzten Drama *Absalom*. Wagner bewirbt sich nun 1909 und 1911 mehrfach auf andere Schulstellen. Später fragt er sich in einem Brief an Schelling, wie er es überhaupt so lange auf der Alb ausgehalten habe.

Am 1. Mai 1912 ist Wagners Dienstbeginn an der Volksschule in Degerloch. Er schreibt den dritten und umfangreichsten Teil seiner Autobiographie, die »Stuttgarter Spaziergänge«. Seine so lange schon geplanten Morde und Brandstiftungen sollen nun endlich ausgeführt werden. Er nimmt sich das Frühjahr 1913 vor, verschiebt diesen Termin aber wieder und wählt schließlich die letzten Tage der Sommerferien 1913, als ob er trotz allem am folgenden Montag wieder zur Schule gehen müßte.

Im Frühjahr 1913 hatte er sich in Stuttgart den Kinofilm *Quo vadis* angesehen. In den »Stuttgarter Spaziergängen« schreibt er dazu: »Den Petrus haben sie in dem Stück auch gebracht. Er mußte zwei Liebende zusammengeben. Es wäre zu erwägen, ob ich nicht wegen Plagiats klagbar werden soll. Mich so schamlos auszunutzen und die Quelle verschweigen, soviel Geld einstecken und den geistigen Urheber darben zu lassen, das geht doch übers Anzünden und Totgeschlagenwerden.« Er phantasiert aber auch nach Art des heutigen Reality-TV, daß man von seinem Feldzug gegen Mühlhausen einen Film drehen könnte.

In den Sommerferien 1913 ist die Schwägerin Rosine Wilhelmine für einige Zeit aus Mannheim zu Besuch bei den Wagners in Degerloch. Wir wissen, daß Wagner sehr auf diesen Besuch gedrängt hatte. Rosine Wilhelmine Brems reist am 25. August ab, und am folgenden Tag schreibt Ernst Wagner seine ersten Abschiedsbriefe, die er am 4. September auf seiner Fahrt mit Zug und Rad nach Mühlhausen abschickt. Mit der dabei unternommenen »Rekognoszierungsfahrt« erweist er sich dann tatsächlich als Feldherr am Vorabend der großen Schlacht.

Die Schilderung der Mühlhausener Schlacht und der Verlauf des 4. und 5. September ist in den vorherigen Kapiteln abgehandelt worden. Hier soll kurz der weitere Lebensweg Ernst Wagners nach seinen Verbrechen geschildert werden. Eine ausführliche Beschreibung liefert wiederum Gaupp in seiner Epikrise nach Wagners Tod im Jahre 1938.

Ernst Wagner wird von Robert Gaupp in Tübingen und Robert Wollenberg in Straßburg, das damals zum Deutschen Reich gehört, psychiatrisch untersucht und begutachtet. Beide Gutachter diagnostizieren eine krankhafte Störung der Geistestätigkeit in Form eines Verfolgungswahns. Das Landgericht Heilbronn stellt daraufhin die Strafverfolgung ein, und Wagner wird in die Heil- und Pflegeanstalt Winnental in Winnenden eingeliefert und verbringt dort die letzten 25 Jahre seines Lebens. Er erhält seine Beamtenpension und eine Einzelzelle, kann Besuch empfangen, führt eine umfangreiche Korrespondenz, schreibt eine Reihe weiterer Dramen und kann diese in der Anstalt drucken lassen. Viele Exemplare versendet er an Bühnen, Bibliotheken und Verlage. Er beteiligt sich auch an Wettbewerben für Literaturpreise. Im Deutschen Literaturarchiv in Marbach am Neckar werden einige von Wagners Dramen noch heute aufbewahrt.

In den zwanziger Jahren kommt es, vermutlich angeregt durch den erwähnten Heinrich Stooß aus Radelstetten, zu einer Initiative für eine mögliche Freilassung Ernst Wagners. Eugen Bolz, württembergischer Innenminister (später von den Nazis hingerichtet), mit Heinrich Stooß freundschaftlich eng

Ernst Wagner in der Klinik
(November/Dezember 1913)

verbunden, besucht am 7. Januar 1924 Wagner in seiner Zelle in Winnenden. Wagner spricht mit dem Zentrumspolitiker »freimütig« über allerlei Fragen der inneren Politik und kommt auch auf das Thema seiner Entlassung aus der Anstalt zu sprechen. Er verstehe ja wohl, daß man einen Mann, der 14 Menschen ums Leben gebracht habe, nicht ohne weiteres frei laufen lassen könne. Er sei aber nicht mehr gemeingefährlich und gebe die Hoffnung nicht auf, seine Freiheit wiederzuerlangen.

Dazu kommt es jedoch nicht. Statt dessen beschäftigt sich Wagner in den nächsten Jahren verbissen mit Franz Werfel, von dem er sich plagiiert und bestohlen fühlt. Er verfolgt die Sache bis zum Ende der zwanziger Jahre, ohne jedoch persönliche oder gerichtliche Genugtuung zu erlangen. Immerhin ist es ihm aber möglich, in der Anstaltsdruckerei ein wüstes antisemitisches Flugblatt gegen Werfel drucken zu lassen. Später wird sich Wagner rühmen, 1930 der erste Nationalsozialist in Winnental gewesen zu sein. Ernst August Wagner stirbt am 27. April 1938 in der Heil- und Pflegeanstalt Winnental. Kurz vor seinem Tod hatte er noch einen wenig ernsthaften Selbstmordversuch unternommen.

Wagners Gehirn wird an einen Prof. Spatz vom Kaiser-Wilhelm-Institut in Berlin übersandt, die Leiche verbrannt. Am 21. Juni 1938 schreibt dieses Institut für Hirnforschung einen Brief an die Direktion der Heil- und Pflegeanstalt in Winnenden: »Wir bitten Sie um kurzfristige Überlassung der Krankengeschichte des Massenmörders Wagner, Ernst, dessen Gehirn Sie uns freundlichst überlassen haben. Sobald wir unseren Befund aufgestellt haben, was aber aus technischen Gründen noch einige Zeit dauern wird, werden wir Ihnen einen Bericht zukommen lassen.«

Einige Tage später folgt ein weiterer Brief aus Berlin nach Winnenden: »Das uns freundlichst zugeschickte Gehirn Ihres Patienten Ernst Wagner haben wir erhalten. Leider ist das Gehirn bei der Fixierung (ich vermute, daß vor dem Versand ein Unglück passiert ist) hochgradig deformiert worden. Leider ist das Gehirn deswegen für unsere Zwecke nicht geeignet. Ich möchte Ihnen raten, das wertvolle Material dem Anatomischen Laboratorium der Freiburger Psychiatrischen Klinik zur Untersuchung zu überlassen. In anderen Fällen bin ich gerne bereit, anatomische Untersuchungen von Gehirnmaterial aus Ihrer Anstalt vorzunehmen.«

Offenbar ist das Gehirn dann tatsächlich nach Freiburg gelangt, wird jedoch abermals weitergeschickt. Aus Freiburg erfolgt eine Mitteilung nach Winnenden: »Da ich selbst von der Cytoarchitektonik nichts verstehe, werde ich meinerseits das Gehirn an das Vogt'sche Institut in Neustadt weitergeben, da man sich dort für solche Dinge interessiert.«

Wagners Gehirn wird schließlich im Vogt'schen Institut photographiert und vorläufig untersucht. Eine weitergehende anatomische Untersuchung erfolgt erst 1994 durch Bernhard Bogerts an der Universität Düsseldorf, zu der das Vogt'sche Institut mittlerweile gehört. Über seine Befunde berichtet er dann in einem Vortrag auf der Jubiläumstagung zum 100jährigen Bestehen der Psychiatrischen Universitätsklinik Tübingen.

Der Plan zu diesem Vortrag wurde, wie der Vortragende persönlich mitteilte, im Jahr davor in einem schwäbischen Wirtshaus geboren.

Professor Gaupp
und Hauptlehrer Wagner

Eng ist die Welt, und das Gehirn ist weit —
Leicht beieinander wohnen die Gedanken,
Doch hart im Raume stoßen sich die Sachen.

Friedrich Schiller, *Wallensteins Tod*

Die Beziehung zwischen Arzt und Patient ist in besonderem
Maße Gegenstand wissenschaftlicher Forschung wie schrift-
stellerischer Phantasie. Die unzähligen literarischen Beispiele
reichen von Kafkas *Landarzt* und Werfels *Schweiger* bis zu den
endlosen Serien von Trivialroman- und Fernsehproduktionen.
Eine der spektakulärsten Arzt-Patient-Beziehungen ist nach
wie vor die viel diskutierte zwischen dem bayerischen König
Ludwig II. und seinem Psychiater Professor Bernhard von Gudden. Sie endete 1886 im gemeinsamen Tod im Starnberger See
und hat, wie wir sehen werden, auch Ernst Wagner beschäftigt.
Im Gegensatz zu dieser nur kurz währenden persönlichen Beziehung liegt die Besonderheit bei Professor Gaupp und dem
Hauptlehrer Wagner in ihrer Dauer. Beide kannten sich 25
Jahre lang. Ein Schüler Gaupps schrieb, daß für Gaupp »aus der
Begegnung mit dem geisteskranken Massenmörder Wagner
eine über ein Vierteljahrhundert anhaltende Quelle großartig-
ster Produktivität« resultierte. Wenn wir in umgekehrter
Richtung überlegen und wissen, daß entscheidend durch
Gaupps Gutachten der von der Hinrichtung bedrohte Wagner
exkulpiert wurde, wird schon vordergründig die Bedeutung
Gaupps für Wagner klar. Nachdem Ernst Wagner in Mühl-

hausen niedergeschlagen worden war, wurde er mit erheblichen Verletzungen ins Krankenhaus des nahe gelegenen Vaihingen und einige Zeit später ins Untersuchungsgefängnis nach Heilbronn gebracht. Vor Eröffnung einer Verhandlung durch das dortige Landgericht stellte die Polizei eine große Zahl von Ermittlungen an, und das Gericht beschloß, Wagner durch Gaupp in der Universitätsnervenklinik Tübingen psychiatrisch untersuchen zu lassen.

Am 11. November beginnen die gemeinsamen Unterredungen zwischen Gaupp und Wagner. Dieser blieb zunächst für sechs Wochen in Tübingen. Im Februar 1914 legte Gaupp dem Landgericht sein Gutachten vor, und einige Monate später veröffentlichte er dieses Gerichtsgutachten in etwas veränderter Form.

Gaupp war seit 1906 Direktor der Klinik für Gemüts- und Nervenkrankheiten der Universität Tübingen. In der psychiatrisch wissenschaftlichen Genealogie steht er zwischen den weltberühmten Nervenärzten Emil Kraepelin, seinem Lehrer in Heidelberg und München, und Ernst Kretschmer, seinem Schüler in Tübingen. Heute ist Robert Gaupp mit seinem Fall Wagner für die einen der Nestor der »Tübinger Schule« der verstehenden Psychiatrie, für die anderen der Begründer der psychiatrischen »Schwäbischen Dichterschule«.

Über die erste Begegnung mit seinem für ihn wichtigsten Patienten schreibt Gaupp in seiner Monographie 1914: »Als er nach Tübingen kam, wußte ich nichts von ihm, als was die Zeitungen gebracht hatten. Ich hatte mir danach noch kein bestimmtes Urteil gebildet. Ich erwartete einen furchtbaren Gewaltmenschen von tierischer Brutalität, hatte deshalb besondere Schutzmaßregeln getroffen, um auch einem solchen die Entweichung und die Gefährdung anderer Menschen unmöglich zu machen. Als er am 11. November unmittelbar nach seiner Ankunft hier in mein Untersuchungszimmer geführt wurde, da sah ich sofort, daß ich von ganz falschen Voraussetzungen ausgegangen war. Ein ernster, gramgebeugter Mann in würdiger Haltung trat mir entgegen, höflich, bereit, sich in alles zu fügen, in seinem ganzen Benehmen ein gebildeter Mensch.«

In seinem Gutachten erklärte Gaupp Wagner für paranoid-geisteskrank. Eine Hauptverhandlung wurde nicht eröffnet; Wagner wurde exkulpiert und in die Heil- und Pflegeanstalt Winnental in Winnenden eingewiesen. Dort blieb er,

Robert Gaupp (1870–1953)

nur unterbrochen von einem knapp zweiwöchigen Aufenthalt (wieder bei Gaupp in der Universitätsklinik Tübingen), bis zu seinem Tod im Jahre 1938. Gaupp berichtet in seinem Gutachten zunächst den Hergang der Verbrechen Wagners in Degerloch und Mühlhausen und wendet sich dann Wagners Biographie und dessen Eltern zu. Nach dem Tode von Wagners Vater im September 1876 hatte seine Mutter 1879 noch einmal geheiratet. Dazu schreibt Gaupp: »Sie scheint eine leichtsinnige Frau gewesen zu sein, die nach dem Tode des Mannes sehr bald mit anderen Personen in geschlechtlichen Verkehr trat, im Februar 1879, also schon 5 Monate nach ihres Mannes Tod, einen Bauern B. heiratete, obgleich sie damals von einem verheirateten Bahnwart P. in E. schwanger war. Noch mit einem anderen, einem Wirt T., scheint sie in jener Zeit Geschlechtsverkehr gehabt zu haben; T. gab diesen selbst für die Monate November und Dezember 1878 zu.«

Wir stoßen hier auf eine erste Fehlleistung Gaupps, denn er verlegt mit seiner falschen Erläuterung (»schon 5 Monate nach ihres Mannes Tod«) die Wiederverheiratung von Wagners Mutter und deren mehrfachen außerehelichen Geschlechtsverkehr zwei Jahre nach vorne und läßt so ihre »abnorme geschlechtliche Erregbarkeit« größer erscheinen als sie vielleicht war. Diese Fehlleistung ist durchaus nicht unerheblich, da Gaupp glaubt, daß Wagners eigene geschlechtliche Erregbarkeit von dessen Mutter herrühre und er u. a. darauf sein diagnostisches und ätiopathogenetisches, d. h. das die pathologische Entwicklung betreffende Urteil über Wagner aufbaut.

Im Frühjahr 1902 beginnt Wagner das intime Liebesverhältnis mit der Tochter des Adlerwirts in Mühlhausen. Gaupp dazu: »Im August ward das Mädchen schwanger; die Sache kam zur Kenntnis der vorgesetzten Behörde, Wagner wurde zitiert, erklärte, er bereue seine Tat und wolle das Mädchen heiraten.« Tatsächlich wird er aber vom Dienst suspendiert und im Dezember nach Radelstetten auf die Schwäbische Alb versetzt. Die von ihm schwangere Anna Schlecht hatte zuvor ihren Heimatort verlassen und brachte im Februar 1903 in Stuttgart eine Tochter zur Welt. Hier bemerken wir eine weitere Fehlleistung Gaupps, denn Anna Schlecht muß, vom Geburtstermin ihrer Tochter ausgehend, schon im Mai und nicht erst im August schwanger geworden sein. Vermutlich war aber der August der entscheidende Zeitpunkt, zu dem die Schwangerschaft ihr und anderen bewußt wurde und sie aus Mühlhausen und ihrer Familie floh.

Die Kränkung, die die Strafversetzung Wagners auf die Schwäbische Alb für ihn bedeutet haben dürfte, kann man noch heute bei einem Vergleich der Gemeinden Mühlhausen und Radelstetten nachvollziehen. Diese subjektive Ansicht wird bestätigt durch das Protokollbuch der Schule in Radelstetten, aus dem hervorgeht, wie schwierig es für die Gemeinde 1902 gewesen ist, überhaupt einen Lehrer zu finden, der dort bleiben wollte. Eigenartigerweise schreiben auch heute noch Schulte-Tölle in ihrem Lehrbuch der Psychiatrie nur von freiwilligen Versetzungen Wagners in seiner Karriere als Lehrer.

In Radelstetten fühlt sich Wagner zunächst frei von Verspottung und Verfolgung, wird Mitte 1903 dort fest angestellt und heiratet am 29. Dezember 1903 in Ludwigsburg Anna Schlecht, mit der er in den folgenden Jahren die weiteren, ehelichen Kinder zeugt. Etwa fünf Jahre nach Wagners Versetzung wächst erneut seine Tendenz, alles mißtrauisch auf sich zu beziehen. Er fühlt sich jetzt auch in dem kleinen Dorf auf der Alb verfolgt, bedroht und verspottet. Andererseits entwickelt er Größenideen, indem er sich als Dramatiker neben oder über Goethe und Schiller stellt. Gaupp meint, daß er dies nur nach starkem Alkoholgenuß verkündete, der damals angeblich bis zu 13 Schoppen Bier betragen haben soll. Robert Wollenberg, der zweite Gutachter Wagners, behauptet dagegen, daß er dies auch in nüchternem Zustand von sich gegeben habe.

Im Jahre 1909 beginnt Wagner mit der Abfassung seiner Autobiographie, die er bis in die Zeit kurz vor seinen Morden und Brandstiftungen weitergeführt. Die insgesamt beinahe 300 Seiten seiner Lebensbeschreibung liegen Robert Gaupp zu seiner Begutachtung Wagners vollständig vor, ebenfalls die gesamten Dramen Wagners; dazu die Beurteilungen der Schulbehörde sowie die umfangreichen polizeilichen Ermittlungsakten. Er liest auch den *Nero* von 1907, durch den sich Anna Wagner beleidigt fühlte, da sie damals schwanger war. Das Drama hatte Wagner folgendermaßen beginnen lassen:

Saal im Palast Neros. Die Hofgesellschaft ist um ihn versammelt.
Oktavia (Neros Gemahlin, in schwangerem Zustand, eintretend).
Die Hoffnung, Herr ...
Nero (sich abwendend und die Hände vorstreckend).
Geh aus den Augen mir!
(Oktavia fällt in Ohnmacht und wird von den Dienern hinausgebracht)
Nichts ist mir mehr zuwider als ein Weib
Mit solchem Leib. Ein giftgeschwollner Molch,
Den ich zertreten möcht! O Ekel, Ekel!
O pfui! Zu sehen, wie die Sturzwell sprudelnd
Hervorbricht aus naturverschämtem Dunkel,
Ein Kindlein an den Bord des Lebens spülend.

Wie mag das für Robert Gaupp geklungen haben, dessen Frau ebenfalls den nicht eben häufigen Vornamen Oktavia hatte? Nach etwa zehn Jahren auf der Schwäbischen Alb wird Wagner 1912 aufgrund eigener Versetzungsgesuche an die Volksschule nach Degerloch bei Stuttgart versetzt. Auch dort fühlt er sich verfolgt und mißachtet und will nun endlich seine Rachepläne gegenüber Mühlhausen verwirklichen, die er immer wieder aus Schwäche aufgeschoben habe.

Gaupp hatte die vom Gericht gestellte Frage nach der strafrechtlichen Verantwortlichkeit Wagners für seine Verbrechen

zu beantworten. Er legte schließlich eine beeindruckende Biographie seines Probanden vor, in der er psychologisch verstehbar dessen Wahn aus drei Quellen ableitete:
– aus einer familiären Belastung im Sinne einer Degeneration
– aus Wagners Charakter
– aus dem Erlebnis der Sodomie.

Gaupp entwickelte aus Wagners Erkrankung und dessen Charakter modellhaft seine Theorie der »echten Paranoia«, der charakterogenen Wahnentstehung, die später in der Literatur als Lehrmeinung mit seinem Namen verbunden wurde — man sprach von der »Paranoia (Gaupp)«. Es ist eine ganz überwiegend psychologische Betrachtungsweise, die er über den Vorgang der Einfühlung in den Lebensweg und die Person Wagners gewinnt. Diesen Ansatz hat Gaupp trotz Anfeindungen in der Öffentlichkeit — er erhielt u. a. die später immer wieder zitierte anonyme Postkarte mit der lapidaren Bemerkung »Rindvieh, psychiatrisches« — und wissenschaftlicher Kontroversen mit anderen psychiatrischen Lehrmeinungen immer verteidigt. Ausgebaut und weiterentwickelt wurde seine Lehre von seinem Schüler Ernst Kretschmer, der 1920 selbst Gelegenheit hatte, Wagner in Winnenden ausführlich zu untersuchen. Kretschmer postulierte zur Entwicklung eines »sensitiven Beziehungswahns« die Trias von Charakter, Erlebnis und Milieu und sieht neben sexualethischen Konflikten auch andere, wie z.B. solche des Berufslebens, als verantwortlich für eine Wahnentstehung an. Den Faktor des Milieus hatte Gaupp beinahe vollkommen vernachlässigt. Er konzentrierte sich auf die angebliche Sodomie und folgte darin ganz seinem Patienten Ernst Wagner, der sowohl in seiner Autobiographie wie in den Gesprächen mit Gaupp selbst, diese seine Unsittlichkeit und die folgende Verspottung und Verhöhnung als Motiv für seine Rache an den Mühlhausener Einwohnern nennt. Als Motiv für seinen Mord an Frau und Kindern gibt Wagner stets Mitleid an. Er habe ihnen ein ähnliches Schicksal ersparen wollen, wie es ihm widerfahren sei. Auch diese Erklärung übernimmt

Gaupp quasi von seinem Patienten. Er scheint beeindruckt von Wagners Wahrheitsliebe, auf die er auffallend oft in seiner Monographie hinweist. In seinen Unterredungen mit Wagner fragt er ihn zwar auch nach anderen Motiven für seine Taten wie Ruhmsucht, Homosexualität, Feindschaft gegen einzelne Bürger Mühlhausens oder Konflikte mit der Familie seiner Schwiegereltern; nachdem Wagner dies aber jeweils verneint, läßt Gaupp derartige Erklärungshypothesen schnell fallen. Da es Wagner jedoch stets ablehnt, über Einzelheiten seiner sodomitischen Handlungen zu berichten, sieht Gaupp sich mit Zweifeln konfrontiert, ob diese sittlichen Verfehlungen überhaupt stattgefunden haben. Es werden u. a. elektrogalvanische Assoziationsuntersuchungen vorgenommen, in denen man aber nur ohne stimmiges Resultat der sexuellen Hypothese folgt. Schließlich entscheidet sich Gaupp definitiv für die Annahme der Realität der sodomitischen Vorkommnisse. Der wahnhafte Charakter der Verfolgungserlebnisse Wagners wird für ihn durch die Aussagen zahlreicher Mühlhausener, Radelstetter und Degerlocher Bürger unzweideutig klar. Niemand hatte gegenüber der Polizei angegeben, irgend etwas über sodomitische Praktiken Wagners zu wissen. Diese Zeugen wurden allerdings von der Polizei nicht danach gefragt, ob man überhaupt über Wagner schlecht geredet oder gespottet habe. Womöglich hätte man *nach* den Verbrechen Wagners derartige Fragen aber auch verneint. So erfahren wir von Gaupp, da er sich ganz auf die Sodomie und die diesbezügliche Sensitivität Wagners konzentriert, auch relativ wenig über Wagners Lebensverhältnisse in seiner Mühlhausener und Radelstetter Zeit.

Es ist überaus verblüffend, für wie konfliktfrei Gaupp Wagners Beziehungen zu Mühlhausen hält: Der Hilfslehrer Ernst Wagner schwängert die neunzehnjährige Tochter Anna des Adlerwirts Johann Konrad Schlecht, noch bevor ihre ältere Schwester verheiratet ist. Anna verläßt ihre Familie und Mühlhausen und bringt Wagners Tochter Klara im Februar 1903 in

Stuttgart zur Welt. Geheiratet wird erst Ende Dezember 1903, und das nicht im Heimatort Annas, sondern in Ludwigsburg.

Es wäre verwunderlich, wenn im schwäbisch-protestantischen Dorf Mühlhausen über den mit seinen gelben Schuhen so elegant gekleideten und zur Mißbilligung seiner Mitbürger stets hochdeutsch sprechenden Wagner und dessen außereheliche »Unsittlichkeit« nicht abfällig gesprochen worden wäre.

In Gaupps abschließender Arbeit über den Fall Wagner — nach dessen Tod — liest sich dieser Teil von Wagners Leben jedoch anders. Wagner selbst hatte über seine Zeit in Mühlhausen gesagt, dies sei die schlechteste Stelle gewesen, die er je gehabt habe. Gaupp widerspricht dem direkt, wenn er 1938 schreibt: »In Wirklichkeit war er in Mühlhausen gerne gesehen gewesen und in gutem Andenken geblieben.«

Wagner gab stets an, er habe in Mühlhausen wahllos alle erwachsenen männlichen Einwohner töten wollen. Es ist aber belegt, daß er sich in der Mordnacht speziell nach dem Schultheißen erkundigt hat. Und immerhin hat er das Haus und Wirtshaus seines mittlerweile verstorbenen Schwiegervaters angezündet, in dem Schwiegermutter, Schwager, Schwägerin und deren Sohn lebten. Dazu meint wiederum Gaupp in seiner Monographie: »Er nahm es nicht schwer, den *Adler* in Mühlhausen anzuzünden, weil er seinen Schwager gut versichert wußte. Er wollte ihm damit das Wegziehen von dort nach seinen Gewalttaten erleichtern.«

Wir hatten der Entwicklung der Beziehung zwischen Gaupp und Wagner etwas vorgegriffen; gehen wir noch einmal zurück ins Jahr 1914, als Wagner in die Heil- und Pflegeanstalt Winnental eingewiesen wurde.

Er liest das noch im selben Jahr als Buch erschienene Gutachten Gaupps, und es beginnt ein langer Briefwechsel zwischen Arzt und Patient. Es finden auch zahlreiche Besuche Gaupps bei Wagner statt. Gaupps erster Brief, schon einen Tag nach Wagners Aufnahme, geht allerdings an die Direktion der Heil- und Pflegeanstalt: »[. . .] und über ihn ein 382 Seiten langes Gutachten erstattet, das ich in etwas veränderter Form publizieren werde; der Vertrag mit dem Herausgeber ist schon abgeschlossen. Sie werden es daher begreifen, wenn ich Sie bitte, es möge von Winnenthal über Wagner nichts publiziert werden, ehe ich die Schrift herausgegeben habe.«

Sein erster Besuch, den er in Begleitung von Studenten und Studentinnen bei Wagner unternimmt, endet mit einem Eklat. Wagner wirft Gaupp aus seiner Zelle, weil er nicht zu Studienzwecken vorgezeigt werden wolle. In einem Brief an Gaupp führt er 1920 aus, daß er Gaupp zunächst tödlich gehaßt habe. Jetzt aber stelle er sich auf den Boden seines Gutachtens. Wagner distanziert sich von seinem Wahn und beginnt sich mit Gaupp zu identifizieren. Er schreibt im selben Brief weiter: »Ich erkenne, daß meine Straftaten der Ausfluß einer schweren geistigen Erkrankung gewesen sind, die des näheren ganz richtig mit ›Verfolgungswahn‹ gekennzeichnet wird. Ich erkläre heute, daß ich weder in Mühlhausen noch sonstwo ›verfolgt‹ worden bin. Gewisse Reden konnte ich so deuten, wie es von mir geschehen ist — denn es gibt Zufälligkeiten und Beziehungslosigkeiten, die sich, ganz besondere Umstände noch hinzugerechnet, wie die Absicht und Zielbestimmtheit selbst ausnehmen — ich hätte sie aber nicht unbedingt und unausweichlich so deuten müssen. Aber Dinge, von denen man selber den Kopf voll hat, verlegt man eben gern in die Köpfe anderer.«

Über diese letzten beiden Sätze ist Gaupp geradezu begeistert, denn Wagner distanziert sich nicht nur von seinem Wahn, er beschreibt in sehr anschaulicher Weise den Vorgang der Projektion, den auch Gaupp in seinem Gutachten herausgehoben hatte. In seiner ersten, der Monographie folgenden Arbeit über Wagner aus dem Jahre 1920 vermerkt er dazu: »Gibt es eine bessere Schilderung des Beziehungswahns als diesen Satz?« Wagner legt seinem Brief zwei Heftchen mit eigenen Theaterstücken bei. Es sind dies allerdings keine neuen Stücke, sondern nur Überarbeitungen von solchen, die er schon in Radelstetten verfaßt hatte. Er arbeitet zu dieser Zeit aber wahrscheinlich schon länger an einem neuen Stück. Es wird Anfang 1921 fertig und trägt den Titel *Wahn*. Das Drama handelt von Wahn und Projektion und *ist* eine Projektion. Wagner setzt die Geschichte von Ludwig II. in Szene und tut dies, indem er, wie er selbst sagt, seine »kleinen Verhältnisse auf die großen Verhältnisse des Königs überträgt«.

Kaum ist das Stück fertig, schickt Wagner es nach Tübingen zu Gaupp. Er habe, so schreibt er im Begleitbrief, dem Psychologischen ganz besondere Sorgfalt gewidmet, so daß es auch für Gaupp von fachlichem Interesse sein dürfte. Im folgenden Satz wird deutlich, wie nahe Wagner jetzt Gaupp kommt: »Sie werden sich, sehr geehrter Herr Professor, zwar nicht dadurch beirrt gefühlt haben, wenn ich früher gegen Ihr Gutachten opponierte. Ich halte es aber für meine Pflicht u. Schuldigkeit, meiner jetzigen besseren Einsicht gemäß zu erklären, daß Ihr Spruch auf Unzurechnungsfähigkeit zu Recht besteht. Ich würde Sie jetzt bitten, mir all die Haßgefühle u. Rachewünsche, die, Ihre Person betreffend, in mir lebendig gewesen sind, zu verzeihen, wüßte ich nicht, daß Sie sie für Ausflüsse desselben Krankheitszustandes betrachtet haben. Sollten Sie sich über diese meine Erklärung, von der Sie jederzeit und jedermann gegenüber Gebrauch machen dürfen, freuen, so würde diese Freude auch die meinige sein. Wenn Sie gelegentlich wieder hierher kommen, und wenn Sie es der Mühe wert erachten, mit mir zu sprechen — wesentlich Neues vermöchte ich nicht zu sagen — so sollen Sie eines freundlichen Empfanges sicher sein. Mit vorzüglicher Hochschätzung. Ihr dankbarer und ergebener Ernst Wagner.«

Auch Gaupp spürt die Nähe zu Wagner, ist aber auch ein wenig befremdet und verunsichert, wenn er seinerseits an die Klinikleitung in Winnenden über Wagner schreibt: »Er ist und bleibt doch ein Unikum. [. . .] Sein Exposé über das Wesen der Paranoia, das er Gudden dem Prinzen geben läßt, ist psychiatrisch so richtig, daß es nicht bloß aus eigenem Erleben, sondern wohl auch aus der Lektüre stammen muß. [. . .] Ist Ihnen bekannt, welche psychiatrischen Bücher er — außer meinem Gutachten über ihn — studiert hat?« Er erhält die Antwort, daß Wagner keine anderen psychiatrischen Schriften gelesen habe. Bereits drei Wochen später ist Gaupps Aufsatz »Die dramatische Dichtung des Paranoikers Wagner über den Wahn« vollendet. Kurz darauf schreibt Gaupp einen Artikel über Wagners Drama im *Berliner Tageblatt*, der unter der Überschrift »Geisteskranke Dramatik« erscheint. Davon erfährt Wagner durch seine in Berlin lebende Schwester und ist über die Beurteilung Gaupps enttäuscht, da dieser das Stück nur in seinen psychiatrischen Einsichten und nicht wegen seines künstlerischen Wertes lobt. Gekränkt ist er durch die Überschrift. Dazu erklärt wiederum Gaupp, sich brieflich entschuldigend, daß nicht er, sondern ein Redakteur diesen Titel gewählt habe.

Durch den Berliner Zeitungsartikel wird der Münchner Verlag Meyer und Jessen auf Wagner aufmerksam und tritt durch Vermittlung Gaupps mit ihm in Verbindung. Damit scheint für Ernst Wagner nun sein lang gehegter, sehnlichster Wunsch nach literarischem Erfolg, Ruhm und einer Schriftstellerexistenz in erreichbare Nähe gerückt. Doch seine Hoffnung erfüllt sich nicht. Die Enttäuschung durch in der Tat zweifelhafte Verhaltensweisen des Verlages sowie die Aufführung von Franz Werfels Drama *Schweiger* im Januar 1923 am Stuttgarter Landestheater stellen den Beginn der langen und von Wagner wahnhaft-verbissen geführten Auseinandersetzung mit Werfel über Plagiat und Priorität dar (siehe dazu das entsprechende Kapitel). In der Auseinandersetzung spielt Gaupp, der zwischen Wagner und Werfel zu klären versucht, weiterhin eine wichtige Rolle, indem er Wagners Erleben und Handeln auch der Anstaltsleitung gegenüber als nicht gänzlich wahnhaft beurteilt. (Erst 1938, nach Wagners Tod, sieht er in den Plagiatsvorwürfen ausschließlich einen Wahn seines Patienten.)

Einmal muß der Arzt seinem Patienten freilich eine große Enttäuschung bereitet haben: Weil es Wagner 1925 wegen einiger unruhiger Patienten in Winnenden zu laut geworden war, überlegen die dortigen Ärzte eine eventuelle Verlegung ihres Patienten nach Zwiefalten oder Schussenried. Wagner möchte jedoch nach Tübingen verlegt werden. Der Direktor der Anstalt Winnental schreibt 1925 nach Tübingen an Gaupp, Wagner bitte darum, in Tübingen aufgenommen zu werden, wenn nicht für immer, so doch für einige Zeit. Gaupp antwortet umgehend: »Verehrter Herr Kollege! Wir haben für Kranke III. Klasse keine Einzelzimmer und so kann ich Herrn Wagner nicht aufnehmen; denn im allgemeinen Krankensaal hätte er keine Ruhe und genügende Selbständigkeit für seine Arbeit und es wäre auch um der anderen Kranken willen nicht gut angängig. Ich würde sonst Herrn Wagner ganz gerne hier haben — schon um meines Interesses willen, das ich für ihn und seine Psychose habe. Als er hier war (1913), war er in einer Zelle der unruhigen Abteilung und da ist es bei uns noch lauter als bei Ihnen. Auch sind in unseren 2 Zellen, die wir haben, jetzt je 2 Kranke untergebracht. Wir sind dauernd sehr überfüllt und können die Kranken nicht loswerden. Die Einzelzimmer im I. Stock sind für Patienten I. Klasse (ca. 10 M. täglich). Mit freundlichem Gruß, Ihr ergebenster Gaupp.« Ein Zimmer der ersten Klasse ist für Wagner nicht erreichbar, und Gaupp kann oder will ihm dabei auch nicht helfen.

Desungeachtet ist und bleibt das Interesse Gaupps an »Wagner und seiner Psychose« groß. Am 20. Januar 1931 teilt er der Anstaltsleitung in Winnenden mit, daß er erfahren habe, Wagner sei schwer krank und habe vielleicht nicht mehr lange zu leben. »Ich möchte nun den Mann noch einmal vor seinem Tode genau explorieren.« Besorgt kommt er noch im selben Monat nach Winnenden. Da aber Wagner doch nicht so krank ist wie befürchtet, kann Gaupp weitere Gespräche mit ihm planen. Im Oktober 1932 stellt er ihn dann auf der 55. Tagung der Südwestdeutschen Psychiater in Tübingen seinen Kollegen vor, spricht dort vor dem Auditorium zwei Stunden mit ihm und beeindruckt die Zuhörerschaft mit der Schlagfertigkeit und raschen Auffassungsgabe Wagners ebenso, wie er selbst sich auch wieder beeindrucken läßt. Er hatte dies allerdings auch von seinem Patienten erwartet, der seiner Meinung nach ja kein Schizophrener war, sondern ein »echter Paranoiker«, der insofern im Verlauf seiner Erkrankung keine Symptome von »Verblödung« zeigte und zeigen durfte; so hatte es Emil Kraepelin gelehrt. Wagner war damals, folgt man der Beschreibung Gaupps, schon ein »körperlich schwer kranker und geschwächter Mann«, mittlerweile aber tatsächlich berühmt geworden. Jedenfalls schreibt ein Teilnehmer der Tagung, der Wagner dort gesehen hatte, vom »berühmten Paranoiker Wagner«.

Wagner durfte insgesamt neun Tage bei Gaupp in Tübingen bleiben. Die Kosten seiner Unterbringung spielten diesmal, anders als sieben Jahre zuvor, offenbar keine Rolle. Wagner genoß den Aufenthalt und den Auftritt vor dem Psychiaterpublikum, und Gaupp konnte mit ihm seine Lehre von der Paranoia untermauern.

Bei Wagners Tod im April 1938 weiß man in Winnenden um die Bedeutung der Beziehung Gaupps zu seinem Patienten und benachrichtigt ihn wenige Tage nach Wagners Tod. Der kurze Brief klingt wie die Mitteilung der traurigen Nachricht an einen Angehörigen, ist aber nicht ohne Trost: »Wir haben sehr bedauert, daß es uns nicht gelungen ist, Wagner bis zu ihrer Rückkunft am Leben zu erhalten. Selbstverständlich stehen Ihnen unsere Akten jederzeit zur Verfügung.« Anscheinend war Gaupp verreist. Vier Tage später erhält er die Unterlagen zugesandt, und schon am 1. Juni geht seine letzte Arbeit über den Fall Wagner bei der Schriftleitung der *Zeitschrift für die gesamte Neurologie und Psychiatrie* ein und wird bald darauf veröffentlicht: »Krankheit und Tod des paranoischen Massenmörders Hauptlehrer Wagner. Eine Epikrise.«

Zu dieser Zeit waren rassenhygienische Ideen mit den ihnen zugrundeliegenden Wahnvorstellungen, die es mindestens seit den frühen zwanziger Jahren gab, nach und nach zur mörderischen Wirklichkeit geworden. Gaupp hatte sich dieser Gesinnung zögernd angeschlossen und war damit Wagner wieder ein Stück näher gekommen. Dieser hatte ja schon in der vor seinen Verbrechen geschriebenen Autobiographie die Vernichtung des kranken Teils der Bevölkerung gefordert. Zwar hatte Gaupp bereits in seiner Monographie 1914 manche von Wagners Gedanken als positiv und scharfsinnig gelobt, nicht aber die der Rassenhygiene. Das ist 1938 anders. Jetzt erwähnt er lobend folgendes: »In seinen ›Stuttgarter Spaziergängen‹ finden sich neben mancher schulmeisterlichen Verschrobenheit auch treffliche Gedanken auf politischem und sozialem Gebiete. Er hat in der Beurteilung der seelischen Entartung von Familie und Volk manche Vorstellungen scharf gefaßt und formuliert, die heute zur vollen Geltung gekommen sind, besonders auf rassenhygienischem Gebiete.« Entwicklungsmäßig sieht Gaupp 1938 weiterhin den sexualethischen Konflikt im Zentrum von Wagners Paranoia, die zu seinen Verbrechen in Degerloch und Mühlhausen führte. Er wiederholt in seiner Epikrise die Fehlleistung hinsichtlich des »unsittlichen« Lebenswandels von Wagners Mutter. Wagner selbst hatte früher wenn überhaupt jemanden aus seiner Familie, dann seinen Vater für sein unglückliches Leben angeschuldigt, sich später aber mehr der Ansicht Gaupps zugewandt. In einem Brief aus dem Jahre 1921 schrieb er an seine Schwester: »Liebe Schwester! Wir beide sind recht törichte Leutlein. Warum schreiben wir denn einander nicht? Ich bin überzeugt, daß Du so oft an mich gedacht hast wie ich an Dich. Und daß wir einander alles Gute wünschen. So will ich als der ›schuldige Teil‹ den Anfang machen. Ich stelle fest: wir beide sind krank; auch Du bist es. Wir leiden an der Poppenweiler (Nerven)krankheit. Wenn ich mir heute vieles vergegenwärtige, komme ich selbst zur Überzeugung, daß es mit der Mutter doch nicht ganz stimmte. Früher suchte ich im Blick auf unsere Misere nur beim Vater die Schuld.« (Das genannte Poppenweiler ist der Geburtsort von Wagners Mutter.)

Auch 1938 ist Gaupp ebenso wie Wagner vom Mord aus Mitleid an Frau und Kindern überzeugt. Über die Beziehung Wagners zu seiner Frau schreibt Gaupp ähnlich wie 1914: »Die Wirtstochter, zu der er offenbar nur sexuelle Beziehungen, aber keine seelische Bindung gehabt hatte, gebar in Stuttgart ein Mädchen. Sie drohte ihm, ins Wasser zu gehen, wenn er sie nicht heirate. Er erkannte seine Vaterschaft an, fühlte sich zu arm, um das Mädchen auszuzahlen, und heiratete sie, als er in Radelstetten ständiger Lehrer geworden war (1903). Es geschah dies auf Zureden anderer und aus eigenem Verantwortungsgefühl, obwohl er sie damals gar nicht mehr liebte. Sie war ihm geistig nicht gewachsen, aber fleißig und tüchtig. Im Umgang mit dem schwierigen Charakter des Mannes war sie psychologisch wenig geschickt. Er nannte sie in seinen Reden und Schriften ›einen tüchtigen Dienstmädchencharakter‹. In seinen Verfolgungswahn bezog er sie niemals ein; er nahm vielmehr immer an, daß sie von seinen Verfehlungen nichts wisse (was auch der Wahrheit entsprach) und an seinem Leid der Verhöhnungen und Verspottungen ganz unbeteiligt sei. Er haßte sie nicht, sondern ließ sie als Hausfrau und Mutter gelten, aber sie bedeutete ihm selbst nichts. Getötet hat er sie nur aus Mitleid; sie sollte nicht den Tod ihrer 4 Kinder und den Selbstmord ihres ›ehrlosen‹ Mannes überleben. Bei seiner Hochzeit in Mühlhausen lebte er in steter Angst, vom Landjäger verhaftet zu werden, und hatte in jeder Brusttasche einen geladenen Revolver, um sich im Falle der Verhaftung gleich erschießen zu können.«

Wenn wir diese Anmerkungen mit dem Hinweis auf eine Fehlleistung begonnen haben, so möchten wir sie auch damit beenden. Diese findet sich in dem eben zitierten Absatz aus Gaupps letzter Arbeit über den Fall Wagner.

Gaupp läßt in seinen Ausführungen die Hochzeit von Ernst Wagner und Anna Schlecht in Mühlhausen stattfinden und nicht in Ludwigsburg, was der Realität entsprechen würde. Sie findet also statt, wie es sein soll: am Wohnort der Braut, mit der Möglichkeit freudiger Anteilnahme der Familie und des Dorfes. Diese vielleicht unbewußte Harmonisierungs- phantasie, wie sie auch in Gaupps Behauptung zum Ausdruck kommt, Wagner sei in Mühlhausen gern gesehen gewesen, mag Gaupp zu seiner Fehlleistung veranlaßt haben. Möglicher- weise deckt sich diese Phantasie sogar mit der Wagners, der sich ebenfalls eine harmonische Beziehung zu seinen Schwieger- eltern und eine geachtete Stellung im Dorf gewünscht hatte. In Gaupps Urteil ist aber durch diese Vorstellung nun jegliche Disharmonie, Feindschaft oder aggressive Konflikthaftigkeit Wagners mit der Familie Schlecht und den Bürgern von Mühl- hausen getilgt. Was bleibt, ist Wagners Konflikt mit der an- geblichen Sodomie als *dem* Ereignis und Erlebnis, aus dem sich die Paranoia entwickelt, die zu den mörderischen Aggressio- nen Wagners führt.

Gaupps berühmte Lehre von der Paranoia basiert auf dem für ihn hochinteressanten »Unikum« Wagner, seinem wichtig- sten Patienten. Umgekehrt dürfte der Hauptlehrer Wagner,

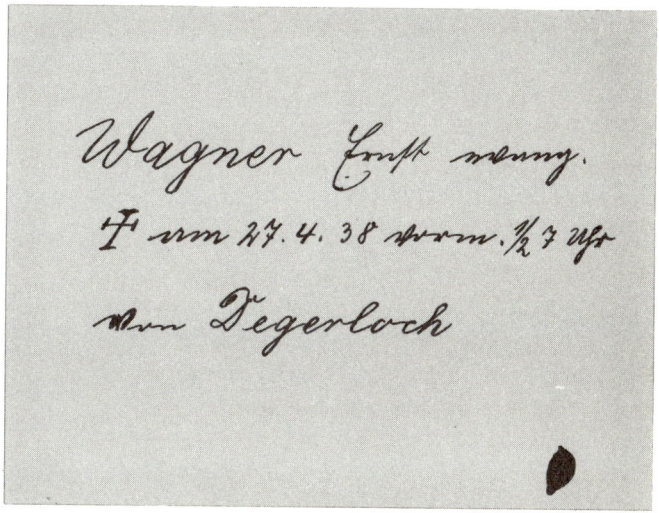

Sterbezettel Wagners aus der Klinik Winnental

der nie ein berühmter Dramatiker und nicht einmal Ober-
lehrer wurde, in Professor Gaupp einen der für ihn entschei-
denden Beziehungspartner seines Lebens gesehen haben, der
ihm nicht nur durch sein Gutachten das Leben rettete, sondern
ihm mit seiner interessierten Zuneigung fünfundzwanzig ver-
gleichsweise ruhige Lebensjahre ermöglichte. Auf diese Weise
waren beide füreinander »gute Menschen«. Zwar sprach
Gaupp bewußt und öffentlich so nie von Wagner; in seiner
letzten Arbeit über ihn läßt er aber einen Winnentaler Pfleger
auftreten, der von Wagner sagt:

»Er war ein guter Mensch.«

»Auch Einer«
Fragmente aus dem Tagebuch eines Massenmörders

> Auch Einer von denjenigen
> nämlich — — kurz, man
> versteht mich. Wer es darf, hebe
> den ersten Stein gegen ihn auf!
> Ich meinesteils gedenke es nicht zu tun.
>
> Friedrich Theodor Vischers
> erste Sätze seines Romans *Auch Einer*

Ernst Wagner hat von 1909 bis kurz vor der Tat im September 1913 umfangreiche autobiographische Aufzeichnungen verfaßt, die er — in ständiger Angst vor Entdeckung — vorsorglich in zweifacher handschriftlicher Ausfertigung verwahrte. Beide jeweils rund 300 Seiten starken Fassungen — ein Exemplar hatte er dem Philosophen Christoph Schrempf, das andere seinem Freund, dem Forstgehilfen Schelling, zugedacht — wurden kurz nach der Tat von der Polizei beschlagnahmt. Heute sind beide Exemplare verloren. Diese autobiographischen Aufzeichnungen haben sowohl dem Gericht vorgelegen als auch Robert Gaupp für sein Gutachten, in dem er sehr ausführlich daraus zitiert.

Unsere Montage folgt im wesentlichen Gaupp, konnte aber — nach der Anzahl der einzelnen Textblöcke — um ein rundes Viertel bislang unzugänglicher Textstellen ergänzt werden. Es handelt sich dabei um Transkriptionen aus einer von Wagner selbst verfaßten auszugsweisen Abschrift, die er im Frühjahr 1929 im Zusammenhang mit seiner »Beweisführung« gegen

Werfel vorgenommen hat. Zu diesem Zweck hatte ihm das Heilbronner Landgericht ein Exemplar seiner Autobiographie zur Verfügung gestellt.

Da von Wagners Autobiographie, die sich in drei Abteilungen (»Auch Einer« — »Auf der Bierbank« — »Stuttgarter Spaziergänge«) gliedert und mit verschiedenen Textebenen operiert, nur Auszüge vorliegen und sich der Kontext nicht mehr erschließen läßt, sind die einzelnen, weitgehend chronologisch angeordneten Bruchstücke durch Absätze gegliedert. Die Schreibweise entspricht bei den von Gaupp übernommenen Auszügen der dort vorgefundenen, wobei wir auf sämtliche — wohl ausschließlich von Gaupp selbst vorgenommenen — Hervorhebungen verzichtet haben. Bei unserer Transkription von Wagners mitunter äußerst schwer entzifferbarer und offensichtlich rasch (und nur im Hinblick auf seine »Beweisführung« gegen Werfel) verfertigter Abschrift, die viele Unterstreichungen und Abkürzungen enthält, wurden Hervorhebungen ebenfalls weggelassen und Abkürzungen stillschweigend ergänzt.

Wagner reflektiert in seinen zum Teil in Wirtshäusern und Cafés verfaßten Aufzeichnungen auch über lokale Gegebenheiten und Tagesaktualitäten, wie beispielsweise den Balkankrieg. Wo es uns für das Verständnis notwendig erschien, haben wir Erläuterungen eingefügt:

So oft ich mich hinsetze, dieses Buch zu schreiben, nehme ich mir vor, mein eigen Selbst zu verleugnen. Ich schreibe, wie wenn ich den Ernst Wagner als objektiver Biograph zu behandeln hätte.

Meinen Vater habe ich nicht gekannt, er starb, wie ich zwei Jahre alt war. Wenig ist es, was ich von ihm gehört habe; aber dieses Wenige war nicht geeignet, ein Musterbild von ihm entstehen zu lassen. Meine Mutter meinte, es sei gut, daß er gestorben sei. Ich habe ihn oft verflucht darum, daß er mich in die Welt gesetzt hat. Damit man ihm aber nicht zuviel ins

Schuldbuch schreibt, indem man von dem Apfel auf den Stamm schließt, will ich bemerken, daß man meinem Vater nichts weiter nachsagte, als etwa: »Wagners Jakob ist ein eingebildeter und unzufriedener Mensch, der besser täte, seinem Bauernhandwerk nachzugehen, als hinter dem Bierglas zu hocken.«

Was groß und schön und glücklich gewesen ist in meinem Leben, das ist nie über den Wunsch hinausgekommen.

Ein Cäsar wäre ich sehr gerne gewesen, an Größenwahn hätte es mir nicht gefehlt, auch etliche Laster hatten mich dazu prädisponiert. Und so einfältig bin ich nicht, daß ich nicht hätte ein großes Reich regieren können. Meine Fehler und meine Vorzüge hätten sich dann in monumentaler Größe gezeigt. Ich hätte gewiß Geschichte gemacht. Für andere mag es aber besser gewesen sein, daß ich nicht ein Cäsar war, sondern ein Schulmeister.

Die Schriftstellerei habe ich schon frühzeitig angefangen, bin aber weder zu Ruhm noch zu Geld, ja nicht einmal zum Druck gelangt. Ich habe aber schon einmal ausgesprochen, daß ich eben zu den ganz Großen gehöre, die erst »entdeckt« werden, wenn sie tot sind.

So, die Memoiren wären jetzt geschrieben, und was an mir liegt, so bin ich jetzt für die Nachwelt gerettet. Weil ich schon nicht selber lebte, so muß ich das doch in eurem Angedenken. Gestaltet das Bild von mir freundlich, bitte, recht freundlich. Jetzt muß ich bloß noch das Messer kaufen. Mein alter Dolch, den ich für mich oder den Landjäger stets bei mir trug, ist stumpf und scharrig geworden. Ich will auch meine Patronen zählen und meine Revolver proben. Auch der Revolver war in den Zeiten des Hangens und Bangens mein steter Begleiter. Ich saß mit ihm im Wirtshaus und auf der Orgelbank, zu Hause und auf der Gasse war er bei mir, der 6läufige Beschützer. Ich saß mit ihm im Examen nebst 20 Patronen und hielt Hochzeit zu Ludwigsburg mit 2 Revolvern, 50 Patronen und dem Dolch. Nur immer heranspaziert, meine Herrschaften. Mich hätte man nicht »geholt«. Ja in den Tagen der nervenzuckenden Qual habe ich die »Uniform« herbeigesehnt, dann hätte ich elender Schwächling ein Ende machen müssen und lange Leidensjahre wären mir erspart geblieben.

So lebt denn wohl, die ihr mich geliebt und nicht geliebt habt. Nicht gerne scheide ich, aber es ist notwendig, daß ich hingehe. Es ist auch notwendig, daß ich die Meinen mitnehme. Meine Frau könnte ja wohl leben, aber wie könnte ich dann die Kinder töten? Für sie selbst ist es übrigens auch gut, wenn sie das nicht überlebt. Ich töte alle 5 aus Mitleid. In tausend Jahren will ich wiederkommen und zwar so sittig, daß ich mich selbst nicht wieder erkenne. Darum schmücket euer Erdenheim bis dahin, auf daß es mir wohlgefalle. 14.Oktober 1909. Titel des Buches ist: Auch Einer, darin ist beschrieben von ihm selber das Leben des großen Narren Ernst Wagner.

Daß ich mich des Geständnisses gleich entledige: Ich bin Sodomit. Es ist glücklich heraus, aber viel mehr will ich nicht darüber reden; eure Lüsternheit wiegt auch keine Minute Selbstverachtung auf. Selbstverachtung und Gram haben mich grau gemacht, denn ich bin erst 34 Jahre alt. Genau so lange habe ich gelitten. Ich bitt Euch, nehmt den Nazarener vom Kreuz herab und heftet mich daran, ich bin das fleischgewordene Leiden. Ja, wenn ich an das Opferlamm zu Golgatha denke, so kann ich nur lächeln.

Das, was ich schreibe, ist Wahrheit und nicht Dichtung. Der Wahrheit wegen muß ich ja auch gehen. Denn, wenn mich einer fragte: Hast du dich wirklich jenes abscheulichen »Verbrechens« schuldig gemacht, ich könnte nicht nein sagen. Und dieses Eingeständnis zöge unmittelbar die Kugel nach sich.

Darum will ich mir die Zeit selbst wählen; ich will mit Überlegung alle Dispositionen treffen, um zu sterben, wie es meiner würdig ist.

Ich bin krank, rede aber nicht gerne davon. Werde ich gefragt: Sind sie gesund? bejahe ich. Aber ihr Aussehen ist nicht das beste? Das überhöre ich. Warum? Ihr wißt es, ich bin ja schuldig daran, daß ich krank bin. Ich bin sehr krank, seit 17 Jahren krank, unheilbar krank. Es scheint aber trotzdem, meine Krankheit ist nicht zum Tode. Ich muß ihr noch nachhelfen, sonst zwingt sie mich nicht. Es ist eine ganz perfide Krankheit, die mich nicht leben und nicht sterben läßt.

Aber jetzt habe ich es satt. Ich will ihr den Strick drehen, daß sie sich aufhängen kann. Das ist aber nur bildlich gesprochen. Ich werde mich nicht aufhängen, weder an einer seidenen Schnur noch an Dr. Eisenbarts Hanfseil, noch an Teufels Strohhalm. — Denn das Hängen ist eine ganz niederträchtig gewöhnliche Selbstmordsmethode. Wer etwas auf sich hält, hängt sich nicht. — Wie wäre es mit dem Ersäufen? Prächtig wär's, wären die Nixen nicht ausgestorben. Die wiegten den Zögernden sanft über den Bootsrand und sagten ihm viel liebe, kosende Worte. Sie erzählten ihm von dem kristallenen Schloß, wo alle Tage Bankett ist. Das ist aber erlogen, wie ich bestimmt weiß. Denn da ich mich unter's Wasser beugte, sah und spürte ich nichts anderes als Schlamm und Kiesel. Dieser Dinge wegen bin ich aber gerade des Lebens überdrüssig geworden. Bin ich doch über viel Steine gestolpert und lange genug im Sumpfe gelegen. Jetzt meine ich auch: Dieses Wasserschlucken ist die billigste Art des Delirium tremens, aber nicht die beste. — Vergiften? Wanzen-, Ratten- und Apothekertod! Auch für Weiber mag es gut sein. Die schaben gerne Phosphor, um den Mann um die Ecke zu bringen. Auch müssen sie des Abtreibens wegen die Pillelein und Tränklein kennen. Soll ich den »Römischen Narren« spielen und in mein Taschenmesser fallen? Als Philosoph in die Badewanne stei-

Handschrift Wagners (aus seiner Abschrift des dritten Teils der Autobiographie) gen, die Adern öffnen und mein Leben vertröpfeln lassen? Mich indisch verbrennen oder mir japanisch den Bauch aufschlitzen? Letzteres gewiß nicht, es ist zu eklig. — Aller Voraussicht nach werde ich mich erschießen. Das ist mannhaft, soldatisch. Ich höre lachen. Es lachen alle, die mich in der Montur gesehen haben. Sie glauben, ich sei ein schlapper Hund. Sagte ich nicht selbst in Kompagniegesellschaft, man müsse mich in der Chaise aufs Schlachtfeld führen! Wohl aber dann sollt ihr sehen, was ich leiste. Von dem Vulkan, der in mir brütet und kocht, hat kein Mensch eine Ahnung.

Jetzt aber habe ich wieder lange von mir geredet. Ihr täuscht euch, wenn ihr meint, ich rede gerne von mir. Ich muß mich jedesmal objektivieren, damit ich es aushalte. Vom Lazarett will ich reden? Nun, ich bin eins, ein Mikrokosmos von Lazarett. Und weil ich dem Lazarett gern ein Ende machte, deshalb habe ich die gebräuchlichsten Umbringungsarten aufmarschieren lassen zur gefälligen Auswahl.

Denn, ich bin nicht allein krank. Das ist ja ein Trost für schwache Seelen, daß andere auch leiden müssen. Erzählt doch der Fromme an Krankenbetten von dem Heiland »voller Schmerzen«. So ein unschuldig Lämmlein und so arg haben sie's ihm gemacht. Der weise Sokrates bemerkt dazu: Wolltest du lieber, daß ich schuldig litte? Ich würde gerne mit dem Nazarener tauschen. So eine Bagatelle von 9 bis 3 Uhr und dann die ewige Herrlichkeit! Das ist was anderes als 17 Jahre und dann des Teufels sein!

Mir ist die Krankheit von anderen kein Trost. So niedrig bin ich nicht organisiert. Ich hasse und verabscheue sie auch da wie an mir selbst. Und allen Leidenden möchte ich Erlöser sein. Wie das machen? Totschlagen kann ich euch nicht, so will ich wenigstens den Rat eines anderen wiederholen: Streicht euch selbst durch. Wie schwer das freilich ist, davon wüßte ich vieles zu erzählen. Aber ihr seid ja energischer als ich, darum Entschluß und Tat wie Blitz und Donnerwetter und ihr seid genesen. Was ächzt ihr geduldig weiter, in den Berufskarren gespannt, und bevölkert Krankenhäuser, Bäder und Sanatorien — Mastkälber der Besitzer und Ärzte! Die könnten es euch ja wohl sagen, aber denkt nur, der Profit — und das große Mitleid!

Das Mitleid! — Ich habe Nietzsche natürlich gelesen, und ich habe ihn mit dem Vergnügen gelesen, das ein Feinschmekker des Geistes bei solcher Lektüre empfindet. Gewiß wird man es von mir anmaßend finden, wenn ich mich mit Nietzsche in Vergleich stelle. So ein armseliges Dorfschulmeisterlein! Aber dessenungeachtet behaupte ich, daß das, was bei Nietzsche nur Redefigur und Geistreichelei, bei mir ernste, lebenvernichtende Überzeugung ist. Ich sage gleich ihm: Das Mitleid mit dem Schwachen, Siechen, Verkrüppelten ist Verbrechen, und allererst Verbrechen gegen den Bemitleideten selbst. Nietzsche hat aber keinen einzigen davon »gestoßen«, nicht einmal sich selbst. Ein richtiger Gespenster-Oswald, hat er es nicht fertig gebracht, sich »durchzustreichen«, so lange es Zeit war. Denn er war krank und elend, und er fühlte und wußte das. Und weil ich ihm in Dankbarkeit zugetan bin — als Leser seiner Schriften — hätte ich es ihm gerne gegönnt, wenn ein nerviger Herdenmensch ihm beizeiten das zerquälte Hirn mit dem Schmiedhammer eingeschlagen hätte.

Ich aber gehe hin und handle nach meinen Worten. In meiner Proskriptionsliste stehe ich obenan. Folgt als Avantgarde die totenkopfgezeichnete neurasthenische Reiterei. Nehmt all eure Kraft zusammen zum letzten Schenkeldruck und galoppiert lustig hinter mir drein!

Ich will an meine Arbeit gehen wie an ein alltägliches Geschäft. Scharf soll mein Auge sein, sicher und ruhig mein Arm sein zu Schuß, Stich und Hieb. Zwingen will ich mein Schwappelhirn nur zu denken an die Forderung des Augenblicks. Verla chen will ich jede Regung des Mitleids, ersticken die Stimme, die mir von Unrecht quatscht. Am vernichtenden Wollen soll es nicht fehlen, aber Glück muß der Mensch haben, zumal der »Verbrecher«.

Zurzeit wollen sie alles Unheil dem Alkohol in die Schuhe schieben. Der soll alle die schwachen Nerven gemacht haben. Das ist nicht wahr, jedenfalls ist es stark übertrieben. Nein, das Nervenelend kommt nicht her vom Alkohol, es kommt nicht her vom Großstadtgetriebe, es kommt nicht einmal her von der Hast und der Sorge im Erwerbsleben, vielmehr hat es seine Hauptursache im geschlechtlichen Laster, in der geschlechtlichen Unnatur jeder Art. Statt daß die Ärzte den Patienten immer zuerst fragen, wieviel er gewohnheitsmäßig Schnaps, Wein, Bier trinke, sollten sie sich zuvörderst über sein Sexualleben orientieren. Ich weiß, es ist das eine heikle Sache, aber wer Gesundheit sucht und wer sie geben will, der muß sich eben über schlechtangebrachte Scham hinwegsetzen. Daß der Alkohol nicht der Hauptmissetäter ist, zeigt doch auch der Umstand, daß das weibliche Geschlecht nicht minder nervenschwach ist als das männliche, obwohl es im Trinken von lobenswerter Mäßigkeit ist. Der Kasus liegt also nicht im Gaumen, sondern ziemlich weiter unten.

Der Teufel hole eure ganze Sittlichkeit, sie ist Schleim und Lüge.

Sagt einmal: zeugt es von gutem Geschmack, wenn ein Weib sich schminkt? Ich entscheide dahin: Präsentiert sie sich bloß zum Ansehen, so müssen wir ihr dankbar sein, sie will unsere Augen nicht beleidigen; wollte sie aber mehr bezwecken, so muß sie der Liebhaber eben vorher abwaschen.

Es ist ganz gut, daß viele Kinder sterben, es wäre noch besser, wenn alle die stürben, welche von Eltern und Geschwistern als

Last empfunden werden. Und ich stelle ganz ernsthaft den Antrag, daß die Eltern das Recht haben sollen, sich ungestraft der Kinder zu entledigen, die sie nicht aufziehen können oder mögen. Und ich erkläre hier mein Bedauern, daß ich nicht in Zeiten eines Pharao gelebt habe: Ich hätte meine drei Buben in vorgeschriebener Pflichtmäßigkeit ins Wasser geworfen und meine zwei Mädchen gratis hintendrein. Unmensch her, Unmensch hin! Denn aufgepaßt: wenn sie mir nacharten, und es wäre ja möglich, daß sie mich noch übertrumpften. . . . He! ja, was sagt ihr dazu? Daß ich sie der Gefahr aussetzte, einmal zu leiden, wie ich gelitten habe! Ei, das wäre ja euch einerlei aber daß sie sich gegen euch kehrten, gegen Sitte, Ordnung, Gesetz, Leben! Da wünschtet ihr dann freilich: Hätt' doch der Alte, der Erkennende, sein Gezücht mit sich genommen! Ja, das wird er tun; nicht euch zuliebe.

Überall aber täte eine große Sanierung der Menschheit not. Und wie in den alten Städten zerfallene Häuser und Straßenzüge eingerissen werden, wie auf dem Acker das Unkraut ausgereutet wird, so muß auch beim Menschengeschlecht aller Unrat radikal ausgefegt werden. Nach meinem Beobachten und Ermessen müßte ein starkes Drittel daran glauben, ja, ich meine, wir hätten dann erst das Gröbste weg. Wir schiffen zu sehr in übelriechenden Niederungen und müssen jetzt endlich den Ballast auswerfen, um in reiner, gesunder Region zu schweben. Ich habe ein scharfes Auge für alles Kranke und Schwache, bestellt mich zum Exekutor und kein Kommabazillus soll durchschlupfen. 25 Millionen Deutsche nehme ich auf mein Gewissen und es soll nicht um ein Gramm schwerer belastet sein als zuvor. Ich bin ein Mensch, fähig der allergrößten Verantwortung. Die aber bleiben, werden spüren, erkennen und schätzen, was ich getan habe. Sie werden frohlocken mit Psalter und Harfe und allerlei lieblichem Wohllaut, sie werden springen und tanzen und alle Purzelbäume der Lust schlagen, sie werden rühmen und laut verkündigen: er ist gekommen, endlich ist er gekommen, der Heiland der Gesunden, der Gerechten des Körpers. Er hat den Kopf zertreten allen giftigen Schlangen, allem kriechenden Gewürm, allem eklen Sumpfgetier, und alle hinkenden Teufel hat er geworfen in den feurigen Pfuhl. Das Herz schwillt mir — Caligula, reich mir das Schwert!

Die Frage von der Freiheit und Unfreiheit des Willens ist praktisch völlig wertlos. Menschen, die gleich mir an Depression leiden, möchte ich folgenden Rat geben: Wenn ihr einen Fehler, eine Dummheit gemacht habt, so quält euch nicht darob und nehmt ein- für allemal an, daß es so hat sein müssen. Aber ebenso müßt ihr den Glauben haben: in meiner Kraft, in meiner Hand liegt es, mir mein Glück zu schmieden. Das müßte ein zwiespältiger Mensch sein, meint ihr! Ja, wir sind zwiespältige Menschen. Die Bibel nennt uns ganz treffend: »Ein trotzig und verzagt Ding«. Die Hauptsache ist, daß wir gesunde Menschen sind. Gesundheit, das sei das weitleuchtende, alles überragende Panier, nach dem alles erzieherische Reden und Tun sich richtet.

Ich meine, wer einen gesunden Körper hat, dem muß es sehr leicht fallen, gut zu sein.

Das Gehorchen ist für die Jugend das geeignetste Mittel zur Selbstzucht und nur, was sich selbst im Zaum halten kann, ist berufen zu führen, zu regieren, zu herrschen.

Gegen die Abschaffung des Religionsunterrichts hätte ich nichts einzuwenden. Wer meine Schriften liest, wird das verständlich finden. Ich halte die »Heilstatsachen« des Christentums für bloße Hirnspekulation. Es gibt weder einen Gott Geist, noch einen Gott im Fleisch, noch den Nebelmann, den heiligen Geist. So wird es nicht wenig befremden, wenn ich hier erkläre, daß mir der Religionsunterricht durchaus nicht lästig gefallen ist, daß ich ihn lieber erteilt habe, als Schön- und

Rechtschreiben. Und wie habe ich ihn gegeben? Ich kann sagen, ich habe im großen ganzen ihn so gegeben, wie er vorgeschrieben ist. Absichtlich habe ich nicht atheistisch aufklären wollen. Ich halte die Gleichnisse als Unterlagen für einen Moralunterricht für ganz vorzüglich, und im alten Testament finden sich ganz prächtige Stücke — das haben wir auch in der deutschen Götter- und Heldensage, sowie in der deutschen und allgemeinen profanen Geschichte — und wenn man »den alten Gott und den alten Glauben« aus der Schule hinausexpediert, so kann ich ganz gelassen zusehen. Ich will an dieser Stelle die Bemerkung einflechten, daß die protestantischen Geistlichen ihren Unterricht meist freisinniger geben, als die Lehrer. Man wird vielleicht sagen, ich sei eben dann ein Heuchler gewesen. Ich hätte gehen sollen. Wäre ich gesund gewesen, hätte ich es ja auch getan. Aber dagegen bitte ich euch: Sagt mir doch einmal eine religiöse Wahrheit klipp und klar, ohne Hörner und Zähne. Ich habe mich, wie Heine sagt, auf allen »Tanzböden der Philosophie« herumgetrieben, aber auf festen Grund bin ich nicht gekommen.

Ich habe, seit ich in Radelstetten bin, viel gelesen, jedes Jahr für 300–500 Mark Bücher verschluckt.

Selten aus größerem Interesse an der Lektüre, sondern zur Ablenkung meines Trübsal brütenden Geistes. Ich wollte aus meinen eigenen »Geschichten« mich herausflüchten in ein erträglicheres Milieu.

Mir müßte doch wahrlich alles schnuppe sein. Ich will mich doch davonmachen. Ach, immer noch flackert die Lebensgier in mir. Man hat sich ans Leben gewöhnt. Gerade die schlechtesten Gewohnheiten fesseln am stärksten.
    Der Traum ist längst ausgeträumt. Jeder soll seine Sache auf sich selber stellen. Anschluß suchen nur die Schwachen. Tell geht allein. Keinen Rat erteilen. Denkt euch einmal, es

wäre einer, der alles weiß. Was meint ihr wohl, was er täte? Er würde alles verschweigen. Gott beweist es.

Ich sage euch, es gibt Spitzbuben in der Welt und ich muß noch meine Rache haben. Ich will über sie kommen wie der Dieb in der Nacht und ich will ... Was ich da sage, das verstehet ihr jetzt noch nicht. Ihr werdet es aber hernach mal verstehen.

Ich sehe, ich werde pathetisch und zitiere, und ich zitiere mich selbst, mich den einstigen Barrikadenrevolutionär. Denn was geht ihr mich eigentlich heute noch an? Ich kann meine Revolution allein machen und es handelt sich bei mir um noch viel wichtigere Dinge als um eure 3 mal 8 Stunden.

Im Café: Mein Kopf fällt willensschwach vornüber; was nützt mich das Heimgehen, was nützen mich ersparte Nickel, ich muß bald sterben. Wehmütig und weinerlich wird mir zumute, aber meine Tränensäcke haben einen festen Verschluß, ich will ein Patent drauf nehmen und Limonade fabrizieren.

Da soll einer sagen, es sei kein Streben nach höherer Bildung da! Alles reckt den Hals in die Höhe, und damit der Kopf nicht beim allstündlichen Schwächeanfall herunterkippt, hat die Mode das Bedürfnis der Zeit herausfühlend den hohen Kragen gebracht.

Ob wohl unter dieser schmausenden, lachenden Gesellschaft auch nur eine Seele ist, die dran denkt, daß der Heiland auch für ihre Sünden hat leiden müssen. Meine Seele ist's nicht, die ist in den Banden des schönen Weibsbildes da droben [auf dem Denkmal], die auf dem wilden Tiere sitzt. Ich will hinaufgehen und mich auf ihren Schoß setzen, sie umhalsen und küssen. Aber es würde doch einiges Aufsehen machen und ich muß fein im Verborgenen bleiben. Es kommt aber die Stunde, da will ich lärmen und Skandal machen, daß euch die Ohren dröhnen.

Ich bin frei von jeglichem Eigennutz, frei von Herrschsucht, aus purer Schönheitsliebe will ich der große Mörder sein.

Nach dem Automaten im Olgacafé sollt' ich nur 144 Pfund wiegen, ich wiege aber 170. Ich komme aus der Angst gar nimmer raus. Früher erbarmungswürdig dürr, fürchte ich jetzt Stiernacken, Wanst, Herzlähmung und Erstickungsanfälle. Es ist mir ein Rätsel, daß ich dick werde und hab' doch keine ruhige Stunde. Es scheint, das Elend fühlt sich bei mir so wohl zu Hause, daß es Fett ansetzt. Die Flamme soll an mir auch etwas zu lecken haben.

Der Stuttgarter Landesbibliothek wünsche ich dann das Schicksal ihrer Kollegin von Alexandria. Alles soll verbrennen, bis auf das, was von mir drin ist. Damit ich der einzige Klassiker bin.

Alles an mir ist Wunsch und Begierde und ich hätte doch alle Ursache, Vernunft anzunehmen; denn mein Auge ist trüb und grau ist mein Haar, o Narr, was sollen die Frauen.

Die Erotik ist der beste Beweis dafür, daß uns das natürliche vernünftige Geschlechtsleben noch immer ein Buch mit sieben Siegeln ist. Wenigstens im Backfischalter, in den Flegeljahren denken wir darüber halb begierig, halb scheu wie über etwas ganz Geheimnisvolles, Zauberhaftes. Und wenn wir dann ans Heiraten kommen, ists noch schlimmer: statt das gesunde, prachtgliedrige Mensch zu nehmen, machen wir ein Geldgeschäft. Es wird immer ärger, und die Paarung mit Liebe, Neigung, Sympathie könnten sie füglich ganz weglassen.

Hätt ich fast vergessen, daß selbst die Elektrizität geschlechtlich ist und die Elemente Verbindung eingehen. Gerade wie dem lieben Gott gehts mir: dem fiels auch hinterher erst ein, daß Adam eine Eva haben müsse.

Ich bitte euch, ihr schönen Frauen, wenn euch weder Gatte noch Vater, wenn des Trauerkostüms wegen euch nicht der entfernteste Vetter haben will, so trauert über mich, der ich bald tot sein werde. O ich habe es verdient, immer schlief ich im Geiste bei euch.

Manch eine geht vorüber, deren Sehnsucht ist größer als die der Konkordia. Wenn du an meinem Tisch vorbei gehst, so laß es mich doch wissen. Du kannst vor dich hinsummen: Einsam bin ich und alleine. Ich werde dann aufstehen und sagen: Ich, mein Kind, bin ganz der deine. Oder was du auch sonst für Stichwort und Verslein hättest, ich wüßte immer was Passendes drauf. Und wenn du dich zum Herzbrechen verlassen fühlst, so steh — als es daselbst Schaufenster und Räumungsausverkäufe gibt. Solls aber diskret gehen, so suche — verpasse auch auf Bahnhöfen nicht den Anschluß. Laß die Verbindungsdrähte läuten nach allen Richtungen, und wenn du dann genug hast, erhole dich auf dem Isolierschemel.

Vergiß! Was geschehen ist, ist geschehen. War es Fügung des Himmels oder des Teufels oder des Weißnichtwas? Predigst du das nicht andern, warum ist es dir nicht selbst Trost? Und wenn je Schuld, hast du nicht gebüßt? Unsagbar gelitten? Wahrlich, wenn es in der Erde Eingeweide so wühlte wie in mir, sie müßten bersten mit solcher Gewalt, daß ihre Stäubchen das Weltall füllten. Welch ein Satan das Leiden doch ist! Es will mich gar noch eitel machen und läßt sich vernehmen: Warum bist du unzufrieden mit deiner Vergangenheit? Sei dankbar, viele haben gar keine. Und lerntest du nicht in die Tiefe sehen wie kein anderer? Möchtest du wirklich mit einem von denen tauschen, die um dich her lachen? Nein, ich möchte nicht tauschen, aber ich habe doch ein Ideal von mir selbst, das ich auch wirklich sein möchte. Und das ich auch erreicht hätte, wenn dies und das und die Hauptsache nicht gewesen wäre. Ich fange dann an, in den ersten Tagen meiner Erinnerung zu kramen, merze aus und setze unter, meine ganze Familie lasse ich vom Blitz erschlagen. Ich meine die zu Eglosheim. Denn die zu Degerloch bekomme ich gar nicht. Ich bin dann frei, es geht alles wie geschmiert. Schulmeister werde ich natürlich nicht. Aber was ich auch sonst gelernt und getan, eins ist sicher: Ich wäre heute ein reicher, vornehmer, berühmter Herr, und alles, wonach mein Herz gelüstete, wäre mein.

Es ist Tag, oben und unten im Haus Mitbewohner. Und mein Arm so schwach, mein Kopf so wüst. Ich wußte es schon, es geschieht nichts, wie immer. Du bist eben nichts. Wie kann man von einem Garnichts verlangen, daß er töte. Ein Garnichts kann nichts Besseres tun, als hinnehmen, was über ihn kommt. Wenn ich nur recht wüßte, was auf den Zetteln steht. Vom Elendsein und Töten, das ist gewiß, ich hatte es im »Reichshof« in den Pausen geschrieben.

Aber denkt doch, ich wäre in der Schule gewesen und meine Frau hätte das Paket [mit den autobiographischen Manuskripten] aufgemacht. Sie hätte bei der furchtbaren Enthüllung ohnmächtig werden, ja überschnappen müssen; was noch das beste gewesen wäre, sie hätte in Todesangst die Kinder zusammenraffen und auf die Straße flüchten müssen, mein ganzer Mordplan wäre zusammengestürzt. Denn ich glaube, ich selbst wäre dann wie gelähmt gewesen und hätte wohl in Dummheit und Verzweiflung mich allein umgebracht. Und die armen Kinder sollen dann ein ganzes Leben lang die Schande ihres Vaters tragen! Ich muß sie töten, zu ihrem eigenen Heil. Wer das nicht begreift, mit dem rechte ich nicht.

Wenn ich um ½12 Uhr nachts meine Arbeit in Mühlhausen begann, konnte ich um ½1 Uhr fertig sein. War ich dann nicht mit Mistgabeln erstochen oder von den Bauernflegeln sonstwie abgemurgst, so reichte es mir bequem nach Mühlacker zurück. Ich brauche nur eine halbe Stunde, wenn ich mein Rad benütze. Ich nehme es als Passagiergut mit nach Mühlacker, vielleicht nach Illingen, und lasse es dann oben an der Mühlhäuser Steige stehen. Habe ich das Rad bei mir, so beginne ich eine kleine Stunde später. Den ursprünglichen Plan, auf dem Rad nach Eglosheim zu gelangen, habe ich fallen lassen. Das Rad ist neu, gut und stark; setzt das Gegenteil dieser Eigenschaften und ihr habt mich!

Sie haben mich mit ihrem Vermuten und Viertelwissen geängstigt, aber jetzt will ich sie braten wie am Spieß, an den Baum unter den Ameisenhaufen möchte ich sie binden, in dem Keller der Emichsburg möchte ich sie haben, und einen nach dem andern mit den verrosteten Henkerwerkzeugen langsam zu Tode martern. Aber ihre Martern alle und die Martern derer, die mein rächender Arm noch zu erreichen wünschte, was wollten sie besagen, gegen meine Qual? Was sind alle diese elenden Tropfen gegen den Ozean meines Leidens?

Ich will meiner eigenen Gesellschaft entfliehen. Ich trinke, um in Stimmung zu kommen. Und dann tut der Herr dem Esel den Mund auf und schlägt seinen Verstand mit Dummheit, daß er meint, rings um ihn her säßen lauter gute Menschen, arglos wie er selbst. Und das, was ich sage, muß solche Beachtung verdienen, daß aus jedem Zuhörer ein Kolporteur wird, der meinen Ruhm verbreitet, aber keinen feinen. Die Leute befinden sich in großer Täuschung, wenn sie glauben, ich wolle sie unterhalten. Der Vogel pfeift sich selbst.

Ich will mir zu meiner Unternehmung selbst recht viel Glück wünschen und alle bösen Mächte um Beistand bitten. Denn ohne Glück gerät nichts, und das meiste Glück braucht der »Verbrecher«.

Wenn ich nicht von mir selbst rede, so schneide ich die großen Welt- und Menschheitsfragen an. Dessen darf jeder versichert sein: das Schlimmste, was ich über einen anderen sage, sage ich zu ihm selbst. Bei meiner Vergangenheit muß ich mich leider über das Gerede der Leute ängstigen und aufregen. Hätte ich meine Vergangenheit nicht, so solltet ihr was erleben. Meine Reden sollten euch wie Mistgabelzinken in den verlogenen Bauch fahren.

Was ein rechter Mann ist, stichelt nicht mit dem Wort, sondern sticht mit der Lanze; er ficht nicht mit Nachreden, sondern mit dem Säbel, schlägt nicht mit Zeitungsartikeln, sondern mit dem Gewehrkolben. Gibt es eigentlich Rühmenswerteres, als den Feind den schönsten Tod sterben zu lassen.

Ich glaube, Württemberg lebt zu sehr auf die Rechnung seiner einzelnen großen Söhne. Neben dem Schiller und etlichen andern bin ich's, der das Schwabentum herausreißt!

Meine Frau möchte sich bilden und ist wißbegierig. Sie fragt mich dies und das. Ja, sage ich drauf, oder jo oder jau. Ich kann auch sagen: »Das Wissen ist der Tod.« Wie ernst mir dabei ist, davon hat sie keine Ahnung.

Gar zu gern möchte sie ein »großes Herz« haben. Ich wünschte ihr mehr »Büste« — Brüste nach biblischem Geschmack. Straffe Anmut »junger Rehzwillinge«, wie sie Salomon, der sich auf die Weiber verstand, so liebte. Was willst du denn Pillen fressen und dir ein Kuheuter anmassieren. Tu, was dich freut.

Ich will nichts über sie gesagt haben; schon oft bin ich zu meiner Zwangswahl beglückwünscht worden. Ich halte sie für einen tüchtigen Dienstmädchencharakter. Das ist auch was, und kommt mir in mancher Beziehung zu statten. Sie bedient mich gut, wenn sie auch mault. Das unterhält sie. Von mir hat sie wenig Unterhaltung. Ich starre ins Buch, ins Weite, in mich hinein. Wenn sie das bemerkt, knüpft sie an: »Ich möchte nur auch wissen, wo Du wieder bist.« Gewöhnlich bin ich dann an einem Orte, den ich ihr nicht nennen kann. Z. B. kann ich nicht sagen, ich sei in Mühlhausen. Sie würde verwundert fragen, was ich dort zu tun hätte. Sie selbst ist von Mühlhausen und ahnt nichts. Es ist nicht allein Hochmut, wenn mir an ihrer Seite unbehaglich ist. Das Schicksal ist eine infame Schicksel. Am interessantesten ist die Psychologie da, wo sie stinkt. Mehr sage ich nicht.

Gesetzt, es wüßte keine Seele von dem, was ich getan, wie stünde es dann um mich? Wenn nicht gut, jedenfalls besser. Ich glaube kaum, daß ich es dann für notwendig hielte, zu sterben. Aber das glaube ich hinwiederum, daß die »Entgleisung« — es gibt für die Sünde so schöne Abschwächungs- und Entschuldigungswörter — nicht spurlos an mir vorübergegangen wäre. So wenig wie das andere, die Onanie. Ich bin zu schwächlicher Natur und mein Gewissen hält nichts aus. Die schönen Bilder wären doch Tag und Nacht vor mir gestanden und in der kleinsten Widrigkeit hätte ich die gerechte Heimsuchung und Strafe erblickt. Wie der Herrgott mir, der nicht einmal das Kleinste überwinden kann, eine solche Ungeheuerlichkeit aufpacken konnte, das — schreit wider den Lästerungsparagraphen! Ihr werdet darum begreifen, wenn ich für den an Leib und Gewissen robusten Menschen schwärme, wenn mir die Starken, die Unbekümmerten, die Draufgänger, die Verbrecher und die Bestien imponieren. Sie alle denke ich als Gegenstück zu mir.

Wer frech ist, hat wenig Mut.

Das Gefühl der Ohnmacht gebiert die starken Worte, die kühnen Angriffsfanfaren schmettern aus dem Horn, das Verfolgungswahn heißt.

Die Kennzeichen der wahren Stärke sind Ruhe und Güte. Den starken Menschen, von dem in unserer Literatur das Geschwätz geht, den gibt es gar nicht. Es gibt auch nicht den starken Mann in der Rolle des Volksbändigers. Die starken Menschen sind die, die ohne Rumor mit Ernst ihre tägliche Pflicht tun. Die haben weder Zeit noch Veranlassung, sich in Pose zu werfen und etwas Großes sein zu wollen. Aber merkst du denn nicht, was du da schreibst? Keulenschläge für dich und sonst gesinnungstüchtige Bettwärme. Hätte mich eine Kindsmagd bis ins 30. Jahr behütet, aus mir wäre ein braver Mensch geworden. Ich muß mich von dem Lumpenvolk auf dem Balkan beschämen lassen: Sie haben, des Geschwätzes satt, doch endlich einmal zu schießen angefangen; aber bei mir wird es doch wieder nichts; ich habe eben keine Courage. Und ich brauchte keine drei Wochen zur Mobilmachung, es ist immer alles parat. Eine einzige Nacht, die Schlacht wäre geschlagen und ich stünde da in Gloria. Aber es ist so kalt, ich muß mir Unterleible kaufen, daß ich warm bleibe.

Soll ich nicht noch ein Lustspiel schreiben, betitelt: »Der große Mörder«, mit der beruhigenden Inhaltsangabe: Der große Mörder ist ein großer Kaspar, und was er totschlägt, lebt lustig weiter.

Wenn ich aber mein letztes Drama aufführe, nehme ich vielleicht etliche mit, die alles aufnehmen. Recht viele Menschen sollen mich und meine Taten kennen lernen, daß sie eine Sensation haben für ihr ganzes Leben. Verschwiegene Leute müßten es freilich sein, nicht daß sie schon im voraus Reklame machen und die Ausführung gefährden. Auch gute Augen müßten sie haben, daß sie nicht über die Miste stolpern und unversehens zu einem Schwedentrunk kommen. Aber nein, sicher ist sicher. Ich will auf den Kinoruhm lieber verzichten und gewisse Rache haben. Denn alles große Werk reifet in der Stille und die seltenste Eigenschaft ist die Verschwiegenheit.

Immer besser verstehe ich das Mysterium des Blutopfers, es sühnet »und machet uns rein von aller Sünde«. Mord scheinet mir Gottesdienst, nicht in der Knechtschaft des Wahns, sondern im Tempel der Vernunft. Ich sage das nicht für andere, ich sage es einzig für mich. Ich fange an, für mich besondere Gesetze zu schaffen. Denn keines Menschen Los ist nur entfernt dem meinen zu vergleichen.

Ich bin Vater und habe die Pflicht, Freude zu machen. Wer aber nicht gerne Vater ist, der ist es wiederum an Weihnachten am ungernsten. Ich wünsche meine Kinder dahin, wo das Christkindle hergekommen ist. Wenn sie nur ein Engel heimholte, ohne daß ich meine Hand an sie zu legen brauchte.

Meiner Kinder wegen tue ich am heiligen Abend so, als ob ich mich freute. Ich spiele, und sie singen die bekannten Weihnachtslieder. Die Melodie gefällt mir, aber den Text empfinde ich als Hohn. Ich bin so froh, daß ich die Weihnachtsbotschaft nicht mehr in der Kirche aus Predigers Mund anzuhören brauche. Wahrscheinlich verspüre ich von allen Menschen auf Erden den verheißenen Frieden am wenigsten.

Die teuren Grabsteine werden aus Prunksucht — mit Liebe und Gedenken — gesetzt. Wir haben es uns leisten können, steht auf jedem geschrieben. Und wer setzt mir den Leichenstein; das steht auch geschrieben in einem schönen Lied, das ich aber nicht verraten will.

Wie eine Feste erscheint Degerloch nahe an den Sonnenberg herangerückt. Ich bin stolz, dort zu wohnen. Und wenn es erst einmal meinen Namen trägt, und seine welthistorische Bedeutung das Entzücken des Auges erhöht, dann darf sich die Brauerei zu Vaihingen [gemeint ist die Brauerei Leicht — heute Schwabenbräu] gratulieren. Es wird von Jerusalem und vom ganzen judäischen Lande alles dorthin pilgern, daß es an Malz fehlen wird und das Bier noch leichter gemacht werden muß. Nicht zuletzt wird Degerloch selbst von Fremden überschwemmt werden, und die Geschäftsleute werden mein Andenken segnen. Da werden sie sagen: »Wir hätten nie geglaubt, daß uns ein Schulmeister solche Ehre brächte und solchen Profit in die Tasche jagte.« Und sie werden mir ein Denkmal setzen, wie die Vaihinger dem Schiller und die Echterdinger dem Zeppelin. Damit niemand achtlos daran vorübergeht, werden sie mein Denkmal aufs Kirchendach setzen und wie vor alten Zeiten an einem Seil hinaufziehen. Und es wird das eine große Gaude abgeben. Wie ich also zukunftsträumend durch den Wald schreite, kommt die Weihnachtsfreude auch über mich und ich muß sogar lachen. Ich komme mir vor wie der Eulenspiegel, der mit Schildbürgern Possen treibt.

Bei mir ist es eigentlich gleichgültig, was ich trinke. Ich führe das Glas mechanisch zum Mund und schlucke hinab. Ich trinke Wein wie Wasser und Wasser wie Wein. Im Tun ists gleich, bloß die Wirkung ist verschieden, wie mir nicht ganz verborgen geblieben ist.

Es muß eine Hölle geben. Wie anders sollen die Menschen für das, was sie an mir Übles getan haben, bestraft werden? Ich kann mich nicht an allen rächen, ich kann mich nur an wenigen rächen, denn mir glückt nichts. Stunden gibt es, wo mich dieses Bewußtsein der Ohnmacht dem Wahnsinn nahebringt. Darum ist dies mein Neujahrsglückwunsch: In die Hölle mit euch.

Mir ist es lieber, wenn Menschen gehen, als wenn sie kommen. Lange Totenlisten machen mir Freude.

Alles hat sich gegen mich verschworen, sogar der Zufall.

Ich und meine Frau gingen immer schwanger, sie mit den Kindern, und ich mit Mordgedanken. Wenn die Gedanken Körper annehmen, treiben sich im Schulhaus zu Radelstetten viele Mordteufel herum.

Radelstetten ist geographisch so gelegen, daß, wenn einer daselbst abends einen Rausch hat, man es andern Morgens schon in drei Oberämtern weiß. Auch andere Dinge werden schnell bekannt. Besonders die schönen Geschichten vom Schulmeister. Der Radelstetter Schulmeister hat ein Renommee, so einen gibts nimmer wieder, 1000 Meilen in die Länge, 1000 Meilen in die Breite und in 1000 Jahren nicht. Das Nest wird durch mich noch weltberühmt. Denn ich werde im Angedenken der Menschheit fortleben als der Radelstetter Schulmeister, es sei denn, daß die Degerlocher mich für sich reklamierten. Aber in Degerloch bin ich, wenn ich im Frühjahr 1913 sterbe, nur ein Jahr gewesen. In Radelstetten war ich annähernd ein Jahrzehnt.

Auch war ich trotz meiner schlagenden Beweise damals nicht ganz frei von der Höllenfurcht. Ich wollte mir sie von der Seele schreiben. Es pfeift mancher und hat Angst.

Es gibt in der Welt wenig Vertrauen und viel Stacheldraht.

Wer sich in die Seele des Gegners versetzt, kommt selbst zu kurz. Ich habe nicht anderer Leute Rechte zu wahren, sondern meine eigenen. So töricht wie ich, ist sonst kein Mensch mehr. Noch niemand hat sich die Mühe genommen, in meiner Seele zu lesen. Sie sehen bei mir nur Schuld und Verworfenheit und haben im gelindesten Fall nur Spott für mich. Ich verlange auch darum keine Nachsicht von euch, weil ich keine gegen euch walten lassen will. Ich will mir ein »steinern Herz« zulegen und eine »Stirne von Demant«. Ungehemmter Haß soll meine Pläne schmieden und meiner Rache Wut soll jede Regung von Mitleid ersticken.

Es ist mir selbst sonderbar: Ich, der ich doch manche Sauerei übte, mir ist das Denken daran so peinlich, daß ich mich nie überwinden konnte, ein wenig zu analysieren. Und ich bin doch sonst keiner »Annaliese« abgeneigt.

Die ganze Jugend ohne Ausnahme ist davon angefressen. Es hat mir einmal einer gesagt, davor könne kein Mensch bewahrt werden; jeder müsse eben versuchen, sobald als möglich hindurchzukommen. Probieren dürfe man die Sache wohl, aber nicht treiben. Ihr wißt, ich könnte aus eigener Erfahrung vieles darüber schreiben, aber es ist mir zu eklig. Und ich ärgerte mich über die Maßen, wenn man mich dieser »Jugendverirrung« verdächtigte. Mein Grundfehler war, daß ich sie viel zu tragisch nahm.

Von allen Menschen, die ich kenne, bin ich mir immer noch der Wichtigste. Und als Leser habe ich es gern, wenn der Schriftsteller von sich berichtet. Biographien sind mir interessanter als Romane. Das Erlebte läßt sich auch viel konkreter darstellen, als das Erdichtete. Weiter behaupte ich, daß die kühnste und tollste Phantasie niemals auf die Einfälle kommt, die das wirkliche Leben gelangweilt aus dem Ärmel schüttelt.

Aber wie ein Dieb bergen muß das Gestohlene, so muß ich verstecken meine Bekenntnisse und die Geburten meiner Phantasie. Sehen mich meine eigenen Kinder mit dem Bleistift und einem Fetzen Papier, so zeigen sie mich an, wie man einen bösen Buben anzeigt. Sie springen zur Mama und melden: »Mama, der Papa dichtet.« »Er soll's gleich bleiben lassen«, läßt diese mir dann ausrichten.

So muß ich um die Kinder meiner Muse in Ängsten schweben. Schon aus diesem Grunde verdienten sie, von der Nachwelt freundlich aufgenommen zu werden. Ich bin natürlich der festen Überzeugung, daß sie für sich selber sprechen, daß sie zu dem Besten gehören, was jemals der Leserwelt geboten worden ist.

Ungeheuerlich und verrückt kommt mir der Plan vor, den mir die Einsamkeit der Rauhen Alb in den Schädel gehämmert hat.

Mehr als jeder andere habe ich am Karfreitag das Recht, meines eigenen Leidens zu gedenken [. . .] Nicht klein machen will ich den Nazarener, aber das ist gewißlich wahr: Von diesem Kreuz nahm der kolossalste Schwindel der Geschichte seinen Ausgang und die vollendetste Heuchelei. Christentum heißt er und sie. Die Bibelschreiber erzählen vom Gekreuzigten, daß er seinen Feinden vergeben, ja sogar Worte der Fürsprache an die himmlische Adresse gerichtet habe. Solche Selbstüberwindung ist in der Tat aller Bewunderung wert. Ich bring's nicht fertig. Aber es ist nicht zu übersehen, daß dieselben Bibelschreiber berichten, dem »Sohne« sei die Zukunft nicht verborgen gewesen. Er wußte, daß sein Vater ihn räche an seinen Feinden und deren Kindern. Ich darf solche Zuversicht nicht hegen und muß mich mit meiner Rache selbst an den Laden legen. Es stellt sich also bei genauer Betrachtung nur heraus, daß es der Nazarener auch mit der Rache bequemer hatte als ich. Daß überhaupt jemand vergebe und gar vergesse, was ihm Böses zugefügt worden ist, das glaube, wer will. Hier eben hat die Heuchelei den weitesten Spielraum. Darin wenigstens ist der Mensch zur Gerechtigkeit angelegt, daß er Böses mit Bösem vergelten möchte. Unterläßt er es, so geschieht es aus Einsicht seines Unvermögens; das Vergeben ist ein Geständnis der Schwäche. Aber gleichviel, ob Stärke oder Schwäche: ich will meine Rache haben.

Ich will lieb sein zu den Meinigen, ehe ihre Lebenszeit verstrichen ist. Ich will mich nicht durch Selbstanklagen schwächen, wenn sie tot vor mir liegen. Meine Kinder nehme ich mit ins Café, wo sie die guten Sachen essen dürfen. Die Buben dürfen

Ponny reiten auf der Doggenburg und den Mädchen kaufe ich die gewünschten gelben Schuhe. Und wenn sie alle vier Prügel verdienen, so will ich sie ihnen erlassen und ihnen dazu noch schöne Geschichten erzählen, daß sie lachen müssen. Denn ich denke, man müsse eins ins andere rechnen, und fürs Totgeschlagenwerden kann man schon einiges hingehen lassen. Auch meiner Frau wollte ich kein unschönes Wörtlein geben, wenn sie mich nicht dazu reizte. Sie weiß freilich nicht, daß mir alle ihre kleinen und großen Sorgen ganz gleichgültig sind. »Du kümmerst dich auch um gar nichts«, ist ihr Refrain. »O, du hast eine Ahnung!« antworte ich lachend.

Tag um Tag vergeht, und ich kann die Stunde nicht finden, da es geschehen soll. Dumpf ist mein Hirn und niedergedrückt meine Seele. Angst, Entsetzen und unnennbares Weh überfällt mich des Abends, wenn es dunkel wird. Denn jetzt müßte es sein. Ich zittere, und der Schweiß Golgathas schwächt mich bis zum Umsinken. Ich verstehe die Meuchelmörder, die nicht selbst Hand anlegen, sondern des Mordes Ausführung in Auftrag geben. Sie wissen wohl, daß es Torheit ist und daß es offenbar werden muß. Aber sie können es nicht selber tun. Die Tat selbst ist ihnen unmöglich, wenn sie auch gleich alle Verantwortung und alle Folgen auf sich nehmen wollen.

Die Nervenschwachen, das sind die Halben des Lazaretts. Sie leben nicht und sterben nicht. Es ruckt bei ihnen nicht vor- und nicht rückwärts, die Krisis fehlt, kein Ende ist abzusehen. Stets schläfrig, schlafen sie doch nicht, müde zum Zusammenbrechen, können sie nicht ruhen. Träg im Denken, träumen sie, unlustig im Tun, planen sie. Nehmen sie sich ein wenig zusammen, so ists beim Kartenspiel, konzentrieren sie sich ernsthafter, so sind sie beim Weibe. Für gewöhnlich schauen sie gelangweilt und trübselig drein, aber das Sumsen einer Fliege macht sie gereizt bis zum Ausschlagen. Sind sie animiert und lustig, so haben sie gewiß einen Spitz, gebärden sie sich, als wollten sie Eichen ausreißen, so haben sie das Fieber. Sie selbst sind sich unausstehlich, wie sollten sie andere leiden können. Sauerampfer und Spitzgras sind sie ihren Nebenmenschen, Stachel, Galle und alle Bitterkeit. Wehe denen, die mit ihnen zu tun haben, wehe Eltern und Geschwistern, Frau und Kindern. Nur Leute, die ihnen fernstehen und die boshaften Herzens sind, mögen über sie lächeln und ihren Spaß an ihnen haben. Wer es aber gut meint mit ihnen, wünscht, daß unseres Herrgotts Blitz sie erschlüge, daß sie wenigstens eine rechtschaffene, ehrliche Krankheit bekämen, die nicht jahrzehntelang hin- und herfackelt, sondern ihnen eins-zwei-drei den Treff gibt.

Soll ich mich betäuben und es im Rausch vollziehen? Aber ich machte mich dann untüchtig zum Werk der Rache. Wenn ich auf diese verzichten wollte, dann könnte ich einfach die Türen schließen und losschießen, bis sie alle am Boden lägen. Damit sie gewiß tot wären, setzte ich ihnen noch den Revolver auf die Stirne. Ich setzte mir zuletzt alle zwei Revolver auf die Schläfe und drückte gleichzeitig ab. Dann wäre das Liedlein ausgepfiffen. Aber ich will nicht auf Rache verzichten, und wenn mich gleich vor Beil und Messer Graus und Ekel packt.

Soll ich es im Zorn tun? Ich kann ja in Raserei geraten durch bloßes Nachdenken über meine Lage. Ich kann auch in Zorn geraten über Vorwürfe von meiner Frau, über die Unarten der Kinder. Dann ist es mir augenblicklich, als ob ich es tun könnte mit dem Beil und dem Messer. Aber soll ich mich so von der Stimmung übereilen lassen? Soll ich all das, was ich in langen Jahren bis ins Einzelste ausgedacht habe, gefährden in plötzlicher Aufwallung?

Nero hat der Menschheit den Sauhund gemacht, darum wird er immer unvergessen bleiben. Mir fehlt es nicht an gutem Willen, es ihm gleich zu tun; aber bedenkt doch meine schwache Kraft! Ihm standen die Henkersknechte tausendweise zu Gebot, ich habe bloß meine zwei eigenen Hände. Ich bitte daher, um neben Nero bestehen zu können, um relative Abschätzung. Bei rein menschlicher Betrachtungsweise gewinnt der Radelstetter Schulmeister gegenüber dem Cäsaren.

So verzweifelt und so erbärmlich habe ich mich in langen Jahren nicht benommen, wie der flüchtige Nero in Stunden. Und er hatte doch weiter nichts zu tun, als sich allein umzubringen. Und er hatte doch zuvor alle Lust der Erde ausgekostet, er hatte blutige Rache nehmen dürfen für den kleinsten Schimpf. Ich darf nicht entfernt daran denken, den kreuzigen zu lassen, der meine Dichtungen nicht lobt; ich kann keinen von denen, die meines Lebens spotten, den Löwen vorwerfen lassen.

Mein Cäsarenwahnsinn ist wieder etwas gedämpft worden. Ich bin krank gewesen und hatte natürlich auch gleich wieder die Angst, es sei mit mir Matthäi am letzten. Ihr braucht mich aber darum nicht auszulachen, es ist mit meiner Gesundheit tatsächlich traurig bestellt; ich wage es ja gar nicht, zum Arzt zu gehen. So viel ist sicher, er würde mir dringend raten, auszuspannen, aber ich will das nicht. Ich schäme mich, wenn ich, wie es geschah, nur ein paar Tage von der Schule wegbleiben muß.

Bei Tag schüttelt mich frostiges Fieber und bei Nacht schwimme ich im Schweiße. Fürchterliche Träume verscheuchen den Schlaf, und wenn ich wache, leide ich Folter. Warum gehe ich nicht hinauf in die Kammer und hole die Pistole? Aber ich will mich doch rächen. Darum muß ich gesund werden, nur einigermaßen gesund werden, damit ich eine einzige Nacht aushalte. Ich habe dann keinen Rückschlag der Anspannung und Aufregung mehr zu befürchten, ich werde dann ganz heil sein.

Welchen Mann wolltet ihr auch wünschen als Präsidenten der deutschen Republik? Ich selbst habe früher an mich gedacht. Nun ich aber ausgeschieden bin, wer bleibt da noch übrig?

Das deutsche Drama der letzten Jahrzehnte ist so seicht, daß es kaum zu sagen ist, und ich weiß nicht, wie Theaterkritiker und sogar Literaturgeschichtsschreiber dazu kommen können, von einer neuen Ära des deutschen Dramas zu schreiben. Denn mich kennen sie ja gar nicht. Aha, werden die Leser denken, wir wissen jetzt schon, wie der Hase läuft. Er macht wieder für sich selbst Reklame. Ja, das tue ich, und ich will es euch laut in die Ohren schreien, daß ich der größte Dramatiker der Gegenwart bin. Jeder Satz, den ich schreibe, legt Zeugnis davon ab.

Ich wünschte ein Riese zu sein mit Größe und Stärke der Weltallmasse. Einen glühenden Pfahl wollte ich dann nehmen und ihn der Erde in den Leib bohren. Von Pol zu Pol, von der Erde Scheitel bis zur Sohle wollte ich ihn durchtreiben. Den Äquatorwanst wollte ich anzapfen; ausquetschen wollte ich den angebohrten Erdenleib, zu allen Löchern sollte die Lava herausspritzen, und sollte ich mir gleich die Hand dabei verbrennen. Hörst du mich nicht, alter Jehovah? Habe ich dich umsonst verherrlicht? Hörst du nicht, wie mich die Philisterbrut höhnt? So laß doch die Haare meiner Kraft wachsen gleich dem längsten Kometenschweif, daß ich fassen kann die zwo Säulen, auf denen der Erde Bau gegründet ist, daß ich sterbend meinen Spaß haben kann bei der Erde letztem Hosenlupf!

Sommer 1913: Österreich hat keine Scham. Wir als Verbündete müssen uns mitschämen. Denn uns meint man mit den Schlägen. Während des ganzen Balkankriegs ist der Dreibund zurückgewichen, denn in unserer Friedensliebe sagten wir: Ist es gerechtfertigt, wegen der oder jener Lapalie vom Leder zu ziehen. Gesiegt hat immer der Gegendreibund. Ich wünsche den Krieg. Ich möchte vor meinem Tod noch eine rechte Sensation erleben. Ich möchte gern wissen, ob Deutschlands Stern noch heller strahlt oder ob er erbleicht.

Es ist furchtbar, wie ich mich in allem fügen muß, wie ich mich ängstlich vor Selbstverrat hüten muß. So rede ich mir auch selbst vor, es sei nötig, daß ich mich in Mühlhausen zeige, mein Erscheinen soll den Mühlhäusern mein gutes Gewissen beweisen. Die Mühlhäuser sind mir ins Gesicht höflich und freundlich, aber 's ist alles Falschheit. Ich weiß das gewiß, es ist überhaupt alles falsch gegen mich; nur wenige Menschen kenne ich, denen ich Aufrichtigkeit zutraue. Das sage ich nicht, um mich zu beklagen. Ich habe kein Recht dazu, weil mein eigenes Leiden auf Verheimlichung und Lüge steht. Aber bei mir bedeutet das Bekenntnis der Wahrheit den Tod. Und es fällt mir doch recht schwer zu sterben. Ich sterbe keineswegs gern, wie ich euch im Nazarener vorgeredet habe. Zuweilen überfällt mich ein wahrer Lebenshunger. Doch fürchtet nichts! Ich erfülle das Gesetz meines Lebens.

Wie schön doch der Ort meiner Todsünde daliegt! Wärs doch ein wüster Sumpf, das würde stimmen. Ich will die Berge lösen und den Fluß damit stauen, daß sie alle ersaufen, Mensch und Schnaken. Es ist alles Ein Ungeziefer.

Stünde doch eine bulgarische Mörderbande zu meiner Verfügung! Ich wollte ja gern alle Verantwortung und Strafe für ihre Taten auf mich nehmen. Aber selbst der Schlächter sein, das kostet mich große Überwindung. Wäre ich ein negativer Mensch, das heißt, ein Weib, so wäre ich ganz gewiß keine Krankenschwester geworden, auch Kinder hätte ich nicht gebären wollen, denn alles ist mir zu blutig, eitrig, übelriechend und unschön. Ich habe solch furchtbare Angst, ob ich nicht mit dem Knüppel in der Hand in Ohnmacht falle.

Jetzt da mich nur noch wenige Wochen von meiner Tat trennen, ist es mit meinem Schlaf, der ohnehin immer unruhig und traumgequält war, vollends ganz dahin. Ich bin müder als der Absalom. Und ich habe Lust, mir den Kopf zu zerschellen.

Wie konnte mich das Schicksal vor solch eine schwere Aufgabe stellen, mich, den Ungeeignetsten, den Schwächsten? Ich brech' ja vorher zusammen. Es ist mir physisch unmöglich. Dürfte ich doch bloß auf einen elektrischen Knopf drücken.

Ich überschlage noch einmal mein Leben. Es ist das etwas Unnützes und doch, wie oft habe ich es schon getan! Jahr für Jahr gehe ich durch, und ich weiß zum voraus, daß ich beim 39. sage: Es ist alles richtig, so und nicht anders mußte es sein. Kein einziges Gedankenwerk ist so folgerichtig wie das wirkliche Geschehen. Es ist dies ein armseliger Trost, aber es ist immerhin noch Öl auf die Selbstanklage. Was habe ich davon, wenn ich Haß und Verachtung gegen mich selbst kehre. Nein, ich will wettern und fluchen und sollte meine Torheit gegen eine Schafherde wüten.

Alle Unglücklichen haben ein Recht sich zu empören. Ihre Unzufriedenheit soll ein Gestank sein für die Macht, die uns zum Leben zwingt. Sollen wir nicht die Gemeinheit des Weltwillens übertrumpfen, wenn wir grausamen Mord zu unserem Gottesdienst machen?

Ich frage: wäre die Welt ärmer geworden, wenn mir ein glückliches Leben wäre beschieden gewesen. Wer hat Gewinn davon, daß ich elend bin?

Exkurse
zum Hauptlehrer Wagner

Im Dorfwirtshaus

Es war an einem Abend 1906 im *Adler* in Scharenstetten, nicht
in Radelstetten, wie Gaupp schreibt, denn der *Adler* dort war
schon seit Jahren geschlossen. Bei einer der häufigen Zusam-
menkünfte saßen die Herren Lehrer beieinander: Ernst Wagner, sein Freund Holzapfel und dessen Sohn Otto, der Lehrer
Huber, Schwiegersohn und Schwager der beiden; ferner der
Unterlehrer Rock, die Hauptlehrer Hartmann und Talmon-
Gros, Wagners Begleiter auf seiner zweiten Schweizerreise,
und noch einige andere. Man sprach über die kleine und die
große Politik und selbstverständlich über Pädagogik und Er-
ziehungsmethoden. Die Stimmung war angeregt. Bühler, der
Adlerwirt, dessen Gasthaus noch heute einen Besuch lohnt,
war gerade eben so mit den Bestellungen der Herren nach-
gekommen. Wagner, in den letzten Tagen besonders nervös,
hatte mittlerweile ein Quantum zwischen 6 und 12 Schoppen
Bier getrunken. Die Bauern spielten an den Nebentischen
Dupp, es wurde kräftig geraucht.

Der katholische Lehrer Wingerter, der auch mit von der
Partie war, machte eine Bemerkung zu den Methoden der
Erziehung bei anderen Völkern. Man spannte einen großen
Bogen. Wingerter hatte ein Buch über chinesische Kinder-
erziehung gelesen und berichtete. Die Chinesen würden ihre
Kinder, wenn sie faul seien, damit bestrafen, daß sie ihnen
schwarze Ringe um die Augen malten. Er hatte bei seinen
Ausführungen nacheinander alle anwesenden Zuhörer ange-
schaut. So machte er das im Klassenzimmer und so natürlich

auch bei den Kollegen hier in der Wirtschaft. Selbstverständlich hatte er auch Wagner angeblickt, ob etwa besonders eindringlich, wußte später niemand mehr zu sagen. Wagner hätte lieber selbst geredet, über seine literarischen Pläne und großen Zukunftsaussichten gesprochen.

Die Bemerkung des Kollegen Wingerter trifft ihn sofort. Er kann an nichts anderes mehr denken als an diesen Vorwurf. Was hat Wingerter ihm vorgeworfen? Onanie oder Homosexualität? Jedenfalls hat er ihn als rechten Bock hingestellt. Wagner ist beleidigt und aufs höchste aufgebracht. Die ganze Affäre um den Fürsten zu Eulenburg und Hertfeld und dessen Entlassung durch den Kaiser Wilhelm II. hatte ihn vorher schon stark beschäftigt. Jeden Tag war darüber zu lesen gewesen. Der Fürst war in der Presse der Homosexualität bezichtigt worden, deshalb hatte ihn der Kaiser fallenlassen.

Erregt fragt Wagner Wingerter, was er und wie er das gemeint habe. So, wie er es gesagt habe. Unmöglich; er hat doch Wagner gemeint und seine sexuellen Gewohnheiten und Gedanken. Er weiß davon! Wovon solle er wissen? Na, er wisse schon.

Es wurde laut im *Adler*. Bühler mahnte zu Ruhe und Mäßigung, und je stiller es wurde, desto mehr Kollegen schauten zu Wagner hin.

Alle wissen es. Das hat er schon immer gewußt. Alle denken schlecht von ihm. Es ist kein Freund unter diesen Kleingeistern und Spießern. Was schwätzt der so katholisch daher? Mostkopf! Katholik! Und noch nicht einmal richtiges Deutsch dann der reden. Noch nie hatte er einen Freund. Er ist wahrhaftig die ärmste Sau unter Gottes Sonne. Jetzt wollen sie ihn beruhigen, dabei ist er schon ruhig. Er wird überhaupt nichts mehr sagen. Er wird sich umbringen, vorher aber lärmen und Skandal machen. Dann können und werden sie über ihn reden. Jetzt will er nach Hause. Ein Fahrrad müßte man haben für den Weg nach Radelstetten hinunter. Noch nicht einmal ein Fahrrad hat er. Andere, jüngere fahren mit dem Automobil. Auch Eberhard kommt schon damit, wenn er aus Untertürkheim kommt.

Wagner geht. Er will jetzt auch niemanden in seiner Nähe haben, möchte alleine sein. Anschluß suchen nur die Schwachen. Tell geht allein.

Der alte Holzapfel folgt ihm und redet weiter beruhigend auf ihn ein. Trotzdem — der weiß es auch. Wenigstens hat er bisher die anderen hier auf der furchtbaren Alb daran gehindert, etwas zu sagen. Aber das ist auch bedeutungslos. Wagner wird sich ohnehin töten. Er ist krank. Das weiß niemand, weil er allen immer gute Laune vorgespielt hat. Es hat sich sowieso noch nie jemand für ihn interessiert. Niemand will seine Dramen — das Beste seit Schiller und Hebbel. Wo soll er hin? Zu Anna und den beiden Kindern? Sie ist schon wieder schwanger, ekelhaft. Damit muß es auch ein Ende haben. Was läuft der alte Holzapfel noch immer neben ihm her?

Du, Holzapfel, es ist ja nicht nur die Geschichte mit Wingerter, ich habe viel Schwereres auf dem Herzen, das ich nicht sagen kann.

Das wissen wir schon lange, antwortet Holzapfel.

Natürlich, der weiß es ja, das Unaussprechliche, ich wußte es doch. Wenn es noch eines Beweises bedurft hätte. Er hat es von seinem Otto. Der von den Schäfern, die haben es von Mühlhausen nach Radelstetten heraufgetragen. Schelling weiß es auch. Alle Welt weiß es. Und der Wingerter fängt jetzt an, mich zu quälen. Ich muß weg von hier, von diesen undankbaren Menschen. Kein Wort mehr zu Holzapfel.

Wagner rannte gegen Radelstetten. Zu Hause im Schulhaus, über dem Klassenzimmer. Anna und die Mädchen schliefen schon. Er wollte in die Küche, von der Dauerwurst essen. Anna hatte die Küchentüre abgeschlossen.

Sie, die Metzgerstochter schließt ihm die Wurst weg. Was habe ich von ihr? Nichts! Ihre ganze Familie ist ein Pack, alle, höchstens Albert vielleicht nicht. Den haben sie ja auch betrogen. Letztes Jahr ist der Alte gestorben, der dumme, aufgeregte Kerl. Hermann hat alles geerbt, neulich ist es sogar amtlich geworden — er, der Jüngste, auch nicht verheiratet. Soll doch zur Hölle fahren mit seiner Katharina. Man sollte sie alle totschlagen.

Wagner holt das Beil, zertrümmert einen Stuhl und schlägt auf die Küchentüre ein. Seine Frau ist in der Zwischenzeit aufgewacht und schließt auf, bevor er noch mehr zerstört. Sie bekommt eine Ohrfeige.

Was hatte Wingerter gesagt? Daß derjenige, der blaue Ringe um die Augen hat, homosexuell ist. Blaue oder schwarze? Woher will der das denn wissen? Retau! Retau? Der schrieb doch von der Onanie. Das kann er nicht gemeint haben. Damit hatte es doch in Mühlhausen schon ein Ende. Von dem ganzen Schmutz möchte er überhaupt nichts mehr wissen, nichts mehr aufrühren davon. Den Wingerter werde ich zur Rede stellen. Morgen.

Wingerter stritt jede anzügliche Bemerkung ab, und Wagner blieb beleidigt. Schon ein Jahr später kaufte er, der schon zwei Revolver besaß, die erste der beiden großen Mauser C 96-Selbstladepistolen, noch bevor er in seiner Autobiographie mit dem Plan für das Morddrama begonnen hatte.

So könnte es gewesen sein; eins paßt zum andern. Eine runde Sache. Was wissen wir aber wirklich, welche Ecken und Kanten wurden abgeschliffen, weil sie eben nicht rund waren?

Die Sache mit Wingerter ist wohl passiert, wahrscheinlich auch 1906, ziemlich sicher auch im *Adler* in Scharenstetten. Der alte Holzapfel jedenfalls war dabei, bei seinem Sohn Otto können wir nicht mehr so sicher sein. Ging es um blaue oder schwarze Ringe um die Augen? Da schon sagen Zeugen Verschiedenes aus. Kleinigkeit! Wurde Wagner die Onanie oder die Homosexualität vorgeworfen? Nichts von beidem, hat Wingerter gesagt. Und was würde Wagner sagen? Wüßte der es selbst?

Die Sache mit dem Beil, der Küchentüre und der Dauerwurst scheint zu stimmen. Eher möglich, daß sich das aber nicht an dem besagten Abend zutrug. Genauso verhält es sich mit der Ohrfeige. Also bitte aufgepaßt, sonst verwechselt man nicht nur die Wirtshäuser, sondern verheiratet die Leute auch flugs in Mühlhausen. Versuchen wir also lieber, auf andere Weise der Wahrheit des Hauptlehrers Wagner näherzukommen.

Rivalen

Warum wählte sich Wagner ausgerechnet Franz Werfel als Rivalen und feindseligen Verschwörer?
Der Antisemitismus war zunächst nicht der Grund, denn dieser sei bei Wagner erst später »ins Kraut geschossen«, wie Gaupp meint. Außerdem standen gute und erfolgreiche jüdische Schriftsteller in größerer Anzahl zur Verfügung. Werfel war allerdings jünger und trotzdem schon zu viel Ruhm und Geld gekommen.

Einer Umfrage zufolge war Werfel 1926 der populärste Schriftsteller in Deutschland.

Vielleicht hatte Wagner auch in der Tagespresse, Zeitungen konnte er in seiner Zelle durchaus lesen, die massiven Werbekampagnen Georg Heinrich Meyers für seinen Autor Werfel registriert. Vor Meyer galt es als unschicklich, für anspruchsvolle Literatur in Tageszeitungen zu werben, er aber führte überaus erfolgreich das »Inserieren, Inserieren, Inserieren« ein. Der Erfolg kam freilich ganz dem Kurt Wolff Verlag zugute, den Meyer seit 1914 leitete. Dagegen war er als selbständiger Verleger zweimal, zum Teil mit erheblichen Schulden, gescheitert, zuletzt mit dem Verlag Meyer und Jessen.

Wagner bemerkte offenbar schon früh die kommerziellen Interessen des Verlages Meyer und Jessen an seiner Person, wollte das aber in Kauf nehmen. Nichts von ihm kam jedoch zum Druck, statt dessen wurde *Schweiger* aufgeführt, und Werfel erhielt den Grillparzerpreis. Überall wurde über den Lyriker, Dramatiker und Prosaschriftsteller Franz Werfel berichtet. Zur selben Zeit, Frühjahr 1922, als der Verlag Meyer und Jessen die Verhandlungen mit Wagner abbrach, begann Werfel mit der Skizzierung des *Schweiger*. Peter Stephan Jungk, Werfels Biograph, schreibt über die große Resonanz auf Werfel: »Es mangelte allerdings auch nicht an Versuchen, den Dichter als geistigen Hochstapler und geldgierigen Vielschreiber hinzustellen. Karl Kraus ließ sich gar zu einer Racheschrift hinreißen; in seiner magischen Operette *Literatur oder Man wird doch da sehen* spielte Familie Werfel, in einem ›Herrenhof‹-ähnlichen Kaffeehaus, jüdelnd Literaturchaos; Kraus bezichtigte den jungen ›Johann Wolfgang Werfel‹ des *Faust-, Peer-Gynt-* und *Nach-Damaskus*-Plagiats, zeichnete seinen Feind als raffinierten Geschäftemacher, der mit seinem Werk lediglich die jeweils herrschende Mode bediene.« Werfel und Kraus waren sich wegen einer Dame, der Baronesse Sidonie Nádherný, in die Haare geraten.

Weiter Jungk: »Obwohl die Theaterkritik *Schweiger* wiederholt als reißerische, zugleich allzu routinierte Groteske abtat, wurde das Trauerspiel dennoch zu einem großen Publikumserfolg.«

Wagner hatte in seiner 68seitigen »Beweisführung« Werfels Diebstahl und Plagiat nachzuweisen versucht:

»In meinem ersten Schreiben an den Verlag Meyer u. Jessen habe ich vertrauensselig angegeben, was die Theaterdramaturgen an meinem Drama bemängelt hatten. All das sucht nun Werfel zu vermeiden. Mir war unter anderem gesagt worden, der Geisteskranke passe in solch zeitlicher Ausdehnung nicht auf die Bühne. Werfel hat, nachdem er diesen Brief gelesen hatte, gedacht: das will ich schon pfiffiger anstellen. Ein Geisteskranker muß es ja sein. Aber mit dem meinigen halte ich es so: er ist geisteskrank gewesen und zum Schluß wird er es wieder. Dazwischen hinein — also die längste Zeit, die er auf der Bühne ist — ist er gesund oder seine Krankheit ist wenigstens sicher verwahrt, wie dies ihre Gemeingefährlichkeit verlangt.«

Wagner stellt in seiner Beweisführung die verschiedenen Figuren aus Werfels *Schweiger* und seinem *Wahn*, u. a. auch die beiden auftretenden Psychiater, nebeneinander, lobt sich und seinen Psychiater Gaupp und kritisiert Werfel:

»Mein Psychiater ist ein Arzt von Kopf und Herz. Werfel möchte mir darin nachtun u. auch einen solchen hinstellen, kann es aber nicht. Durch sein ganzes Stück hindurch zieht sich diese tragisch-jammervolle Geschichte von diesem Möchtegern u. Kanndochnicht.

Mein Psychiater ist ein wirklicher Psychiater; Werfels Psychiater ist ein unmöglicher Psychiater.

Mein Psychiater gibt ein richtiges Gutachten über die Krankheit ab.

Werfels Psychiater redet höheren Blödsinn.

Mein Psychiater ist ein echter Wissenschaftler. Werfels Psychiater ist ein Scharlatan. Er setzt die gelehrteste Brille auf die Nase und gebärdet sich ganz so, als ob er der Wahre Jakob der Psychiatrie wäre. Er bespöttelt die »Psychoanalytiker« u. preist seine »psycho-synthetische Therapie«. Dabei versteht er von beiden Methoden nichts, sein Wissen ist nur das Wissen um ein paar Schlagworte.

Mein Psychiater kennt die Grenzen seiner Heilkunst.

Werfels Psychiater ist ein Wundermann. Man weiß nicht, soll man lachen oder heulen über all den Hokuspokus, den er mit seinen Patienten treibt. Mein Psychiater ist nur Arzt. Werfels Psychiater ist dazuhin oder vor allem Politiker. Als solcher hat er einen Defekt, u. das keinen kleinen: er ist — Hakenkreuzler.«

Wagner prangert jedoch nicht nur Werfels »Plagiat« an, er kritisiert auch Werfels Verarbeitung der »gestohlenen« Ideen und Themen; Werfel habe Nichtzusammengehöriges zusammengearbeitet, »zusammengewurstelt«; er habe zu dem, was er woanders geholt habe, nur seinen »Senf und Knoblauch« hinzugetan.

Allein des Rivalen Darstellung der Anna findet Wagners Lob: »Mit Schweigers Ehefrau, Anna, gibt uns Werfel, das sei zuerst u. anerkennend gesagt, das Beste, was er in seinem Stück zu bieten vermag. Ich finde in dem Eheverhältnis des gesunden Weibs mit dem kranken Mann manches gut gesehen u. fein dargestellt. Wenn ich sage, daß ich auch darin erheblich tiefer geschürft hätte, so soll Werfel, für den diese Ehe nicht gelebte Realität sondern nur Theaterdichtung war, damit nicht getadelt sein.«

Wenn Wagner mit seinem Drama *Wahn* nur seine kleinen Verhältnisse auf die großen des Königs Ludwig II. übertragen hat, dann hat er sich auch im *Schweiger,* den er ja nur für die entstellte Kopie des *Wahn* hielt, wiedererkannt. Der *Schweiger* ist wie Wagner ein Paranoiker, aber kein Massenmörder, da er in seiner ihm zunächst verschleierten Vergangenheit nur ein Kind erschossen hat. Allerdings hatte Werfel zunächst tatsächlich den Titel *Der Massenmörder* für sein Stück vorgesehen, es erst später in *Schweiger* umbenannt. Diesen ihm unbekannten Vorgang kann Wagner noch nicht einmal für seine »Beweisführung« nutzen.

Sowohl Alma Mahler wie Arthur Schnitzler und Franz Kafka lehnten *Schweiger* ab. Schnitzler hielt es für eine »gequälte, verworrene Geschichte, die sowohl Psychiatrie, als auch Religion, Sozialismus, als auch Okkultismus erfolglos zu verquicken suche«. Über Kafkas Reaktion auf *Schweiger* schreibt Peter Stephan Jungk: »Er empfinde die Hauptfiguren des Stücks als gänzlich unmenschlich, die erfundene Geschichte um Schweigers Psychose als durch und durch unglaubwürdig. Inbesondere verletze ihn aber Werfels Charakterisierung eines Mannes, den er zeitweise verehrt, dem er sich verbunden gefühlt und der, nicht zuletzt, auch auf sein Werk einigen Einfluß ausgeübt habe: Otto Gross. Kafka identifizierte sich mit Gross' verzweifeltem Kampf gegen dessen eigenen Vater, den Grazer

Kriminalisten Professor Hans Gross, er identifizierte sich mit dessen vehementer Ablehnung patriarchalischer Weltordnung, stimmte auch mit Gross' anarchistischer Lust auf politische und private Ungebundenheit sehr weitgehend überein. Um so mehr empörte ihn die Tatsache, daß Franz Werfel gerade diese Ideale denunziert hatte, indem er sie der widerlichen Figur des Dr. Ottokar Grund in den Mund legte.«

Otto Gross (1877–1920), Arzt, Privatdozent, Psychoanalytiker, über den Sigmund Freud 1908 in einem Brief an Carl Gustav Jung schrieb, daß er (Jung) und Gross die einzigen originellen Köpfe unter seinen Schülern seien, siedelte 1906 aus seiner Heimatstadt Graz nach München über und wurde Assistent bei Emil Kraepelin, dem Lehrer Robert Gaupps. Diesen Gross könnte Gaupp noch in seiner Münchner Zeit als Kraepelins Oberarzt gekannt haben. In einem besonderen Fall gerieten beide später einmal, wenn auch nur indirekt, in kollegiale Konkurrenz. Gross hatte in den Jahren 1907 und 1908 die Tochter eines Münchner Bildhauers behandelt. Diese Patientin wurde ihm entzogen und auf Empfehlung Kraepelins zur psychiatrischen Behandlung zu Gaupp nach Tübingen geschickt. Gross nannte das eine Freiheitsberaubung seiner Patientin und reagierte mit dem Aufsatz »Elterngewalt« in Maximilian Hardens Zeitschrift *Zukunft*.

Hermann Hesse war für Wagner als Plagiator und Verfolger nicht in Frage gekommen, obwohl seine Novelle *Klein und Wagner* schon 1919 erschien. Daß das Vorbild für den darin erscheinenden »Schullehrer und Mörder« Ernst Wagner ist, steht außer Zweifel. Hesse, der 1912 Deutschland verlassen hatte, erfuhr von Wagner wahrscheinlich nicht durch Gaupps Monographie, dieses Buch gehörte nicht zu seiner Bibliothek, sondern auf einem anderen Weg. In einem Brief an seinen ehemaligen Maulbronner Schulkameraden Otto Hartmann, den späteren Bürgermeister von Göppingen und Sohn des Uhland-Herausgebers Julius von Hartmann, schrieb Hesse im Mai 1938; Hartmann hatte ihm anscheinend von Ernst Wagners Tod berichtet: »Daß jener Lehrer Wagner noch so lange gelebt hat, war mir merkwürdig ergreifend und dazu Deine Erzählung von damals und von Schrempf.«

Wie bereits erwähnt, berichtet Hesse in seinem Nachruf auf Christoph Schrempf im Jahre 1944 von einer einzigen persönlichen Begegnung beider, die 1935 in Montagnola, Hesses Wohnort in der Schweiz, stattfand. Dabei wird Schrempf von Wagner erzählt haben.

Ernst Wagner schrieb keine Novellen, Erzählungen oder Romane. Wahrscheinlich war deshalb Hesse für ihn kein geeigneter Gegner. Möglich auch, daß Wagners Interesse nur den geheimen und verdeckten Angriffen und Verschwörungen galt. Hesses Bezug auf »die Schreckenstat eines süddeutschen Schullehrers«, der »sich von einer Frau hatte heiraten lassen, die er nicht liebte«, war viel zu offensichtlich. Hier ließen sich für Wagner keine Rätsel lösen, Zeichen deuten und Zusammenhänge finden. Vielleicht richtete sich Wagners Zorn neben den angeführten Gründen auch deswegen auf Werfel, weil dieser in gewisser Weise ebenfalls eine besondere Beziehung zu Friedrich Schiller beanspruchte, indem er ebenfalls Euripides übersetzte bzw. nachdichtete. Karl Kraus nannte Werfel einmal spöttisch »den anderen Schiller«, Wagner wollte jedoch ein »zweiter Schiller« sein. In seiner Autobiographie stellt er sich an dessen Seite: »Ich glaube, Württemberg lebt zu sehr auf die Rechnung seiner einzelnen großen Söhne. Neben dem Schiller und etlichen anderen bin ich's, der das Schwabentum herausreißt!«

Schiller und die Folgen

In einem Brief aus der Anstalt in Winnenden versuchte Wagner 1920, den Intendanten des Nationaltheaters in Mannheim zu locken:

»Es ist lange her, aber doch ganz unvergessen, daß das Mannheimer Theater das Erstlingswerk eines Schwaben auf die

Bretter gebracht und damit großen Ruhm und Nachruhm geerntet hat. Geizen Sie, geehrter Herr Intendant, nicht nach solcher Ehre? Warum denn nicht, werden Sie sagen, es braucht nur des Schwaben Stück darnach zu sein! Ich bitte, sehen Sie sich die Einsendung, insbesondere den *Saul* gründlich an.«

Wagner hatte dem Intendanten einige seiner Dramen, u. a. den schon 1909 in Radelstetten geschriebenen und 1920 in Winnenden gedruckten *Saul* zugeschickt, vermutlich zusammen mit dem ebenfalls schon in Radelstetten geschriebenen *Absalom,* den er exakt an seinem 37. Geburtstag, dem 22. September 1911 vollendete und mit dem er sich im März 1918 um den Schillerpreis beworben hatte.

In seiner Beziehung zu Schiller kann für Wagner allein schon die geographische Nähe von Bedeutung gewesen sein. Schiller lebte als Fünf- bis Siebenjähriger mit seinen Eltern in Lorch, wo Wagner 1901 vor seiner Dienststelle in Mühlhausen tätig war. Schiller ging ebenfalls in Ludwigsburg zur Schule und beschrieb in *Kabale und Liebe* die sündige Ludwigsburger Hofgesellschaft wie Wagner 1922 in der *Landhofmeisterin.*

Schillers *Räuber* scheinen in manchem wie ein Vorbild für Wagners »Mordbrennerei« in Mühlhausen an der Enz, und er äußert sich auch in seiner Autobiographie dazu. Im Kapitel »Stuttgarter Spaziergänge«, dem letzten vor seinem Feldzug gegen seine Familie und Mühlhausen, vermerkt er: »Ich habe größten Genuß, wenn ich die *Räuber* lese«. Tatsächlich ist Wagners Vorgehen in der Nacht von Mühlhausen wie den *Räubern* abgeschaut. In den böhmischen Wäldern müssen diese mit 80 Mann gegen eine große Übermacht kämpfen. Dazu schlägt Karl Moor folgende Taktik vor (2. Akt, 3. Szene): »Zugleich muß jeder sein Pfeifchen hören lassen, im Wald herumjagen, daß unsere Anzahl schröcklicher werde.«

Den Aktenberichten über die Schreckensnacht von Mühlhausen zufolge dachten die Mühlhausener Einwohner in der Nacht vom 4. auf den 5. September 1913, in ihrem Dorf sei eine ganze Bande von Schurken am Werke, weil es gleichzeitig an verschiedenen Orten brannte und knallte. Die Anzahl der 80 Räuber liefert einen weiteren Hinweis auf eine mögliche Identifikation Wagners, denn er gab vor dem Richter zu seiner gewünschten Zahl der Opfer in Mühlhausen an: »80 wären mir nicht zu viel gewesen.« Ungefähr 80 Schuß hat Wagner in der Nacht in Mühlhausen abgegeben.

Schillers Vorbild für den *Verbrecher aus verlorener Ehre* ist der »Sonnenwirt« Friedrich Schwan, der am 30. Juli 1760 in Vaihingen a. d. Enz gerädert wurde. Hier, unweit von Mühlhausen, fand nach Wagners Taten im September 1913 seine erste richterliche Vernehmung statt. Hier packte er erstmals aus, ebenso wie weiland der »Sonnenwirtle«. Wieder mit Bezug auf Schiller proklamiert Wagner in seiner Autobiographie: »Jeder soll seine Sache auf sich selber stellen. Anschluß suchen nur die Schwachen. Tell geht allein.«

Und später in Winnenden, als sich Wagner wenigstens zeitweise von seiner Gewißheit über die Verfolgung durch die Mühlhausener distanziert, spricht er mit Schillers *Kassandra*: »Nur der Irrtum ist das Leben.«

Die 1905 landauf, landab — selbst in Radelstetten — stattfindenden Schillerfeiern, wie überhaupt der Denkmalkult um die württembergischen Dichter, mögen Wagner in seinem Verlangen nach Ruhm angeregt, zugleich aber auch demoralisiert haben.

Zu einem Museum, wie sein großes Vorbild Friedrich von Schiller mit dem 1903 in Marbach am Neckar, nahe bei Eglosheim, eröffneten Nationalmuseum, ist Wagner bis heute nicht gekommen. In seinen Phantasien hat er jedoch daran gebaut. Bereits im März 1914, kaum in Winnenden, verlangt er in einem Brief an den Direktor des Landgerichts Heilbronn seine beschlagnahmten Dramen zurück und fügt hinzu: »Was wollen Sie mit all diesen Dingen, die ich wünsche, denn tun? So überspannt ich bin, so kann ich doch nicht annehmen, daß Sie ein Wagnermuseum anlegen wollen!«

Wagner war es bei der Aufführung seines Dramas nicht nur um die drei Mordakte in Degerloch, Mühlhausen und Eglosheim zu tun. Dramaturgisch wichtig war auch der gedachte vierte Akt in Ludwigsburg. Dieser sollte mit seinem Tod im Schloß enden. Mit der erklärten Absicht seiner Selbsttötung hatte er schon seine Lebensbeschreibung begonnen.

Darin sinniert er auch über deren angemessene Art: Erhängen, Ersäufen, Vergiften, sich ins Messer werfen oder die Adern öffnen, sich indisch verbrennen oder japanisch den Bauch aufschlitzen. Aus verschiedenen Gründen kommt keine dieser Methoden für ihn in Frage. Aller Voraussicht nach werde er sich erschießen. Das sei »mannhaft und soldatisch«.

Für das Gesamtkunstwerk vom Leben und Tod des »berühmten Schulmeisters aus Radelstetten« schien ihm also das Erschießen das einzig Richtige zu sein. Auf seiner zweiten Schweizerreise hatte er 1904 noch anderes erwogen und erprobt, rutschte dabei von der ernsten Absicht des Dramas aber immer wieder in die Komödie: »Ersäufen wollte ich mich, ganz ohne Rumor wollte ich beim Baden im Neuenburger See ein ›Schlägle‹ kriegen und untersinken. Aber da hatte ich die Rechnung ohne mich gemacht. Ich tauchte unter, tauchte auf und befahl mir dann jedesmal: aber jetzt bleibst drunten! Doch der Kerl folgte nicht mal sich selbst. Und das Wasser war erst so warm. So ein Schwächling! Wahrhaftig ich glaube, wenns wirklich ans Ertrinken gegangen wäre, ich hätte geschrieen. Und dann hätten sie mich herausgezogen und sich über meine Rettung gefreut.«

»Und ich stand in Bern vor einem tiefen Abgrund — es ist ein Aufzug dort und ein Denkmal in der Nähe. Hätte ich gedacht, daß ich noch meine Memoiren schreibe, hätte ich mir alles besser gemerkt oder notiert — also ich stand an einem Abgrund und apostrophierte mich folgendermaßen: Ein Feigling bist du, sonst lägest du jetzt zermalmt auf der Eisenbahnstrecke; aber hic Rhodus, hier springe! Dann kannst du sehen, ob du in Wirklichkeit ebensogut fliegst als in deinen Träumen. Ich richtete mich straff auf, stützte die Hände fest auf die Brüstung, mein Blick richtete sich starr in die Höhe, ganz so wie es die Helden auf der Bühne zu tun pflegen, wenn sie vom Leben Abschied nehmen.« Auch dieses Unternehmen mißlingt. »Und ich lebte, ging in ein Gasthaus und soupierte tüchtig auf den Schrecken.«

Das Leben ist die Bühne und die Bühne die »Bretter, die die Welt bedeuten«. Wenn nicht durch seine Theaterstücke, so wollte und mußte Wagner durch seine Verbrechen, die er als sein Lebenswerk bezeichnete, berühmt werden. »Stilwidrig« für das Gesamtkunstwerk fand er die Idee, für seine Verbrechen ins Zuchthaus zu müssen. Da paßte es schon besser, wenn er verlangte, geköpft zu werden. Womöglich ist es dieser Anspruch an das Gesamtkunstwerk des eigenen Lebens, der Wagner seine Verbrechen letztlich zur Ausführung bringen ließ. Bewußt mußte er sich zwar durch Appelle und Parolen zu seinen Taten zwingen, unbewußt stellten seine literarischen Interessen und Produktionen aber sicher einen Versuch der Sublimierung dar, mit dem er seine Triebe bändigen wollte. Zuerst suchte er als Dramatiker Ruhm und Anerkennung, später, als sein ganzes Leben das narzißtische Kunstwerk sein sollte, mußte er dann aber zum Mann der Tat werden.

Noch kurz vor seinem Tod in der Anstalt Winnental versuchte Wagner, die Regie für sein Ende in die Hand zu bekommen. Der Selbstmordversuch mit einer Glasscherbe entglitt ihm allerdings wieder ins Unernste.

Schließlich diktierte er dem Arzt einen Brief an die Stuttgarter Medizinalbehörde; er selbst konnte schon nicht mehr schreiben. Ob er allen Ernstes glaubte, man würde ihm, dem Massenmörder, einen Revolver überlassen? Jedenfalls versuchte er es ein letztes Mal, was wieder zum Scheitern verurteilt sein mußte:

»Ich habe schon letztes Jahr um einen Revolver gebeten und keine Antwort erhalten, obwohl ich seit Jahresbeginn 1930 der erste Nationalsozialist in Winnental bin. Wie Sie wissen, habe ich viele Jahre ganz auf mich selbst angewiesen einen schweren Kampf gegen den Plagiator, Fälscher und Gerichtsaktendieb Werfel geführt und überhaupt den Kampf gegen die Verjudung der deutschen Literatur geführt. Die ganze Stuttgarter Schriftstellergesellschaft dürfte sich schämen vor mir. Ein Dank ist mir dafür nicht geworden, auch nicht von der Partei. Wenn ich heute wieder um einen Revolver einkomme, so bitte ich nicht, sondern ich fordere auf Grund des primitivsten Menschenrechts. Es wird im dritten Reich auch noch einen Charakterwert geben. Ich bin ein ehrliebender Mensch und ein geistig hochstehender Mensch. Und was die Hauptsache ist, ich bin ein ganz nüchterner und verständiger Mensch, der den Meisten draußen noch aufhelfen könnte. Die Humanität wird an mir zur Brutalität. [...] Seit 10 Wochen bin ich schwer krank. Ich will nicht mehr leben. Denn ich habe wenig Aussicht gesund zu werden. Ich habe nur ein elendes Dasein zu fristen und möchte darum Schluß machen. [...] Es ist mir bekannt, daß die Frage, ob gewissen Geisteskranken der Freitod zu gewähren ist, in Psychiaterkreisen sehr viel diskutiert worden ist. Stets hat dabei die bürokratische Spießerei gesiegt. Ich suche im Medizinalkollegium auch nur einen Mann, der den Mut zur Verantwortung hat. Er wird es nie bereuen, sondern später stolz darauf sein. Es ist soviel von einer heroischen Lebensauffassung geredet worden. Wenn es ein heroisches Leben überhaupt gibt, dann ist es das meine. [...] Ich will mich erschießen. Das ist der Tod, an den ich zeitlebens gedacht habe; der paßt für mich und den wünsche ich. Ich lächle über die Leute, die immer von geduldigem Ertragen des Leidens reden, denn ich habe mehr geduldig ertragen wie alle zusammen. Jetzt tun Sie Ihre Pflicht, Ihre Menschenpflicht, nicht Ihre Paragraphenpflicht.«

Ideologisch und politisch hatte Wagner als glühender Anhänger
Klara Zetkins begonnen. Er war Sozialist und Republikaner.
Zu Anfang seiner Lehrerlaufbahn sympathisierte er mit der
Sozialdemokratie und hing einem Pessimismus Schopenhauer-
scher Prägung an. Mancher sah in ihm in dieser Zeit allerdings
einen Anarchisten. Sich selbst nannte er in der letzten Radel-
stetter Zeit einen Barrikadenrevolutionär. Später stand er den
Liberalen nahe und schwärmte von Friedrich Naumann:

»Naumann zeigt wie man reden kann, geistreich und doch
einfach, belehrend ohne langweilig zu sein, großzügig, volks-
tümlich, ohne von der Höhe seiner Bildung herabzusteigen,
ohne Schlagwort, Eile, Späße und Effekthascherei.«

Er wählte nationalliberal, einmal auch einen Kollegen von
der Volkspartei. In dieser Zeit bemerkte er immer häufiger
reaktionäre Gedanken bei sich und fragte: »Ist es die bessere
Einsicht, oder ist es eine Alterserscheinung?« Er war jetzt
»schon lange kein Cassius mehr«, hatte »Fett angesetzt« und
»gönn[t]e auch den Fürsten ihren Nahrungsstand«. Zum fünfundzwanzigjährigen Regierungsjubiläum Kaiser Wilhelms II.
war er endgültig von der Vorstellung einer deutschen Republik
abgekommen. »Welchen Mann wolltet ihr auch wünschen als
Präsidenten der deutschen Republik? Ich selbst habe früher an
mich gedacht. Nun ich aber ausgeschieden bin, wer bleibt da
noch übrig?« Er prophezeite ein noch schöneres fünfzigjähriges
Jubiläum des Kaisers, worin er aber, wie wir wissen, irrte. Zu
diesem Zeitpunkt war der ebenfalls »abgewiesene Viertels-
künstler« Adolf Hitler Herr in Deutschland. In seinem letzten
Lebensjahr 1938 rühmte sich Wagner nur noch, der erste
Nationalsozialist in Winnental gewesen zu sein. Im selben Jahr
hatte sein Psychiater Robert Gaupp geschrieben, daß Wagner
die Aufbauarbeit des Führers bewundere.

Ein ganz so naiver, opportunistischer Mitläufer war Wagner
freilich nicht, wenn er vorher, ebenfalls noch 1938, bemerkte:

»Wenn ich französischer Ministerpräsident wäre, dann gäbe es kein drittes Reich und keinen Hitler. Schon bei der Machtübernahme hätten die Franzosen einmarschieren sollen. Sie werden ihr Versäumnis noch schwer büßen müssen.«

Auch die rassenhygienischen Ideen hatte Wagner nicht von den Nazis. In der »Euthanasie« war er ihnen und selbst den medizinisch-juristischen Begründern Binding und Hoche weit voraus. Schon in Radelstetten hatte er in seiner Autobiographie gewütet:

»Überall aber täte eine große Sanierung der Menschheit not. Und wie in den alten Städten zerfallene Häuser und Straßenzüge eingerissen werden, wie auf dem Acker das Unkraut ausgereutet wird, so muß auch beim Menschengeschlecht aller Unrat radikal ausgefegt werden. Nach meinem Beobachten und Ermessen müßte ein starkes Drittel daran glauben, ja, ich meine, wir hätten dann erst das Gröbste weg. Wir schiffen zu sehr in übelriechenden Niederungen und müssen jetzt endlich den Ballast auswerfen, um in reiner, gesunder Region zu schweben. Ich habe ein scharfes Auge für alles Kranke und Schwache, bestellt mich zum Exekutor und kein Kommabazillus soll durchschlupfen. 25 Millionen Deutsche nehme ich auf mein Gewissen und es soll nicht um ein Gramm schwerer belastet sein als zuvor. Ich bin ein Mensch, fähig der allergrößten Verantwortung.«

Um etwa ein Drittel war die Bevölkerung des deutschen Reiches in der Zeit zwischen Wagners Geburt und 1913 angewachsen. Die Wiederherstellung dieses Status quo hatte er womöglich im Sinn; gleichsam die Tötung aller seiner nach ihm geborenen »Geschwister«.

Der großmäulige Hauptlehrer demonstriert hier eine der Varianten zur Rechtfertigung von Mordtaten. Neben der angeblich sozialen, rassischen oder wissenschaftlichen Verantwortung sind es »Notwehr« und Gehorsam beim sogenannten Befehlsnotstand sowie das Mitleid, was als ehrenwertes Motiv immer herhalten muß und mußte. Die moderne »Sterbehilfe«

nimmt es für sich in Anspruch, und für die »Euthanasie« war es schon früher entsetzlich brauchbar. Genau dieses Mitleid hat Wagner stets bemüht, wenn er die Morde an seiner Frau und seinen Kindern rechtfertigte. Nicht nur für ihn, auch für Gaupp schien dieses Motiv so unverrückbar festzustehen, daß es in ihren Unterredungen nie hinterfragt wurde. Oft genug können psychologische Analysen aber belegen, daß Mitleid gerade auf seinem Gegenteil — Haß, Neid und Verachtung — gründet. Und so scharfsinnig war allemal auch der Hauptlehrer Ernst Wagner. In seinem Drama *Der Nazarener* aus dem Jahre 1913 analysiert er die Hintergründe des Mitleidgefühls. Wagner läßt Jesus im Vorhof des Tempels zu Jerusalem zum Volk sprechen:

»Ich habe euch gehaßt, ich wähnte euch zu verachten, zum dritten habe ich euch bemitleidet. (Eine Stimme, ablehnend: Wir danken.) Ihr wißt vielleicht nicht, wie verwandt Mitleid mit der Verachtung ist? Der Bemitleidete ist uns der Schwache. Wir glauben, daß er uns nichts schaden könne, wir sehen ihn auf unsere Hilfe angewiesen, wir halten ihn für abhängig von uns. Das, was die Menschen gemeiniglich Mitgefühl nennen, ist Selbstgefühl, die Anteilnahme ist Herablassung. Der tätige Zustand endlich, den wir anderen zu Teil werden lassen, soll nur unsere überlegene Kraft ins Licht rücken. Wahrlich, wie mir je einer sagte, er bemitleide mich, es trieb mir das Blut ins Gesicht, so empfand ich es als Schmach. Will ich, indem ich das sage, euch schmähen? Will auch ich in euch dasselbe Gefühl der Schmach wachrütteln, wenn ich sage, daß ich euch bemitleide? Ich müßte es, wenn mein Mitleid nicht ganz anderer Art wäre, als ich es vorhin gekennzeichnet habe. Mein Mitleid ist aber nicht das der Unterscheidung von ich und du, das Mitleid mit euch ist nur die Ausdehnung des Mitleids mit mir selbst. Das, ihr werdet es zugestehen, ist ohne Selbstsucht, das echte Mitleid. Es ist geboren aus der Erkenntnis, daß wir alle in gleicher Verdammnis sind.«

Legenden

Wagners Verfolgungswahn war ein Dutzend Jahre niemandem bekannt geworden. Um dieses Phänomen begreiflich zu machen, nimmt Gaupp in seinem Manuskript für das Gerichtsgutachten Bezug auf einen anderen berühmten Fall von Paranoia und Geisteskrankheit: »Ich verweise hier auf das Buch des Leipziger Senatspräsidenten Schreber: *Denkwürdigkeiten eines Nervenkranken*, Leipzig, 1903, in dem ein Paranoiker von hoher Intelligenz und edlem Geist seinen komplizierten Wahn zur Darstellung bringt, einen Wahn, der in seinen Anfängen schon bestand, als er noch in hoher Richterstellung tätig war und der schließlich die fantastischsten Formen annahm.«

Diesen Hinweis streicht Robert Gaupp wieder aus seinem Manuskript, so daß er weder im Gerichtsgutachten noch in seinem veröffentlichten Buch über den Fall Wagner erscheint. Ein mögliches Motiv für diese Tilgung könnte darin liegen, daß er den Aufsatz Freuds über Schreber, der 1911 erschienen war, kannte. Freud hatte in einer waghalsigen Analyse, fast nur aufgrund seiner Kenntnis des Schreberschen Buches, als wesentlich für Schrebers Wahnentwicklung dessen verdrängte homosexuelle Liebessehnsucht herausgestellt. Vielleicht wollte Gaupp Wagner nicht in diese Nähe rücken, wo er doch einer derartigen Triebrichtung bei Wagner, offenbar von Anfang an, keine Bedeutung beimaß. Vielleicht waren es aber auch Gründe, die sowohl bei Schreber wie bei Wagner in der fatalen Kombination von Wahn und öffentlichem Amt lagen, die man besser verschweigt, wenn sie denn schon vorkommt. Mag sein, daß gerade die Heimlichkeit eines Wahns, wie in den Fällen Wagner und Schreber, einen Teil von deren Faszination ausmacht. Wer weiß schon, was in seinem Nachbarn vorgeht?

In der Wahnforschung scheint es im zweiten Jahrzehnt unseres Jahrhunderts eine starke wissenschaftliche Aktivität und Konkurrenz gegeben zu haben. Karl Jaspers schrieb über den Eifersuchtswahn, Freud stellte seine Analyse des Senatspräsidenten Paul Schreber vor und Gaupp den Fall Wagner, in dessen wissenschaftlich-theoretischer Darstellung er Freuds Arbeit an keiner Stelle zur Kenntnis nimmt und auch den letzten Hinweis, wie beschrieben, wieder tilgt. Der Konkurrent Freud wird also totgeschwiegen, während gerade über den Fall Wagner eine intensive Auseinandersetzung mit Jaspers, seiner Schule und seinen Nachfolgern entsteht. Aber auch diese wird weniger sachlich geführt, als vielmehr durch die »Verschiedenheit der seelischen Struktur der Forscher bedingt«, wie Gaupp später selbst die hauptsächlich durch persönliche Motive geprägte »wissenschaftliche« Auseinandersetzung charakterisiert. So wurde die Gestalt des offenbar viele faszinierenden Hauptlehrers Ernst Wagner nicht nur ein Stoff für Schwaben und Nicht-Schwaben, ausgewiesener oder fraglicher Anreger für Schriftsteller, sondern auch in der Wissenschaft das Vehikel für Rivalität, Legendenbildungen und Glaubensbekenntnisse. Nach Gaupps Buch, mit dem er und Wagner sogar über den Bereich der Wissenschaft hinaus berühmt wurden, erschien eine Vielzahl von Arbeiten, den Fall sowie Wagners Person und Erkrankung betreffend. Der jeweilige Autor fand dabei in der Regel seine Meinung, mit der er von Anbeginn an den Fall herangegangen war, bestätigt. Und schon Gaupp war ja, wie wir an früherer Stelle zeigen konnten, seinen Projektionen aufgesessen, indem er mitunter mehr in den Lebenslauf und die Person seines für ihn so überaus anregenden Patienten hineinlegte, als dem Fall neue Erkenntnisse zu entnehmen. Besonders deutlich zeigt sich dieser Mechanismus in einer Arbeit, mit der 1949 die wissenschaftliche Diskussion über den Fall Wagner abgeschlossen wird.

In dieser Arbeit kritisiert Werner Janzarik Gaupps Ansicht zur Paranoia, für seine eigene Sicht der Dinge führt er aber keine Belege, sondern überwiegend Behauptungen ins Feld, die er erkennbar nicht mit empirischen Fakten zum Fall Wagner untermauert. Vielmehr bezieht er sich auf Denktraditionen, die ihren Ursprung in von ihm anerkannten psychiatrischen Autoritäten haben. In einer Art Zirkelschluß gelangt er zum Beweis seiner ursprünglichen Behauptung, daß es sich bei der Entstehung eines Wahns nicht um eine (pathologische) Entwicklung bei der betreffenden Person handeln könne, sondern ein »Prozeß« im Sinne einer der Persönlichkeit vollkommen fremden (organischen) Erkrankung vorliegen müsse — womit sich die wissenschaftliche Nützlichkeit psychologischen Vorgehens als obsolet erwiese. Das Vorkommen einer »echten Paranoia« im Sinne Gaupps wurde dieser Tradition zufolge immer wieder bestritten, ohne daß aber die postulierte zugrundeliegende organische Krankheit, die den Wahn angeblich verursacht, gefunden werden konnte.

Obwohl der Fall Wagner durch die Veröffentlichungen Gaupps diese große wissenschaftliche Resonanz, Diskussionen und Kontroversen hervorrief, hat — was außerordentlich verwunderlich ist — von zwei Ausnahmen abgesehen keiner der Forscher und Autoren versucht, neues empirisches Material zu suchen und zu verwenden. Alle Veröffentlichungen nach Gaupp gehen ausschließlich von dessen Informationen und diagnostischen Schlußfolgerungen aus. Die beiden erwähnten Ausnahmen sind einmal Ernst Kretschmer, der 1920 selbst Gelegenheit hatte, mit Wagner in der Heilanstalt Winnental zu sprechen, und zum anderen Fritz Barlen, ein Arzt aus dieser Heilanstalt, der 1943 die »Sippentafel« Wagners vorlegte, die Informationen enthält, welche über die Gauppschen Daten hinausgehen.

Am Fall Wagner sind viele Forscher wahrhaftig zu Dichtern geworden, leider aber nicht zu jenen, die die »Psychologie mehr fördern als 100 Gelehrte« (Bumke). Auch der berühmte Ernst Kretschmer scheint von Wagner eher fasziniert gewesen zu sein. In seinem Lehrbuch über den »sensitiven Beziehungswahn« führt er aus:

»[. . .] hier tritt plötzlich aus der brütenden Dämmerung sensitiven Innenlebens ins grelle Tageslicht ein Mensch hervor, der mit erbittertem Egoismus, in zäher, planvoller Vorbereitung unter heroischem Einsatz von Ehre und Leben gegen die ganze Welt voller Feinde sein Recht und seine Rache fordert — eine großartige Figur, dem Michael Kohlhaas ebenbürtig.«

Bis heute hat Ernst Wagner als berühmter Fall und Patient seinen Platz in Fachbüchern der Psychiatrie. Im vielgelesenen Lehrbuch von Schulte und Tölle ist sein Lebensweg zwar nur kurz umrissen, aber selbst dort nicht ohne legendäre Zutaten. Es wird behauptet, daß sich Wagner als Lehrer zweimal auf eigenen Wunsch habe versetzen lassen. Er ist hier wieder nur das Opfer eines Wahns und nicht auch das Opfer einer Strafversetzung von Mühlhausen nach Radelstetten. Daß er in Mühlhausen nicht beliebt und geehrt war, sondern von dort vertrieben wurde, ist aber mindestens das Körnchen Wahrheit in seinem Wahn über die Verfolgung durch die Mühlhausener Bürger.

Verschwundene Akten

Wo Informationen fehlen, bleibt Raum für Legenden. Vom 11. November bis zum Heiligen Abend 1913 hatte Gaupp Wagner in der Tübinger Universitätsnervenklinik psychiatrisch untersucht. Diese Untersuchungs- und Aufenthaltsdauer Wagners in der Klinik schöpfte die rechtlich für derartige Untersuchungen zur Verfügung stehende Zeit von sechs Wochen voll aus. Aus diesem Grund konnte Wagner bei seiner zweiten Untersuchung durch Wollenberg in Straßburg nicht in dessen Klinik untergebracht werden. Er mußte mit dem Gefängnis vorliebnehmen.

In der Tübinger Universitätsklinik schien trotz des sensationellen und wichtigen Falles, über den der Justizminister dem König eigenhändig auf mehreren Seiten berichtete, keine Krankenakte über Wagners Aufenthalt zu existieren. Gaupps Biographin, Claudia Leins, die danach geforscht hatte, hielt sie für verschollen oder gestohlen. Erst im Frühjahr 1994 tauchte die Tübinger Krankengeschichte Ernst Wagners wieder auf. Ungeklärt ist bis heute ihr Verbleib in der Zwischenzeit.

Da die umfangreiche Akte auch Abschriften der polizeilichen Ermittlungen enthält, war es nun möglich, diese mit den Aussagen, Zitaten und Urteilen Gaupps zu vergleichen. Er hatte Wagner in seiner Monographie zwar als ehrgeizig und egoistisch bezeichnet, doch nirgendwo als aggressiv, es sei denn als aggressiv im Rahmen seines Wahns. In einem Aufsatz aus dem Jahr 1926 bezeichnete er ihn sogar »als jeder Gewalt abhold«. Auch den »Mord aus Mitleid« ließ Gaupp ja gelten.

Gaupps Urteilsbildung folgt anscheinend einem Klischee, nämlich jenem vom guten Menschen und armen, leidenden Opfer, welches nur durch einen krankhaften, sich von seiner sonstigen Persönlichkeit isoliert entwickelnden Wahn zu Aggressivität und Rache getrieben wird. Bei der Beschreibung und Beurteilung des Tatherganges in Degerloch geht Gaupp ähnlich vor. Er liefert eine Version über Wagners Morde an Frau und Kindern, nach der dieser versucht hat, seine Opfer möglichst »schonungsvoll« zu töten. Vor der Tötung habe er seine schlafende Frau mit einem Totschläger bewußtlos gemacht, um ihr Angst und Schmerz zu ersparen. Die Tatsache, daß seine Frau bei der Obduktion Verletzungen an den Armen und einer Hand aufwies, erklärt Gaupp damit, daß auch eine Person ohne Wachbewußtsein Abwehrbewegungen mache. Den in den Ermittlungsakten niedergelegten Sachverhalt, daß Anna Wagner aber auch vorne am Kopf »zwei breite, klaffende, die Weichteile und die darunter befindliche Knochenhaut durchsetzende Stichverletzungen« hatte, übergeht er gänzlich.

Wagner ist für ihn weniger der arrogante als der heroische Rächer und Brandstifter in Mühlhausen und der sozusagen ehrenhafte Mörder in Degerloch. Bereits in den ersten Momenten der Begegnung zwischen Wagner und Gaupp scheint sich dieses Klischee zu entwickeln. Gaupp erwartete einen furchtbaren Gewaltmenschen von tierischer Brutalität, sah jedoch einen »ernsten, gramgebeugten Mann in würdiger Haltung, höflich, bereit, sich in alles zu fügen, in seinem ganzen Benehmen ein gebildeter Mensch«. Er scheint der Faszination dieses Kontrastes erlegen zu sein, was ihn in letzter Konsequenz über Klischees in seiner Wahrnehmung und Urteilsbildung zu Fehlleistungen und Entstellungen führt.

So beschreibt Gaupp z. B. Wagners Mord an seiner Familie in Degerloch am frühen Morgen des 4. September 1913 zunächst folgendermaßen: »Er wählte eine Tagesstunde, in der die Konturen der kindlichen Körper nur ebensoweit erkennbar waren, daß er seinen Plan rascher und schmerzloser Tötung mit sicherem Erfolg ausführen konnte [...] Es wäre in der Tat durchaus verfehlt, wollte man in der Schwere und Massenhaftigkeit der seiner Familie beigebrachten Wunden einen Beweis besonderer Brutalität erblicken. Das Gegenteil ist der Fall.«

In seiner Epikrise von 1938, derselben Arbeit, in der er auch die Idylle der Hochzeit Wagners mit Anna Schlecht in Mühlhausen, wo sie nie stattgefunden hat, phantasiert, stellt Gaupp den Vorgang der Tötung mit etwas anderen Worten dar: »Und wenige Stunden später, beim beginnenden Morgen des folgenden Tages, als man die Konturen der in ihren Betten schlafenden Frau und Kinder noch nicht deutlich erkennen konnte (was ihm die Ausführung der Tat seelisch erleichterte), tötete er seine Frau und seine 4 Kinder [...]«

Die Akzentverlagerung tritt besonders kraß zutage, wenn man die wiederaufgetauchten Tübinger Akten gegenliest. Laut Protokoll der gemeinsamen Unterredung Gaupp–Wagner vom 15. November 1913 ist dieselbe Szene von Wagner vollkommen anders erzählt worden. Auf Gaupps Frage, ob er seine Kinder in der Nacht getötet habe, entgegnet Wagner: »Ich habe sie morgens getötet [...] in der Dämmerung, man hat auch schon gut gesehen.«

Eine kleine Arabeske mag Gaupps Neigung zur Harmonisierung und Abschwächung weiter illustrieren. Angeblich hatte er nach der Veröffentlichung seiner Monographie eine anonyme

Postkarte mit den Worten »Rindvieh, psychiatrisches« bekommen. So steht es in einigen Fachbüchern. Nach mündlicher Überlieferung lauteten die beiden Worte jedoch »Arschloch, psychiatrisches«. So berichtet Bernd Burkhardt, der Verfasser einer Rundfunksendung über Ernst Wagner.

Offensichtlich war Gaupp sowohl wissenschaftlich als auch persönlich sehr interessiert an dem »Unikum« Wagner und fühlte sich viel stärker angezogen als abgestoßen von ihm. Indem er ihm dieses liebevolle, faszinierte und verleugnend barmherzige Interesse entgegenbrachte, konnte er auch umgekehrt Wagner für eine lange — immerhin fünfundzwanzigjährige — und in gewisser Hinsicht exklusive Beziehung gewinnen, die schließlich zu wechselseitigen Identifikationen führte, wie wir schon an anderer Stelle zeigen konnten.

In seiner Monographie hatte Gaupp die Psychiater zu weiterer Forschung über Wagner aufgefordert, nachdem dieser in Winnenden interniert worden war. Er hatte aber auch, wie aus einem Brief an die Direktion der Anstalt hervorgeht, sein exklusives Primat an der Person Wagners deutlich gemacht. Einerseits führte diese psychologische »Symbiose« auf seiten Gaupps zu neuen Erkenntnissen und großer Produktivität, andererseits machte sie ihn aber auch für bestimmte Aspekte im Leben und an der Person Wagners blind, was wiederum Erkenntnisse verhindern mußte. Wie weit diese Blindheit gehen konnte, zeigt die Tatsache, daß Gaupp mitunter Fakten auf den Kopf stellte — ob eher unbewußt oder mit voller Absicht, bleibt im dunkeln.

Nach unserem Dafürhalten hat Gaupp bei seiner Theorie der Wahnentstehung den sexualethischen Konflikt um Wagners Sodomie zu hoch bewertet und damit etwas getan, was man eigentlich der Psychoanalyse vorwarf und vorwirft — die Überbetonung der Sexualität mit gleichzeitiger Vernachlässigung aggressiver Lebens- und Erlebnisbereiche.

Wagner scheint in Gaupp wenigstens zum Teil die vermißte und ersehnte Vaterfigur gefunden zu haben, die ihm psychisch ein beschütztes Leben in Winnenden und einen Ausflug nach Tübingen möglich machte. Vom äußeren Aspekt her wurden beide gemeinsam berühmt, wenn auch beider Lebenstraum nicht in Erfüllung ging. Gaupp blieb die Berufung auf den Kraepelin-Lehrstuhl in München versagt und Wagner die Anerkennung als Dramatiker.

Sodomie

Ein großes Rätsel für alle am Fall Wagner Beteiligten ist seine Selbstbezichtigung der Sodomie. Keiner der von der Polizei befragten Zeugen in Radelstetten und Mühlhausen gab an, davon auch nur das Geringste zu wissen.

Die einzige Ausnahme stellt eine Zeugin, Tochter des Lehrerkollegen Lude, dar, die Wagner 1901 und 1902 in Mühlhausen das Zimmer richtete, die Kleider bürstete und die Stiefel putzte. Im Herbst 1913 glaubt sie sich zu erinnern, daß seine Stiefel damals oft sehr schmutzig gewesen seien, so als wäre er häufig in Kuhfladen getreten. Ungefähr im Mai 1902 sei ihr einmal aufgefallen, daß seine Anzugsjacke auf der ganzen Vorderseite voller kurzer, rötlicher Haare, wie von einer Kuh, gewesen sei.

Wagners Schwiegermutter Friederike Schlecht gab zu bedenken, ob es sich bei seiner Selbstanklage nicht um einen Wahn handeln könne, und Gaupp investierte viel Zeit und Gedankenarbeit darin, sich Klarheit zu verschaffen, ob Wagners Selbstanschuldigung auf Wahrheit beruhe oder nicht, wie häufig diese Handlungsweise vorgekommen sein könnte und mit welchem Tier bzw. mit welchen Tieren. Robert Wollenberg, Wagners zweiter psychiatrischer Gutachter in Straßburg, glaubte eher an einen onanistischen Akt im Stall als an Sodomie. Andere meinen Anzeichen dafür zu sehen, daß es sich bei dem in Frage kommenden Tier um eine Ziege handeln könnte. Wagner, der sich offen und öffentlich als Sodomit bezeichnet hat, verrät andrerseits nie und niemandem Einzelheiten und schürt so überall große Neugierde. Noch 1972 spekuliert der Psychoanalytiker Kuiper darüber und hält eine Kuh für das wahrscheinlichste Sexualobjekt Wagners. Wie Gaupp rekuriert er auf die »Unsittlichkeit« von Wagners Mutter nach dem Tod ihres Mannes und meint, Wagner habe Sodomie aus Wut gegen seine Mutter getrieben, mit der stillschweigenden Anklage: »So schmutzig bist du, so ein Tier. So ist die Sexualität, so zutiefst schmutzig, so schmierig. [...] Das ist es, was du, meine Mutter, mit Männern tust, nun wo Vater nicht mehr lebt. So besudelst du dich, genau so ich mich befriedige, indem ich meinen Körper mit Kuhmist beschmutze.«

Gaupp wollte der Sache genauer auf den Grund gehen und veranlaßte Untersuchungen an Wagner nach neuen Erkenntnissen und Methoden der experimentellen Psychologie und mit Hilfe des Galvanometers. Man ließ Wagner mit der Aufforderung zur freien Assoziation auf bestimmte Reizworte reagieren, registrierte seine Reaktionsworte, die Reaktionszeiten und die Veränderung des elektrischen Hautwiderstandes, eine Versuchsanordnung, die etwa der eines Lügendetektors entspricht. Da Wagners linke Hand amputiert ist, legt man die Elektroden an seine entblößten Füße an. Als Reizworte ruft man ihm u. a. die Namen verschiedener Tierarten zu: »Lamm, Kuh, Katze, Kalb, Ziege, Stier, Stute, Rind, Schaf, Hund, Gans, Ochse, Kalbin.« Der Versuchsleiter, ein Privatdozent Dr. Busch, kommt trotz des getriebenen Aufwandes zu keinem schlüssigen Ergebnis. (Wir wissen das aus der besagten, erst kürzlich wiederaufgetauchten Tübinger Krankenakte Wagners.) Er findet bei seiner Versuchsperson Ernst Wagner wohl einen »Sodomie-Komplex«, der allerdings recht allgemein und wenig spezifisch ausfalle. »Die Namen fast aller Tiere, die für sein sexuelles Delikt in Frage kommen, zeigen gelegentlich — nicht regelmäßig —, die Zeichen der Gefühlsbetonung, einige Male sehr ausgesprochen. [...] Es scheint mehr die Berührung des allgemeinen Komplexes überhaupt Gefühlswellen auszulösen; eine einzelne Vorstellung, die sich so sehr heraushöbe, daß Folgerungen daraus zu ziehen wären, ist nicht nachweisbar. Am verdächtigsten wirkt ›Stute‹, aber auch ›Rind‹ (Stier) könnten in Betracht kommen.« Dr. Busch diskutiert auch Anzeichen dafür, »daß die fragliche Handlung in Wirklichkeit nicht stattgefunden hat«. Da Sodomie sowohl mit gegen- wie gleichgeschlechtlichen Tieren vorkommt, hat man in den assoziationspsychologischen Untersuchungen auch dieser Frage näherkommen wollen, gleichwohl aber auch darüber keine Erkenntnisse gewonnen. Natürlich wußte Wagner als guter Bibelkenner, der er schon in seiner Jugend war, daß die biblischen Städte Sodom und Gomorrha nicht wegen der Unzucht mit Tieren, sondern wegen der dort grassierenden homophilen Lasterhaftigkeit zerstört wurden. Diese Spur einer homosexuellen Entgleisung oder Neigung Wagners wird jedoch von Gaupp in seinen Unterredungen mit ihm kaum weiter verfolgt, obwohl eine Zeugenaussage dahingehend Anlaß gegeben hatte.

Ein gewisser Gottlob Rühle hatte mit Datum vom 15. September 1913 in einem Brief an die Staatsanwaltschaft Heilbronn geschrieben, er sei vor drei Wochen mit einem in Degerloch wohnenden Mann, offenbar einem Schulmeister, im Edentheater in Stuttgart gewesen. Dieser sei ihm durch seine anarchistische Redensart aufgefallen, und er sei von ihm zu einem Glas Bier eingeladen worden. Dabei habe der Mann vom Amüsieren im Bopserwald, einem bis heute bekannten Szenetreffpunkt, gesprochen und ihm eine Skizze von selbstgeschlechtlicher Befriedigung überreicht. Das sei nach seiner Meinung Wagner gewesen.

Vielleicht war es nur die Mitteilung eines Wichtigtuers. Auch andere fühlten sich durch Wagners Taten auf den Plan gerufen. Schon unmittelbar nach Wagners Brandstiftungen und Morden in Mühlhausen hatte jemand schriftlich wissen lassen, daß er in den nächsten Tagen die Arbeit Wagners in Mühlhausen fortsetzen werde. Immerhin sah sich die Polizei daraufhin veranlaßt, die Gemeinde unter Bewachung zu stellen. Aber auch außerhalb Mühlhausens scheint Wagners mörderische Aufführung phantasieanregend und sprachbildend gewesen zu sein. Es gab wohl eine ganze Zeit lang nach seinem Auftritt im Schwäbischen das geflügelte Wort: »Wenn du nicht tust, wie ich will, dann mach ich's so wie Wagner.«

Frauen

Seine Frau Anna hat Wagner nie geliebt, mit ihrer »ungeschickten« Behandlung seiner Person war er nie einverstanden. Werfels Anna (Alma?) im *Schweiger* schien ihm da einfühlsamer, wofür er Werfel ja auch tatsächlich lobte. Der »ungeschickten« Anna blieb er jedoch nichts schuldig: »Ich bin auch takt- und lieblos genug, sie immer darauf aufmerksam zu machen, wenn mir eine andere gefällt. Ich setze ihr auch, wenn ich, was selten ist, gesprächig werde, auseinander, was mir an der andern gefällt. Mit der möchte ich auf der Königstraße in Stuttgart promenieren und mit jener im Unterholz Versteckens spielen. Überhaupt, so schließe ich immer, jede Nacht möchte ich mit einer anderen zu Bett steigen.«

Ausführlich schildert er eine Situation besonderer Intimität und Erotik:

»Du, aber Weib, zieh mir jetzt die Stiefel runter. Bleich und starr steht das brutalisierte Weib. Sie sinkt zusammen — nein hoch bäumt sie sich auf wie ein stolzes und sporengequältes Roß. Sie stürzt hinaus, rast die Treppe hinab und schlägt die Türe zu, daß man's von Christiania bis Stuttgart hört, die Kinderlein fahren erschreckt aus ihren Betten, kommen verstört herbeigelaufen und sehen den Vater, wie er, die Hände am Kopf, reuezerbrochen an die Wand taumelt. Erschüttert das Publikum bei solcher Ehetragödie! Aber ihr träumt und seht Gespenster. Kalte Dusche! Also jetzt: Der Vater taumelt, ja, ja, er taumelt, aber gerade so, daß er heil aufs Sopha fällt. Er streckt schweigend die Füße in die Höhe, winkt mit dem einen seiner Frau und die zieht ihm jetzt pflichtschuldigst die Stiefel herunter. Ganz vernünftig ist sie und sagt bloß: Es ist nur gut. [. . .] Den Rest schenkt sie mir seit langem. Ja, sag ich darauf, laß dir's nur alleweil gut gehen. Das freut mich, ja, wie mich das freut! Denn ein guter Kerl bin ich doch trotz meiner schlechten Seel! Die Kinderlein aber schnarchen friedlich weiter, und warte nur: balde, ja balde, da schnarchen die Alten auch.«

Welche Szene seiner Ehe führt Wagner hier auf? Ist es die Dynamik und Interaktion seiner ehelichen Beziehung in Radelstetten, wo er diesen Text formulierte, oder die äußerlich inszenierte Darstellung seiner verinnerlichten Liebesbedingungen in der Art der von ihm in seiner Kindheit wahrgenommenen Szenen, in denen die Mutter mit ihren Liebhabern nach dem Tod des Vaters agiert? Wagner fordert sein »Dienstmädchen« Anna, dem er gerade von seinen »Gattinnen« erzählt hat, auf, ihm die Stiefel herunterzuziehen. Dies mag wörtlich gemeint sein, könnte aber auch seinen Wunsch zum Ausdruck bringen, masturbiert zu werden. Über die »extravaganten Forderungen« Wagners auf erotischem und sexuellem Gebiet teilt Gaupp nichts weiter mit, als daß er sie zusammenfassend als solche erwähnt. Wir sind also darauf angewiesen, den von ihm zitierten Text zu dechiffrieren. Das Dienstmädchen widersetzt sich der Aufforderung seines Herrn und wird dadurch sogar für eine Zeitlang selbst zu einer bewunderten, stolzen Erscheinung, die sich jedoch gleich wieder entfernt und erniedrigt, indem sie die Treppe »hinabrast«. Man erinnert sich dabei an eine Kindheitserinnerung Wagners, in der er sich auf der Treppe des mütterlichen Hauses sitzen sieht, die Hände vors Gesicht geschlagen, vielleicht angesichts des Skandals um die Liebschaften der Mutter in Eglosheim und ihrer anschließenden Scheidung in Stuttgart mit dem folgenden sozialen Abstieg. Auch jetzt sieht man ihn wieder mit den Händen am Kopf. Die Kinder sehen ihn so und sind erschrocken über den Lärm, den die Mutter macht. So sah er sich, als damals in Eglosheim von der Mutter, die Luise Christiane (»Christiania«) hieß, der Skandallärm ausging, der bis Stuttgart zu hören war. Vielleicht hatte er vorher die Mutter und einen Liebhaber nachts im Haus gehört und Dinge gesehen, die ihn erschüttert und verunsichert hatten, so verunsichert, daß er nicht wußte, ob er Gespenster sah oder nicht. Als wäre er selbst der böse Mann, der von der Mutter derartiges will, taumelt er »reuezerbrochen«, findet aber mit klarerem Verstand die Lösung. Er fällt auf das Sofa, darf jetzt nichts mehr sagen, muß auf dem Rücken liegen, mit dem Fuße winken und erhält auf diese Weise, was er will, von der nun ruhigen und vernünftigen Frau, die ihrerseits nichts von ihm verlangt, und das schon seit längerer Zeit nicht mehr. Die Szene dürfte sich schon oft so abgespielt haben. Sie muß so und nicht anders ablaufen, damit am Ende alle ruhig schlafen können.

Daß Wagners kein reales Dienstmädchen hatten, mag an sich schon ein Zeichen sozialen Niedergangs gewesen sein. Dieser Garant bürgerlichen Sozialprestiges stand zwar nicht einem Dorfschulmeister, wohl aber einem städtischen Schullehrer zu. Allerdings war Wagner von der Alb schließlich doch nicht in eine richtige Stadt versetzt worden, wenn auch in deren Nähe.

Dementsprechend wird auch berichtet, daß er sich in Degerloch bereits mit dem Gedanken getragen habe, um eine Versetzung nach Stuttgart einzukommen, weil ihm in Degerloch zu wenig los gewesen sei (*Stuttgarter Neues Tagblatt* vom 6. September 1913).

Frauen sind für Wagner höchst anregend und beunruhigend zugleich. Mysteriös ist alleine schon ihre Anatomie. In seiner 1929 angefertigten Abschrift aus seiner Autobiographie, die ihm beim Beweis der Werfelschen »Plagiate« helfen sollte, finden wir einen interessanten Abschnitt darüber:

»Beschreibe die holde Person selbst vom Köpfle bis zum Zusele. Das möchtet ihr wissen, was das Zusele ist? [Unleserliches Wort] den Teufel! Ihre Psychologie zeigen sie besonders in der Ehebruchgeschichte. Da sind sie dann besonders ›feinsinnig‹ und ziehen die Fäden ganz spinnenhaft unfruchtbar. Aber das Publikum will für sein Geld auch etwas Handgreifliches haben, und da muß wohl oder übel die Spinne sich sehen lassen. Sie zeigt ihr mächtiges Hinterteil. Nicht weit davon ist das Zusele. Und die ganze moderne Literatur überschreibe ich als Zensor: das Geschwätz über das Zusele. Die Erotik ist der beste Beweis dafür, daß uns das natürliche vernünftige Geschlechtsleben noch immer ein Buch mit sieben Siegeln ist. Wenigstens im Backfischalter, in den Flegeljahren denken wir darüber halb begierig halb scheu wie über etwas ganz Geheimnisvolles, Zauberhaftes. Und wenn wir dann ans Heiraten kommen, ists noch schlimmer: statt das gesunde, prachtgliedrige Mensch zu nehmen, machen wir ein Geldgeschäft. Es wird immer ärger, und die Paarung mit Liebe, Neigung, Sympathie könnten sie füglich ganz weglassen.«

An höheren Töchtern und hochstehenden Frauen hatte Ernst Wagner großen Gefallen, seien sie auch solche aus Marmor oder Bronze; so beim Spazierengehen:

»Ob wohl unter dieser schmausenden, lachenden Gesellschaft auch nur eine Seele ist, die daran denkt, daß der Heiland auch für ihre Sünden hat leiden müssen. Meine Seele ist's nicht, die ist in den Banden des schönen Weibsbildes da droben, die auf dem wilden Tiere sitzt. Ich will hinaufgehen und mich auf ihren Schoß setzen, sie umhalsen und küssen. Aber es würde doch einiges Aufsehen machen und ich muß fein im Verborgenen bleiben. Es kommt aber die Stunde, da will ich lärmen und Skandal machen, daß euch die Ohren dröhnen.«

Es scheint hier wiederum so, als sei sein Lärm und Skandal im September 1913 in Mühlhausen Rache oder zumindest Ersatz für entgangene Befriedigungen alter Leidenschaften. Schon 1897 mit 23 Jahren und noch »nichts für die Unsterblichkeit getan«, hatte er gedichtet:

>Komm ich einst wieder auf die Welt
Soll mein Bestreben sein:
Ein sichres Amt, ein reiches Weib
und keine Kinderlein.«

Über Wagners sexuelle »Extravaganzen« gibt es eine große
Zahl von Aussagen oder Unterstellungen. Sein Kollege und
Freund Holzapfel attestierte ihm »polygamische Neigungen«.
Mit der Tochter eines Dr. Kunkel von der Schwäbischen Alb,
heißt es, habe er in seiner Radelstetter Zeit eine Liebelei gehabt
und sie einmal im Beisein seiner Ehefrau geküßt. Die Tochter
seines Lehrerkollegen Lude, bei dem er in Mühlhausen lebte,
habe er auf sein Bett geworfen und versucht, sie geschlechtlich
zu benutzen. Gegenüber Schülerinnen habe er anzügliche
Bemerkungen gemacht. Derart besondere Interessen kommen
auch in seinen »Stuttgarter Spaziergängen« vor. Über Stutt-
garts Frauen ist dort zu lesen:

»Es sind eher wenige, obwohl ich bloß die augenfällige
Schönheit und nicht auch das Zubehör von Reichtum, Bildung,
Liebenswürdigkeit und häusliche Tugenden in Betracht ziehe.
Die Königstraße hinauf will ich ein [unleserliches Wort] Sieb
aufstellen. Ich werfe dann 15% heraus; wohlverstanden, was
unter 14 und über 40 weglassen. Um dieses Alter herum
gefallen mir jetzt die Weiber am besten. Aber ich gebe mich
im Notfall auch mit denen dazwischen zufrieden.« (Das Wort
»Sieb« war dann auch neben den Tiernamen ein Reizwort
in den assoziationspsychologischen Untersuchungen des Dr.
Busch gewesen.)

Nach Wagners eigener Auskunft blieb der ganze Bereich
erotischer Phantasien wie Sexualität überhaupt nach den Morden in Degerloch und Mühlhausen aus seinem Leben aus-
gespart. In der Tat ist so gut wie nichts bekannt über sein
Sexualleben in einem Vierteljahrhundert Lebenszeit in Winnenden. Merkwürdigerweise interessierte sich auch Gaupp
nicht dafür, obwohl er maßgeblich auf Wagners Sexualität

147

seine Lehre von der Paranoia aufgebaut hatte. Was in diesen 25 Jahren in sexueller Hinsicht geschah, blieb eine ungestellte Frage der Wissenschaft.

Die Identifikation Wagners mit Ludwig II. zur Abfassung seines Dramas *Wahn* könnte eine homosexuelle Ausrichtung seiner Phantasien nahelegen, vielleicht auch seine innige Feindschaft zu Franz Werfel. In der Plagiatsbeweisführung hatte er sich gefragt, an wen wohl Werfel gedacht habe, als er am *Schweiger* schrieb, und geantwortet: »Er denkt an mich«, was eher sehnsuchtsvoll anmutet als haßerfüllt.

Die Aufzeichnungen in der Krankengeschichte der Heilanstalt Winnental sprechen jedoch für eine heterosexuelle Ausrichtung seines erotischen Empfindens. Seit Anfang 1925 hatte Wagner einen Radioapparat in seinem Zimmer. Die Krankengeschichte vermerkt dazu: »Sehr günstige Wirkung. Pat. beschäftigt sich weniger mit Dichtkunst, ist sehr erotisch eingestellt, interessiert sich für die Frauen, die beim Radio auftreten.«

Nachbarn

Ein ähnliches Rätsel wie das um Wagners Liebesinteressen ist das um die Objekte seines Hasses. In seiner dramatischen Nacht in Mühlhausen wollte er angeblich alle erwachsenen Männer erschießen.

»Wer glaubt, daß ich aus dem sicheren Nichts heraus giftige Rachepfeile gegen einzelne Personen schleudere, wird enttäuscht sein. Nein, aus lauter Eitelkeit handele ich viel nobler, ich denke sogar delikater als es in Reichskanzler-Memoiren Sitte ist.«

Wagner bezieht sich hier sehr wahrscheinlich auf die Memoiren des 1909 demissionierten Reichskanzlers Fürst von Bülow, dessen großer Förderer der Fürst zu Eulenberg war, seinerseits enger Vertrauter Wilhelms II. Der inhaltliche Bezug, den

Wagner mit seinem Vergleich herstellt, ist nicht klar. Anzunehmen ist aber, daß es um die verschieden »noble« Art des rächenden Umgangs mit Feinden geht, die durch ihr Verhalten eine Karriere beendet haben.

Natürlich gab es für Wagner in Mühlhausen an der Enz etwas abzurechnen, auf alle Fälle mit Schultheiß Häcker, nach dem er in der Mordnacht ausdrücklich fragte. Andere Feinde benennt und verrät er nicht. Sicherlich hat es sie gegeben; im Brief »An mein Volk« hatte er nach der Qualität seiner Feinde unterschieden und die Hoffnung ausgedrückt, diejenigen vor die Pistole gestellt zu bekommen, »die zu hassen ich am meisten Grund habe«. An einer Stelle nennt Wagner dann doch Namen, freilich nicht die seiner Gegner und bevorzugten Feinde, wohl aber die Personen in Mühlhausen, durch die er seiner Meinung nach keine üble Nachrede erfahren habe. Es sind dies der Gemeindepfleger Schwarzmaier, der Mühlenbesitzer Zundel, der Briefbote Hess und der Bauer Friedrich Geissinger, der sein Nachbar war. Geissinger, über 20 Jahre älter als Wagner, was er sicher auch sein mußte, um zu Wagners »Freunden« zu gehören, spielt nun eine besondere Rolle im Mühlhausener Drama. Er hatte in der Nacht zum 5. September versucht, sein Vieh vor dem Feuer in Sicherheit zu bringen, und war auf der Schulgasse von Wagner erschossen worden. Wagner gab an, er habe ihn erschossen, ohne ihn erkannt zu haben. Ob er ihn, falls er ihn erkannt hätte, trotzdem niedergeschossen hätte, vermöge er nicht zu sagen. Er wäre in einer solchen Situation der Eingebung des Augenblicks gefolgt. Möglich, daß Wagner in der Nacht tatsächlich einer haßerfüllten Eingebung des Augenblicks gefolgt ist, als er auf Friedrich Geissinger schoß. Er muß ihn recht gut gekannt haben, und das nicht nur aus mehr als zehn Jahre zurückliegender Vergangenheit. Im Jahr vor seinen Taten in Mühlhausen hat Wagner wohl noch mit Friedrich Geissinger gesprochen. Auf dieses Gespräch bezieht er sich, wenn er daraus in mystischer Art und Weise einen kausalen Zusammenhang mit Geissingers Tod konstruiert: Geissinger habe vor einem Jahr zu ihm eine bestimmte Äußerung getan . . .

Eine ähnliche Magie nimmt Wagner in Anspruch, wenn er glaubt, daß das Erdbeben in Württemberg im Sommer 1913 geschickt worden sei, um seine Frau und die Kinder zu warnen. Im Fall Geissinger verliert sich freilich Magie und Mystik, wenn man in Rechnung stellt, was heute in Mühlhausen von ihm erzählt wird.

Der Medizinaldirektor am Psychiatrischen Landeskrankenhaus Winnenden, Martin Müller, ein guter Kenner des Falles Wagner, hielt vor ein paar Jahren an der Volkshochschule in Mühlacker, der Hauptgemeinde, zu der Mühlhausen heute gehört, einen Vortrag über den Fall Wagner. Danach seien Mühlhausener Bürger zu ihm gekommen, um ihm zu sagen, daß man in Mühlhausen schon immer von Wagners Sodomie gewußt habe.

Eine Einwohnerin führte 1995 weiter dazu aus, daß die Mühlhausener durch Friedrich Geissinger davon gewußt hätten. Dieser habe Wagner bei seiner sodomitischen Beschäftigung in seinem Stall ertappt. Falls dies nun wieder nicht die Wahrheit, sondern eine weitere Legende zum Fall Wagner sein sollte, dann eine besonders schwer widerlegbare, weil sie ja nicht von einem »Zeugen« im nachhinein erfunden wurde, sondern gleich einem Toten zugeschrieben wird. Sollten bei den polizeilichen Ermittlungen und Befragungen im Herbst 1913 wirklich alle Einwohner Mühlhausens von dem, was sie angeblich von Friedrich Geissinger über Ernst Wagner wußten, geschwiegen haben wie ein Grab, respektive eine verschworene Familie? Und warum? Ist die Sodomie eines Lehrers — innerhalb des Dorfes eine bekannte Tatsache — von ganz anderer moralischer Qualität, wenn nach draußen davon die Rede ist?

»Kinderlein«

Wagner, der angeblich seine Kinder aus Liebe umgebracht hat, war früher der Meinung, »Kinder sind böse von den Windeln an«. Viele Kinder, und er hatte viele Geschwister, sind für ihn der Inbegriff von Armut und sozialer Deklassierung:

»Was will er machen mit seinem Haufen Kinder? Er muß bleiben, sich gefallen lassen, sich drucken und ducken; er muß gehen den Weg der Ärmlichkeit, er muß wandeln den Weg der Geringschätzung und — was dem Ehrgefühl das Verletzende ist — die Gasse des Mitleids laufen. Ein Stück Brot, einen alten Lappen, ein zerbrochenes Spielzeug, ein Kreuzerlein den armen Kinderlein. Ich sage euch: man soll sie totschlagen die armen Kinderlein, das ist wohlgetan an armen Kinderlein. Ich muß das wissen, denn ich zählte auch zu den armen Kinderlein.«

Er beneidet die Franzosen um ihre Praxis der Geburtenbeschränkung. Seine diesbezüglichen Versuche unter Zuhilfenahme von Präservativen scheiterten angeblich, so daß er bedauerte, daß seine Frau nicht wie andere Frauen »abortiere«. Einmal zu Weihnachten schreibt er in sein autobiographisches Tagebuch, daß ihm der Weihnachtstag der widerwärtigste Tag im ganzen Jahr sei. Er, der sich an anderer Stelle gerne als der »Mörder aus Fürsorge« darstellt, erklärt hier, daß er nicht gerne Vater sei und seine Kinder dorthin wünsche, »wo das Christkindle hergekommen ist«.

»Ich erzähle meinen Buben oft, wie sie es in allen Stücken viel besser hätten, als es Wagners Ernstle zu Eglosheim gehabt habe. Der hätte auch um sein Leben gern Soldaten gespielt und Erbsenkanonen, um sie totzuschießen. Auch Baukasten, Farbschachteln und Bilderbücher hatte er sich vom Christkindle gewünscht; aber das hatte ihn vergessen.«

Für ihn steht fest: »Hätte meine Familie den kostbarsten Edelstein besessen, kein Mensch hätte auch nur einen halbwegs anständigen Preis dafür bezahlt. Hätten wir ihn dann aus Not verschleudert, ich wette, im selben Augenblick wäre er in seinem Wert erkannt worden und ein ganzes Dutzend Räuber hätten sich hintereinander damit bereichert. Aber was ist dagegen zu sagen? Wir sind schwach, und was schwach ist, soll untergehen. Das ist ganz in der Ordnung.«

In der letzten Zeit vor ihrem Tod möchte Wagner aber besonders lieb sein zu den Seinen. Zu seiner Frau wolle er kein unschönes Wort sagen und den Kindern ihre Wünsche erfüllen. Sie sollen im Café gute Sachen essen dürfen. Die Buben will er Pony reiten lassen und den Mädchen die gewünschten gelben Schuhe kaufen — letzte Freuden für Todgeweihte. Im *Stuttgarter Neuen Tagblatt* ist im September 1913 zu lesen, daß er seine älteste Tochter weder zum Gymnasium gehen lassen wollte noch ihr Klavierunterricht zukommen ließ. Möglicherweise hatte es die unehelich geborene Klara bei ihrem Vater besonders schwer, weil sie der Grund war für seine »Zwangsehe« und ihn immer besonders an das Schicksal seiner Mutter erinnerte. Diese hatte selbst vor ihrer Eheschließung mit Wagners Vater ein uneheliches Kind geboren und war so bereits lange Zeit vor ihren verschiedenen Liebesverhältnissen nach dem Tode ihres Mannes in einen »zweifelhaften« Ruf geraten. (In einem Brief Wagners an seine unverheiratet als selbständige Dentistin in Berlin lebende Schwester Luise hat es den Anschein, als habe auch diese eine uneheliche Tochter.)

Uneheliche Kinder waren in Wagners Zeit ein besonderes Problem, in erster Linie anscheinend für die Kirche. Im Taufbuch der Gemeinde Radelstetten, in dem die Wagnerschen Kinder eingetragen sind, findet sich eine eigentümliche Statistik, die ein Licht auf das Phänomen des Umgangs mit unehelichen Geburten wirft. Die in einem Jahr in Radelstetten geborenen Kinder werden in einer Tabelle aufgeführt, die unter dem Strich zum Jahresabschluß die Summe aller Geburten ausweist. Kurioserweise wird dann die Anzahl der unehelichen Kinder durch die der Gesamtzahl der Neugeborenen dividiert und der Quotient als Prozentzahl angegeben. So kann es beispielsweise heißen: 2 von 7 = 28,57%. Wer diese Angaben mit einer Genauigkeit bis zur zweiten Stelle nach dem Komma eingefügt hat, ist nicht bekannt, anzunehmen ist aber, daß es der Pfarrer der Gemeinde gewesen ist.

»Elberfelder«

Wagners Fahrrad, sein »Elberfelder«, ist für ihn ein Objekt der Liebe, Bewunderung und Zuwendung. Über keines seiner Kinder, keinen seiner Schüler hat er so liebevoll geschrieben, über nicht einen Menschen je so liebevoll und zugewandt berichtet. Nur der Elberfelder hätte sein Psychiater oder Psychotherapeut sein können. (Leider läßt sich heute in Elberfeld und Wuppertal nichts Genaueres mehr über den »Elberfelder« in Erfahrung bringen). Seine Frau Anna schimpfte über die hohen Kosten des Rades, Wagner hatte bei dieser Investition anscheinend nicht gespart. Der Elberfelder eröffnete ihm die Schwäbische Alb im ganzen Viereck Geislingen–Ulm–Blaubeuren–Laichingen. Er war sein Vertrauter und Gesprächspartner. Kurz vor seinem Kriegszug von Degerloch nach Mühlhausen gab er ihn zur »Inspektion«, und noch unterwegs in Bietigheim ließ er ihn erneut von einem Mechaniker nachsehen. Die »Rekognoszierungsfahrt« im Stile eines Feldherrn auf seinem edlen Pferd am Nachmittag des 4. September von Bietigheim über Untermberg und Bissingen nach Bietigheim zurück strengte ihn sehr an. Hier überschätzte er sich und seinen Partner, den Elberfelder.

In der intimen Beziehung und den Gesprächen Wagners mit seinem Fahrrad, wie wir sie in seiner Autobiographie finden, erscheint er wie eine liebende, stolze, aber auch ängstlich und hypochondrisch besorgte Mutter mit ihrem klugen, aufmerksamen, loyalen, aber auch vernachlässigten Kind:

»Denn alles glitzert an dir, und flink bist du auch, wenn dein Reiter was nutz ist. Dein Reiter, das ist ein Kerl; du kannst dir was einbilden auf ihn und dir gratulieren, daß du's so gut getroffen hast.«

Das Rad ist als Wagners Kumpel natürlich auch sein unbedingter Verbündeter in den Auseinandersetzungen mit Anna.

Ernst Wagner in der Radelstetter Zeit
(etwa 1909)

»Dann verfluchte sie mich mit vielen bösen Worten. Ich glaube, sie hatte mir den Tod gewünscht. Aber dagegen war es doch gut, daß ich soviel gekostet hatte. [...] Nein, es konnte kein Vergnügen sein, wenn der Kragen stets ein nasser Lump wird, was die Frau im Schulhaus auch nicht wenig ärgerte, und wenn man unterwegs das Hemd zum Trocknen aufhängt. Du lehntest mich oft an einen Baum, derweilen du ein Luftbad nahmst. Du hattest gar nichts mehr an als die Socken, auf denen du herumspaziertest. Aber Papier und Bleistift hieltest du in der Hand. Du brummtest etwas vor dich hin, zuweilen klangs auch laut und schön und wie wenns Dichtung wäre. Besondere Vorliebe scheinst du gehabt zu haben für einen gewissen Absalom. Dabei hörte ich immer das Wort Schönheit und ich sah dich dann darauf an, aber ich konnte mirs nicht recht zusammenreimen. Aber eine Abwechslung war es mir doch, dich anders als griesgrämig zu sehen. [...] Am wenigsten gefielen mir deine Schießübungen. Immer hieltest du sie anderswo ab. Im ganzen Viereck Geislingen–Ulm–Blaubeuren–Laichingen knalltest du herum. Vorsichtig bogest du von der Straße ein in den Waldweg; ein Pfadfinder kann nicht schärfer herumäugeln. Du schrittest einige hundert Meter nach allen Seiten ab — hol' der Henker die Büschelbinder und Beerensammler — heftetest ein Quartblatt an einen Baum, nahmst 20 Schritte Abstand und drücktest ab. Immer fünfmal. Gewöhnlich blieb das Blatt unverletzt, worüber du sehr betrübt warst. ›Ich schieße zu hoch, ich muß auf den Bauch halten‹, sagtest du einmal. Wars vorbei, packtest du mich mit schnellem Griff, und nie sonst mußte ich mich so sehr anstrengen. ›Mein Kavalier muß ein Duell ausfechten‹, dachte ich das erste Mal. ›Er will ein Abenteurer werden‹, das zweite Mal. ›Er hat einen bestimmten Mordplan‹, das dritte Mal. Aussehen, Gebaren, Reden: Alles deutet auf den Mörder hin. Fürs Vaterland schießt er sich nicht ein, das brauchte er nicht in Angst und Hast abzumachen. [...] Ich fing an, dich interessant zu finden. Ich gab mir Mühe, dich zu verstehen und aus dem, was ich von dir selber vernommen und was ich von anderen über dich gehört habe, — es wurde in deiner Abwesenheit immer sehr viel von dir geredet — aus alledem habe ich mir ein Bild von dir zurecht gemacht. Ich denke, ein wohlgetroffenes Bild. Schön ist's nicht, aber Ausnahme zeigts in allem.

Und zu einem Ausnahmemenschen bring' ich's doch nicht wieder, ich harre aus. Und wenn du dein Rachewerk unternimmst, auf mich kannst du unbedingt rechnen. Denn ich habe Mitleid mit dir und Respekt vor dir, weil du noch gekommen bist, mich zu holen in Kampf und Tod. Alles dies sprach mein Rad zu mir, als ich neben ihm saß, auf einem Block im Holzstall. Ich schwieg und wandte mich ab. Weinen hätte ich können.«

Die letzten Sätze gehören nicht mehr nach Radelstetten. Wagner holte sein Fahrrad im Sommer 1912 aus Obertürkheim, nachdem es dort zwischengelagert worden war, nach Degerloch.

»Wie du fortzogest von jenem unwirtlichen Gefilde und von den undankbaren Menschen, da dachte ich — ob sich nicht weiter leben lasse? Und mich hast du beim Abzug von R. [Radelstetten] so wenig beachtet, daß ich fast daselbst zurückgeblieben wäre. Alles fühlte sich wohlgeborgen im Möbelwagen, und ich mußte vom Jörgle auf die Station gefahren und ganz isoliert nach Obertürkheim befördert werden. Von dort aus hast du mich erst nach Wochen geholt und mir dabei einen Schuhnagel in den Leib gefahren. Also verletzt hast du mich den ganzen Sommer in diesem Gefängnis modern lassen. Vergessen will ich die Schmach, denn nun bist du da und willst mich hoch zu Ehren führen.«

In Obertürkheim lebte Annas Bruder Albert, der Taufpate ihrer jüngsten Kinder war und der offenbar beim Umzug von Radelstetten nach Degerloch geholfen hatte.

Unzufrieden war der Elberfelder mit Wagners Schießübungen, vielleicht eifersüchtig auf die beiden großen Mauser-Pistolen, die beim nackten Sonnenbad ebenfalls mit von der Partie waren.

In einigen Presseberichten über Wagners Verbrechen in Mühlhausen an der Enz war im September 1913 von Browning-Pistolen oder Revolvern die Rede, mit denen er bewaffnet gewesen sei. Tatsächlich aber bestand Wagners Bewaffnung aus zwei großen Mauser-Pistolen C 96, 1896 erstmals in Serie produziert, die er 1907 und 1909 beim Uhrmacher Frommer in Oberndorf, ihrem Herstellungsort, gekauft hatte. Und diese Waffen waren sicher das Beste vom Besten, worüber auch manche Zeitungsredakteure staunten und nachrechneten, daß beide Waffen einschließlich der Munition mindestens 100 Mark gekostet haben müßten.

Der Preis der Mauser C 96 betrug damals tatsächlich das zwei- bis dreifache dessen, was eine übliche Pistole kostete. Ein Industriearbeiter dürfte in der Stunde weit weniger als eine Mark verdient haben.

Aus einer 1986 erschienenen Dokumentation über die Firma Mauser und ihre Produkte: »Den anderen Selbstladepistolen dieser Epoche ist die C 96-Pistole mit einer überragenden ballistischen Leistung und einer anstandslosen Funktion weit überlegen. Die Fachwelt reagiert daher schnell: Am 6. Mai 1897 führt der Tübinger Professor von Bruns in Oberndorf Schießversuche mit der C 96-Pistole durch. Weitere Schießversuche unternimmt er in Tübingen mit Leichenteilen als Ziele. Dabei werden zur Untersuchung der Schußfrakturen zum ersten Mal Röntgenstrahlen eingesetzt.«

»Fortschritt« in Wissenschaft und Technik: Die Wirkung der Röntgenstrahlen war gerade zwei Jahre zuvor entdeckt worden. Weiter aus der Mauser-Dokumentation: »In Teilen der Welt, in denen die offen getragene Waffe stolz präsentiertes Attribut des freien Mannes ist, hat die C 96-Pistole einen beachtlichen Verkaufserfolg zu verzeichnen. Die martialische Größe der Pistole stört ihren Träger nicht — im Gegenteil,

die eindrucksvolle Waffe verleiht ihm Respekt und Ansehen.«

Das mag dem »kleinen« Ernst Wagner entgegengekommen
sein, der als erwachsener Mann mit 171 cm nicht eigentlich
klein gewesen ist. Sein Seminargenosse Rieger am Lehrerseminar in Nürtingen und Esslingen, später ebenfalls Hauptlehrer, sagte aber 1913 zur Polizei, daß »der Kleine« bei seinen
Kameraden beliebt gewesen sei.

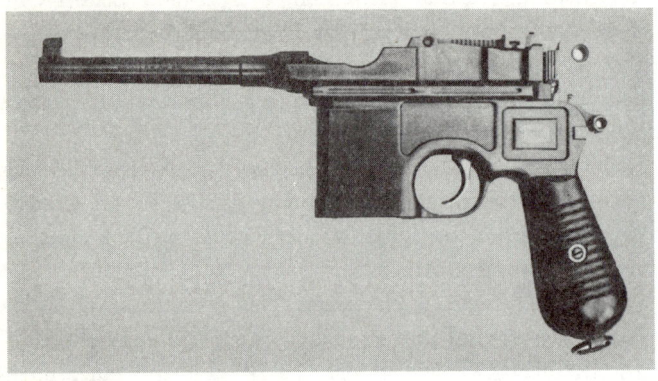

Selbstladepistole Mauser C 96

Ein Nachteil der Mauser-Pistole war höchstens der, daß sie
wegen ihrer Größe und ihres Gewichts weniger für das Kampf-
getümmel als mehr für eine Attacke aus einem ruhigen und
sicheren Hinterhalt geeignet gewesen wäre.

Die Mauser C 96-Pistole wurde Legende. Angeblich besaß
1898 während seines Kriegsdienstes im Sudan Winston Chur-
chill, den zu dieser Zeit freilich noch kaum jemand in Deutschland gekannt haben dürfte, eine Mauser C 96, mit der er sich
in großer Not den Weg freischoß.

In dem Italo-Western *Leichen pflastern seinen Weg* von
Sergio Corbucci aus dem Jahre 1968 wird nicht nur die Gewalt
zelebriert, sondern auch ein Mauser C 96-Mythos. Der Film
mit dem Originaltitel *Il grande silencio* endet mit der Wieder-

gabe des Textes einer Mahntafel aus Snow Hill im U.S.-Staat Utah unter Bezug auf die dortigen Massaker von 1898:

»Die Stiefel der Männer können 1000 Jahre lang den Staub dieses Ortes aufwirbeln. Aber nichts wird jemals die Blutflecken der armen Menschen auslöschen, die hier umgekommen sind.«

Für seinen Weg in der Nacht von Mühlhausen nach Eglosheim überlegte sich Wagner etwas ganz Besonderes. Nachdem er bei einem früheren Aufenthalt in Mühlhausen dort ein Auto gesehen hatte, fürchtet er, sein Plan, in Mühlacker den Zug zu besteigen, könnte dadurch irgendwie gefährdet werden. Jetzt will er den Zug auf offener Strecke anhalten und ihn selbst Richtung Ludwigsburg fahren. Dazu wolle er Bahnhöfe besuchen und zusehen, wie das zu bewerkstelligen sei — die Erfüllung des Traums jedes siebenjährigen Jungen. Hier wie im Falle der Telefonverbindungen von Mühlhausen zur Außenwelt, die er »durchfeilen« wollte, wird der technische Fortschritt in Gestalt des Autos zu einer Störung für Wagners Pläne, was er aber mit Phantasie und technischem Interesse ausbügeln will: Er wird nicht nur ein Auto fahren, sondern einen ganzen Eisenbahnzug. So stolz er auf seinen »Elberfelder« gewesen ist, so neidisch wird er vielleicht gewesen sein, daß er sich selbst kein Auto hatte leisten können. Sein Neffe Eberhard Müller der »beim Daimler« in Stuttgart arbeitete, hatte Wagner öfter mit dem Auto auf der Schwäbischen Alb besucht. Dies war im ersten Jahrzehnt des neuen Jahrhunderts sicher eine Sensation in Radelstetten — Wagner jedoch mußte den Eindruck haben, daß die neue technische Entwicklung im wahrsten Sinne des Wortes an ihm vorbeiging. Weder in Eglosheim, seinem Heimatort, noch später in Mühlhausen gab es eine Bahnstation, und in Radelstetten natürlich schon gar nicht. Auch Degerloch hatte keinen Bahnhof, wenn es auch mit Stuttgart durch die neue Zahnradbahn verbunden war.

Diese Verhältnisse wollte Wagner dann endlich, was Eglosheim betrifft, in der Nacht zum 5. September 1913 ändern.

Nicht bis zum Bahnhof Ludwigsburg wollte er den Zug steuern, sondern gleichsam eine neue, eigene Bahnstation eröffnen: »An meines Vaters Thalacker halte ich dann.«

»Hochzeiterles«

Eine Geschichte zu den Vorkommnissen in der Nacht zum 5. September 1913 wird heute in Mühlhausen an der Enz von mehreren Einwohnern erzählt. Wagners ursprünglicher Plan in der Nacht von Mühlhausen sei gewesen, die jenseits der Enz gelegenen Mühlen anzuzünden und dann am Fluß zu warten, bis die Mühlhausener, angelockt durch den Feuerschein, über die Brücke und in die Falle liefen. Aus dem Hinterhalt habe er sie niederschießen wollen. Dieser Plan sei jedoch fehlgeschlagen, weil in der ersten der beiden Mühlen ein Hund angeschlagen habe. Ob diese Darstellung auf Wahrheit beruht, ist fraglich. Zeugen dafür können heute nicht mehr gefunden werden, so daß diese Version nur wie eine Spekulation über Wagners Absichten dasteht. Andrerseits hat aber Wagner nirgendwo einen genauen Plan für sein mörderisches Vorgehen in Mühlhausen niedergelegt, im Gegensatz zu seinem Auftritt, den er für den dritten Akt seines Feldzuges in Eglosheim plante. Eine ähnliche Variante von einem Hinterhalt Wagners, der überdies gut zu seiner Bewaffnung mit den schweren und unhandlichen Mauser-Pistolen passen würde, schwebte auch Heinar Kipphardt in einem Entwurf für einen Film über den »Hauptlehrer Wagner« vor. Hier legt Wagner schnell hintereinander verschiedene Brände beim »Pfarrer, beim Wirt, Bauunternehmer, bei verschiedenen Großbauern, beim Lehrer, beim Gendarmen, beim Schmied, beim Metzger, beim Bäcker, u.s.f.« Dann legt er sich in seinen Hinterhalt im Kirchturm, beobachtet die Brände durch sein Fernglas und erschießt mit Hilfe eines Gewehres und eines Zielfernrohres die auf die Straße laufenden Leute, als ersten den Pfarrer.

Daß diese Version mit dem Hinterhalt an der Enzbrücke heute von verschiedener Seite angeführt wird, beweist ihren Wahrheitsgehalt natürlich nicht, gerade wenn man bedenkt, daß einige Mühlhausener noch heute der Meinung sind, Wagner habe in der fraglichen Nacht die Telefonverbindungen des Ortes mit der Außenwelt zerschnitten. Hier wird offenbar Absicht mit ausgeführter Tat verwechselt. Auch der Umstand, daß von »zerschnittenen« Telefondrähten gesprochen wird, macht diese Überlieferung angreifbar, wo Wagner doch zur Umsetzung dieses Vorhabens eine Feile in seinem Gepäck hatte. Er hatte in seiner Radelstetter Zeit sogar die Feile an Telefondrähten ausprobiert und vermerkt, daß er zwei Minuten für das Durchfeilen von Telefondraht gebraucht habe. Freilich weist die Wortwahl der Mühlhausener auch darauf hin, für wie ungeeignet man eine Feile angesichts von Wagners Plan hält; ebenso ungeeignet, wie es sein weiteres Werkzeug gewesen ist. Mit dem von ihm neben der Feile mitgebrachten Bohrer und den Kloben hätte er wohl Stunden gebraucht, um einen Telefonmast zu besteigen und die Drahtverbindungen zu unterbrechen. Ob hier Wagners mangelndes handwerkliches Geschick und seine Weltfremdheit zutage treten, oder ob es sich dabei um eine — vielleicht bedeutungsvolle — Fehlleistung handelt, wäre zu untersuchen. In seinen in der Autobiographie beschriebenen Plänen hatte er jedenfalls hinsichtlich des notwendigen Werkzeugs von »Leitern und Steigeisen« gesprochen.

Doch wir wollen noch einmal die immerhin interessante Geschichte vom Hinterhalt an der Brücke über die Enz aufgreifen und daraus eine hypothetische Rekonstruktion von Wagners Zeit und Erlebnissen in Mühlhausen in den Jahren 1901 und 1902 versuchen. Dazu verwenden wir zusätzlich die von Wagner erzählte Kindheitserinnerung über das »Hochzeiterles-Spiel« und die Erkenntnisse, die wir über Personen und die folgenden Entwicklungen in Anna Schlechts Familie haben.

»Trotz aller Verhöhnung, die ich als ›Mädlesschmecker‹ von rohsinniger Kameradschaft erdulden mußte, blieb ich der Minne treu. Genau besehen, waren diese Kerle nur rechte Neidhämmel, denn überall schlichen sie einem hintennach. Es ergab sich nicht selten bei diesem schönen Spiel, daß bei der Austeilung etliche Weibchen übrig blieben, denn sie stellten sich da gerne und zahlreich ein. Das war das erste Mal eine große Not, bis ich ganz vorurteilslos und sittenfrei erklärte, ich könne auch zwei nehmen. Gelächter und Entrüstung! Obwohl ich aus der Bibel die Zulässigkeit der Bigamie begründete und auf die 1 000 Weiber Salomos exemplifizierte, (wohlgemerkt: ich war damals schon passabler Bibelkenner!) — die Gesetzesphilisterhaftigkeit siegte und ich bekam die zweite nur als Dienstmädchen. So prägte die Unschuld jene Formel von Mormonenkniffen. Ich weiß nicht mehr, welche ich mehr geliebt habe, die Gattin oder das Dienstmädchen.«

Wir nehmen an, daß in Wagners erster Zeit als Lehrer in Mühlhausen 1901 und 1902 etliche »Weibchen« bei der Verteilung an die jungen Männer übrig gewesen sind, besonders natürlich solche, die manchen Männern noch zu jung erschienen. Wagner hätte gerne zwei davon gehabt, was zunächst für ihn angesichts der allgemeinen Moral eine große Not gewesen sein muß, bis er sich von Normen der Sitte und Gewissensvorschriften frei machte und sich entschloß, auch wirklich zwei zu nehmen. Was ihm in der Kindheit so gut gelungen war, scheiterte aber in diesen späteren Jahren in Mühlhausen; er war mittlerweile 27 bzw. 28 Jahre alt. Das Gelächter und die Entrüstung über ihn konnte er früher in Eglosheim mit spitzfindigen und philisterhaften Argumenten, die er der Bibel entnommen hatte, beseitigen und bekam tatsächlich Gattin und Dienstmädchen, die er beide liebte. Diese beiden »Weibchen«

scheinen ihm also von überredeten, einsichtigen oder wohlwollenden Mitstreitern zugebilligt worden zu sein. Später in Mühlhausen ging sein Wunsch nicht in Erfüllung. Er wurde weder als Salomon anerkannt noch wegen seiner Klugheit bevorzugt, sobald es über den Schulunterricht hinausging. Zwei Mädchen überließ man ihm nicht. Er bekam nur das »Dienstmädchen« Anna Schlecht, und selbst die mißgönnten ihm vielleicht einige. Sein späterer Schwiegervater Johann Konrad Schlecht jedenfalls scheint ihn als Schwiegersohn nicht sehr willkommen geheißen zu haben. Keines von Annas Geschwistern hat vor dem Tod des Vaters geheiratet, was auch erklären könnte, warum Annas Ehe nicht in Mühlhausen, sondern in Ludwigsburg geschlossen wurde. Die Ängste Wagners vor den Nachstellungen der Mühlhausener wegen des unsittlichen Vergehens der Sodomie müssen nicht der wahre und einzige Grund gewesen sein. Nach Johann Konrad Schlechts Tod im Juni 1905 heiratet seine älteste Tochter Rosine Wilhelmine noch im selben Monat, die beiden älteren Söhne kurz darauf — in Mühlhausen mit Sicherheit ein Affront gegen den Vater. Anscheinend waren ihre Eheschließungen erst mit dem Tod des Vaters möglich geworden.

Ob Wagners im Wirtshaus oft geäußerten Bekenntnisse zur freien Liebe in den folgenden Jahren in Radel- oder Scharenstetten auch von entsprechenden praktischen Erfolgen gekrönt waren, darf bezweifelt werden. In Mühlhausen jedenfalls konnte er neben dem »Dienstmädchen« die »Gattin« nicht bekommen. Das hätte vielleicht Katharina Maria Krauth sein sollen, die zukünftige Ehefrau seines späteren Schwagers Hermann Schlecht. Sie war ein Jahr jünger als Anna und für Wagner sicherlich nicht weniger begehrenswert. Wir nehmen an, daß er sich ihr schon vor Anna genähert hat. Einer unsittlichen Annäherung vor seinem Verhältnis mit Anna hat er sich immer bezichtigt; er nannte es Sodomie. Und weil Katharina ihn abwies, gleich oder erst als er mit Anna Schlecht verkehrte, war sie für ihn ein Schaf, so wie seine sich ihm widersetzenden

Rivalen Neidhämmel waren. Zu seinem Unglück konnte er das Gelächter und die allgemeine Entrüstung nicht durch kluges Reden und Zitieren aus der Bibel beseitigen. Die »rohsinnige« Umgebung in Mühlhausen lachte weiter über ihn, der hochdeutsch sprach und gelbe Schuhe trug. Man verhöhnte ihn, und die Kerle schlichen scheinbar überall hinter ihm her, jedenfalls alle, denen er es schon immer heimzahlen wollte. Diese Neidhämmel, deren größter er selber in seinem Neid auf Hermann Schlecht war, wollte er später in Mühlhausen töten und die Schmach des »Mädlesschmeckers« rächen. Wagner hat nach seinen Taten mehrmals phantasierend so gesprochen, als hätte er am 5. September in Mühlhausen auch eine Frau umgebracht. Dieses einzige Wunsch- und Phantasieopfer unter den Frauen könnte Katharina gewesen sein, die ihn 1901 oder 1902 zurückgewiesen hatte. Wenn er sie aber weiter geliebt und begehrt haben sollte, dann hat sie ihn weitere Male zurückgewiesen. Sie heiratete schließlich 1909 den Adlerwirt Hermann Schlecht, relativ spät mit schon 25 Jahren, so daß Wagner bis zu diesem Zeitpunkt seine falschen Hoffnungen nähren konnte. Nach 1909 mußte er aber auch noch befürchten, daß sein Schwager Hermann von seinen gescheiterten Annäherungsversuchen an Katharina erfuhr. Wie kann der stolze und empfindliche, ohne Alkohol so schamhafte Ernst Wagner das verarbeiten? Er trinkt noch mehr und schmiedet Rachepläne. Mittlerweile gab es seiner Meinung nach auch in Radelstetten Neidhämmel, die ihn verfolgten. Die Variante von Wagners Brand- und Mordplan vor der Kulisse von Mühle und Brücke an der Enz könnte eine zusätzliche Antwort auf die gestellte Frage geben. Falls sie der Wahrheit entspricht, wäre sie ein Beweis für unsere Hypothese über die Beziehung zwischen Ernst Wagner und Katharina Maria Krauth: Er hätte dann nämlich innerlich gewordene Erlebnisse wieder nach außen in Szene gesetzt, gewissermaßen im Welttheater, mit genau vertauschten Rollen und einiger symbolischer Verschlüsselung, aber nun mit sich selbst als Regisseur und Triumphator über Personen und Vorgänge, deren Opfer er einst gewesen war.

Wagner versuchte Katharina in Gestalt der Mühle, aus der sie kam und aus der sie ihn verwiesen hatte, zu entflammen, was aber nicht gelang, weil ein Hund anschlug. Dieser Hund, der 1913 anschlägt, könnte 11 oder 12 Jahre früher jemand aus der Nähe Katharinas gewesen sein, der ebenfalls laut vor Wagner warnte oder ihm einen Schlag versetzte. In jedem Falle war die Zurückweisung durch seine Wunschgattin für ihn eine starke Kränkung und Demütigung, ein Schlag ins Gesicht. Das geplante Anzünden der Mühle, in der sie gewohnt hatte und die vielleicht die Stätte seines schmachvollen Erlebnisses war, hätte einmal seinen Rachewünschen Genüge getan, dann aber auch sie endlich entflammen lassen und schließlich wieder Männer angelockt, die er dann für ihre Annäherung mit dem Tode bestraft hätte, er, der über 10 Jahre zuvor zu Tode beleidigt worden war.

Dieser hypothetische Auftakt würde durchaus dem nachweislich geplanten Fortgang des Dramas mit Mord und Brand in Eglosheim inklusive des spektakulären Schlußaktes im Ludwigsburger Schloß entsprechen. Als Höhepunkt der Inszenierung hatte Wagner ja den gemeinsamen Feuertod mit der jungen Herzogin phantasiert; auf ewig gemeinsam entflammt mit einer hocherhobenen »Gattin«.

Bindfäden

Mit dem Hochzeiterles-Spiel versuchte Wagner einen Teil seiner Kindheit in seine erste Mühlhausener Zeit zu verlegen. Möglicherweise tat er das ebenfalls, was seine letzten Minuten in Mühlhausen betrifft.

Neben seiner eigentümlichen Verkleidung mit Autofahrermütze und Frauenschleier hatte Wagner sich die beiden großen Mauser-Pistolen mit Schnüren an den Handgelenken befestigt (andere Quellen geben an, er habe diese Schnüre am Leibriemen befestigt). Auf seinem Mordlauf durch Mühlhausen war er von dem Arbeiter Bürle und dem Polizeidiener Kientsch angegriffen und mit Säbel und Karst verletzt worden. Wagner habe sich, so gab Bürle in einer Aussage zu Protokoll, mit »den Füßen in den Schnüren, an denen seine Revolver angebunden waren, verwickelt und konnte dadurch nicht mehr springen«.

Diese Schnüre, die ihm in seinem Drama schließlich zum Verhängnis wurden, werfen die Frage nach ihrem Sinn und Zweck auf. Zum einen sind sie eine Art unfreiwillige Hommage an Friedrich Theodor Vischer und dessen »Tücke des Objekts« aus seinem Roman *Auch Einer*. Diesen Titel hatte Wagner ja schon für seine Autobiographie plagiiert. Praktisch gedacht, konnten sie ein Verlieren der Waffen verhindern, was durchaus einleuchtend ist, wenn man die Dunkelheit in der Nacht von Mühlhausen, in der bei Neumond zu allem Überfluß auch noch die elektrische Straßenbeleuchtung ausgefallen war, und obendrein Wagners Kurzsichtigkeit bedenkt. Die Schnüre waren aber offenbar so lang, daß er sich schließlich mit den Beinen in ihnen verfing. Das Verlieren mag neben seiner Bedeutung im Rahmen der Tätigkeiten eines Revolverhelden noch in einem weiteren Sinne auch das allgemeine Verlieren von Besitz und Reichtum zum Inhalt haben. Die Art der Befestigung der Pistolen erinnert freilich an die besondere Art, in der, um Verlust zu vermeiden, Handschuhe manchmal von Müttern an Kindern befestigt werden. Danach hätte sich Wagner für seinen Rachefeldzug ganz im Sinne der Mutter ausgerüstet, die selbst durch die Bösartigkeit anderer so viel verlor, was ihm, der in Mühlhausen endlich gewinnen wollte, nicht wieder passieren durfte.

Wir wissen aus seiner Autobiographie, daß Ernst Wagner bei seinen Bemerkungen über sich und andere durchaus auch zu so etwas wie Selbstironie fähig war. Besonders die Beschreibungen seiner Selbstmordversuche, und vor allem jenes im Neuenburger See in der Schweiz, wirken, wenn auch vielleicht nicht immer bewußt in dieser Weise stilisiert, außerordentlich komisch. Hier wird sichtbar, daß die ernsthafte Selbstmordabsicht für ihn nicht durchzuhalten ist und er ins Komische abgleitet. Auch an anderen Stellen der Autobiographie ist dieses Abgleiten vom »Ernst« ins Komische gut nachzuvollziehen. Zur Aufrechterhaltung seiner ernsten Absicht suchte er nach Identifikationen, die diesen Mechanismus hätten abwenden können. Seine vorsorgliche Bewaffnung bei offiziellen Anlässen wie seinem Examen oder der Eheschließung sind dafür ein Beleg. Er wartete bei diesen Gelegenheiten auf seine Verhaftung oder eine ernsthafte Bedrohung durch einen Polizisten, der er sich dann mit seiner Waffe durch Suicid entziehen wollte. Möglicherweise wäre es ihm in einer derartigen Situation tatsächlich möglich gewesen, sich selbst zu töten, indem er sich dabei mit der ihn ernsthaft bedrohenden Person identifiziert hätte.

Wahrscheinlich wußte oder ahnte er etwas von seiner Neigung zur unfreiwilligen Komik. In den Gesprächen mit Gaupp im November und Dezember 1913 in der Klinik in Tübingen nämlich, bei denen Gaupp sehr darum bemüht war, die Art und Häufigkeit von Wagners sodomitischen Handlungen herauszufinden, verweigerte Wagner dazu jegliche Auskunft und begründete das damit, daß er darüber keinesfalls etwas sagen würde, da sonst von Ernst Wagner nichts übrigbliebe als eine lächerliche »Zote«.

Das Lachen oder die Identifikation mit dem Heroen sind nach Aristoteles die beiden Möglichkeiten zur reinigenden Katharsis angesichts übermäßiger Leidenschaften. Beide versuchte Wagner anzuwenden: Das Lachen bei seinen Selbstmordversuchen, was ihn tatsächlich von seiner suicidalen Absicht abbrachte, und die Identifikation, die er freilich zunächst nur in der Person eines Angreifers suchte, aber für lange Zeit nicht fand. Schließlich fand er sie in seiner Identifikation mit Schiller und dessen Heroen, die ihm in Mühlhausen zur Seite stehen sollten. Wie wir wissen, scheiterte er aber auch auf diesem Weg, denn seine dramatischen Pläne hinsichtlich der Zahl der Opfer und seiner abschließenden Selbsttötung blieben Makulatur. Sein Auftritt in Mühlhausen fand das eher komische Ende, wovon Wilhelm Bürle in seiner Aussage berichtete. Dieser wurde später zum Mühlhausener Heros. Man nannte ihn nur noch den »Karst-Bürle«. Er zeigte sich gern mit seinem Karst (einer Hacke), und noch heute erzählt seine Urenkelin, wenn auch etwas scherzhaft, daß ihr Urgroßvater der Retter von Mühlhausen sei, der den Ort vor der Vernichtung bewahrt habe.

Wilhelm Bürle (»Karst-Bürle«)
vor seinem Haus in Mühlhausen a. d. Enz

Die Komik in Bürles Aussage mag für den Nicht-Schwaben auch daher rühren, daß man sich einen »springenden« Wagner vorstellt, der sich schließlich in den Schnüren verheddert. Dagegen bedeutet »springen« im Schwäbischen nichts weiter als »laufen«, was der Szene etwas von ihrer Komik nimmt. Der komische Akzent tritt jedoch erneut hervor, sobald wir auf ein weiteres Zeichen für eine mögliche Orientierung Wagners an einem Schiller-Helden aufmerksam werden. Wie heißt es schon im *Fiesco*: »Der blinde unbeholfene Koloß, der mit plumpen Knochen anfangs Gepolter macht, Hohes und Niedres und Fernes mit gähnendem Rachen zu verschlingen droht und zuletzt — über Zwirnsfäden stolpert?« Wenn dies Wagners Vorbild gewesen sein sollte, dann gehörte die merkwürdige Befestigung seiner Pistolen ebenso zu seinem Mühlhausener Drama wie das letztendlich komische Stolpern über die Bindfäden. Auch die Tatsache, daß er vergaß, seine zehnschüssigen Pistolen nachzuladen, obwohl er das Nachladen sogar in der Dunkelheit geübt hatte, wäre somit nicht nur eine für ihn verhängnisvolle Nachlässigkeit, sondern eine Fehlleistung, die unbedingt zu seinem dramatischen Auftritt und dessen Ende in Mühlhausen gehören mußte.

Da plant ein Schullehrer jahrelang akribisch ein außerordentliches Verbrechen und kann dann nicht mehr bis zehn zählen.

Wagners »Wahn« und König Ludwig II. von Bayern

> Einem Rom wollte ich gehorchen, das meiner Ohnmacht höhnt und meines Dienstes spottet, das nicht hassen kann, wie ich hasse, das sich nicht einmal Revanche zu nehmen getraut.
>
> Ernst Wagner, *Wahn*

Ernst Wagner wird im Juli 1903 in Radelstetten Hauptlehrer. Bei einer Visitation der Schule wird beschlossen, eine Wandkarte von Palästina anzuschaffen. Wagner hat eine andere Idee. Im Protokollbuch der Ortsschulbehörde ist unter dem 4. August vermerkt: »Da vor einigen Jahren die Schulwandkarte ›Länder der Heiligen Schrift‹ angeschafft wurde, auf welcher sich eine Karte von Palästina befindet, so glaubt Schullehrer Wagner damit auszukommen und möchte an Stelle einer Karte von Palästina lieber Bilder für den geschichtlichen Unterricht und die Weltgeschichte von Jäger, die mit Illustrationen versehen ist. Die Ortsschulbehörde beschließt, diesem Wunsch nachzukommen, wenn die Kosten dieses Buches nicht die Mittel des Schulfonds übersteigen. Augenblicklich kann der Preis desselben nicht angegeben werden.« Später wurde notiert, daß für 36 Mark eine »illustrierte Ge-

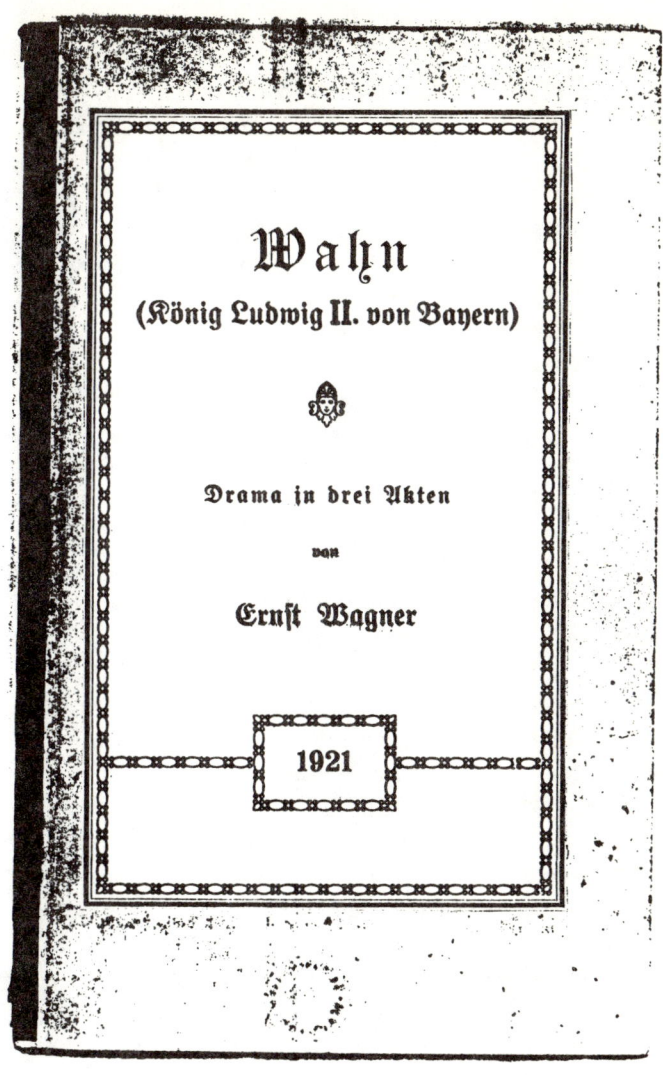

Wahn
(König Ludwig II. von Bayern)

Drama in drei Akten

von

Ernst Wagner

1921

schichte« in acht Bänden gekauft wurde. Wagner interessiert sich für Geschichte. In seinen Dramen beschäftigt er sich mit Themen der römischen Geschichte und Figuren des Alten

Testaments: *Der alte Jehovah* (1904), *Nero* (1907), *Bilder aus dem alten Rom* (1907), *David und Saul* (1908), *Joab* (1910/11), *Absalom* (1911). (Schillers erste, verlorengegangene Schauspiele hießen *Die Christen* und *Absalom* — sicherlich kein Zufall.)

Später, 1913 in Degerloch, folgt *Der Nazarener.* In derselben Zeit räsoniert Wagner in seinem Tagebuch (»Stuttgarter Spaziergänge«) eigenartig und ungewohnt holprig über das Theater: »Die wahre Tragödie ist eben doch die Schicksalstragödie. Ich habe größten Genuß, wenn ich die *Räuber* lese. Bei Shakespeare, überhaupt bei allen guten Dramen geht es so. Noch keiner einzigen Theateraufführung habe ich angewohnt, wo die Charaktere durch die Darstellung des Schauspielers in meinen Augen gewonnen hätten. Immer hatte ich mir die Personen in Rede und Bewegung anders vorgestellt. Nie hat mir die Aufführung eine tiefere und bessere Auffassung des Dramas vermittelt. Meines Erachtens ist die Güte eines Dramas danach zu beurteilen, welche Wirkung es beim *Leser* ausübt. Es ist ganz unangebracht, auf die sogenannten ›Buchdramen‹ herabzusehen, und es wird auch wenig Mühe kosten, sie für das Theater brauchbar zu machen. Dagegen ist nichts zu halten von den wortschwachen, gedankenarmen Lust- und Schauspielen, die sich bloß durch die Schauspielkunst über Wasser halten können.«

Auch nach der Aufführung seines »Gesamtkunstwerkes« bleibt Wagner Dramatiker. In Winnenden bearbeitet er *Absalom* und *Saul* und schreibt an seinem *Wahn,* den er im Frühjahr 1921 beendet. Gaupp meint dazu, daß er damit versuchte, »seine eigene Wahnbildung unter die kritische Lupe zu nehmen und sein eigenes Schicksal durch Umgestaltung in eine künstlerische Form mehr und mehr zu meistern«. Wagner selbst glaubt, er habe in dem Schauspiel seine »kleinen Verhältnisse auf die großen« seines Helden übertragen.

In diesem Drama in drei Akten, das er 1921 in der Anstaltsdruckerei drucken läßt, beschäftigt sich Wagner erstmals mit einer Gestalt der neueren Geschichte, dem bayerischen König

Ludwig II. Sicher kann er sich noch erinnern, wie er als Zwölfjähriger vom rätselhaften Tod des Königs im Starnberger See gehört und gelesen hat.

Für Ernst Wagner leidet Ludwig II. unter der preußischen Dominanz im neuen Deutschen Reich und sieht im Haus Hohenzollern und in der Person des Kronprinzen, dem späteren Kaiser Friedrich III., seinen gehaßten Rivalen. Das Haus Wittelsbach empfindet er bitter und wütend als »Vasallen« der Habsburger, Bourbonen, Napoleoniden und Hohenzollern. Wittelsbach sei nur eine Nummer, Ludwig selbst noch weniger, eine »Null«, ein »Nichts«.

Schon auf Seite sieben des »Buchdramas« begegnen wir Wagners paranoidem Interesse am Gedankenlesen. Der König über den deutschen Kaiser und seine Paladine: »Ich weiß, woran sie alle dachten.«

Der preußische Gesandte in München bemängelt, daß der Name Preußens am bayerischen Hof verspottet werde. Darauf Wagners Ludwig, ganz souverän: »Ich höre wenig auf meine Umgebung. Und ich kann doch den Leuten keinen Maulkorb anlegen.« Auf Gerüchte gebe er nichts. In kokettierendunterwürfiger Manier bezeichnet er sich als »Wenigkeit«, mit der sich eine Beschäftigung für die Kaiserliche Hoheit in Berlin doch gar nicht lohne.

König und Gesandter verhandeln über einen geeigneten Ort für ein Treffen Ludwigs mit dem preußischen Kronprinzen. Ein Manöverfeld lehnt der König ab, so daß der Gesandte eines der Königsschlösser mit ihrer sagenhaften »Zauberschönheit« vorschlägt. Aber auch das schließt der König aus — schon gar Neuschwanstein, »das Schloß in den Bergen«, das für ihn dadurch geradezu entweiht würde. Ludwig will den Kronprinzen überhaupt nicht als Gast empfangen.

Welch Aberwitz, wenn dem Lehrer, Patienten und Gefangenen Wagner dabei in sublimiertem Größenwahn sein Schulhaus in Radelstetten — in den Bergen der Alb — vorgeschwebt hätte. Wer ist denn aber auch schon zu Besuch gekommen in Wagners Radelstetter Domizil? — die alte Geschichte von den sauren Trauben …

Wagners preußischer Gesandter verlangt vom König weiterhin, er solle seine Verbindungen zum Zentrum und Rom, dem ärgsten Feind des Deutschen Reiches, aufgeben. Ludwig wittert ein Komplott:

Verschwiegenheit?
Spatzen und Marktschreier!
Geheimnisse?
Gibt es nicht. Nicht eins.
In der ganzen weiten Welt nicht eins.
Erd und All:
Schaubude, Reklametrommel, Famatrompete!
Alles Auge, alles Ohr, alles Zunge!
In den Tiefen, höllentief,
in den Höhen himmelhoch,
nichts verborgen,
nicht Odem, der nicht aufgeschnüffelt wäre! —
Verrat!
Wollen sie sich wichtig machen, die Schwätzer?
Wollen sie sich spreizen, die Lümmel?
Daß ein König sich ihnen anvertraut;
daß ein König sie zu Mithelfern erkoren?
Wollen sie mich gängeln?
Mich drängen? —
Pläne, kaum erdacht, schon verworfen!
Dieser allein ist übrig geblieben,
der einzige, der sich verwirklichen läßt,
der nicht aussichtslos ist. —
Vorwärts! Ich will!
Ich kann sie nicht länger ertragen, diese preußische Bevormundung!
Lieber König von des Papstes Gnaden,
auf Zentrumsstützen!

Rom, des Kaisers Furcht;
Mittel zu meinem Zweck! —
Er fällt mir auf die Nerven, dieser Kronprinz.
Soll mich mein Haß erwürgen,
mein — Neid ersticken?
Wo Weg, den er mir nicht vertritt;
wo Platz, den er mir nicht versperrt? —
Der Kronprinz, der Kronprinz, der Kronprinz!
Wenn ich einen Buben machte,
so wäre er, nach mir geheißen,
der Kronprinz Ludwig,
der bayerische Kronprinz,
aber nicht der Kronprinz schlechtweg. —
Kaiser will er werden,
ganz von selbst,
weil er der Kronprinz ist,
der Erbe ist. —
Erbkaisertum?
So war es nicht gemeint;
von mir nicht;
ich weiß, auch von andern nicht.
Wahl!
Fürsten stehen unter dem Bettler,
neben dem Zuchthäusler;
sie haben kein Wahlrecht.
Recht sollte sein, dann wäre es so:
Das Volk wählt den Reichstag,
die Reichsfürsten wählen den Kaiser.
So verlangt es das alte Recht, das deutsche Recht.
Kurfürsten gabs und einen Wahlkaiser. —
Und kann ich gleich nicht Kaiser sein,
so will ich doch König sein,
wirklicher König;
keinen über mir,
auch keinen Kronprinzen. —

Ich will schon eine Wahlparole ausgeben.
So soll sie lauten:
Gegen die Pickelhaube,
gegen Potsdam! —
Zwietracht und Kampf!
Zittre, Reichseiche!
Ich will die Axt an deine Wurzel legen
und dir die Säge durch das Mark treiben. —
Erschalle, du Schlachtruf:
Kreuz gegen Ketzer!
Hetzen will ich Pfaffen gegen Pfaffen,
Narren gegen Narren;
Werkzeuge sind sie mir.
Ich pfeife, tanzen sollt ihr, tanzen! —
Elemente der Leidenschaft,
Geister des Glaubenshasses,
Dämonen des Fanatismus:
erwacht, erhebt euch, folgt!
Ich führe euch.

Man hört förmlich Wagner von der Alb herab auf die Verhältnisse in den Niederungen von Mühlhausen und Eglosheim donnern; gegen die Verräter in Mühlhausen und seinen Bruder Karl, der statt seiner wie ein Stammhalter in Eglosheim lebt.

Ludwig hat auch noch alle seine Minister gegen sich. Er liest ihr gemeinsam verfaßtes Schreiben:

Die Herren Minister haben ganz recht.
Von ihrem Standpunkt aus.
Das ists: soviel Standpunkte, soviel Rechte!
Aber eben darum habe auch ich recht. —
Das Königliche Ziel wollen sie wissen;
Klipp und klar, — mündlich.
Sehen wollen sie dabei;
von meinem Gesicht wollen sie die Worte ablesen;

dann erst wollen sie glauben. —
Mit Befremden haben sie vernommen;
beunruhigt, erschreckt habe ich sie:
so bekennen die Herren. —
Darüber freue ich mich.
Denn ich habe auch Angst gehabt,
die Angst, sie könnten mich — auslachen.
Ich weiß nicht, warum ich diese Angst hatte.
Denn ich bin doch der König!
Ich befehle, sie gehorchen.
Nein, sie gehorchen nicht, sie drohen mit Rücktritt.
Mögen sie gehen. —
Werde, was da wolle;
aber anders muß es werden.
Königsrecht vor Ministerrecht.
Jeder lebt sich allein;
mein Sein ist — Pein.

Ein Jesuit tritt auf, der Ludwig in seinem Ressentiment gegen
das Haus Hohenzollern noch aufstachelt. Als Sprecher des
Heiligen Stuhls weist er aber den König darauf hin, daß er
nicht darauf zu spekulieren brauche, der katholische Kaiser
Deutschlands zu werden. Einen katholischen Kaiser habe man
bereits in Wien. Nach Meinung des Papstes sei es ein »Wahn«,
den protestantisch-preußischen Kaiser des Reiches zu einem
»Marquis von Brandenburg« degradieren zu wollen. Ludwig
dreht den Spieß um und posaunt im Stile eines Visionärs:

Wahn war alles, ehe es Wirklichkeit wurde.

Der Jesuit kontert mit nicht wiedergutzumachenden Ver-
säumnissen der Vergangenheit:

Heute ist es zu spät. Heute rächen sich Eurer Majestät
politische Sünden. Jeder Holzknecht weiß, wohin er beim
Raufen zu schlagen hat, Eure Majestät wußten es nicht.

Der bayerische Gewehrkolben hat damals den Unrechten erschlagen.

Der bei der Reichsgründung sich übervorteilt fühlende König wettert erbost:

Ich soll mich gar noch rechtfertigen, — mich schämen? Warum ich gerade? Ich allein? Verbrechen soll mir sein, was bei andern Großtat, Schimpf, was der andern Ruhm! — War Rebellion nicht gang und gäbe im Heiligen Römischen Reich Deutscher Nation? Wie sagte der Hessenphilipp zum Schwabenulrich: ich sacke ein, du sackst ein; was scheren uns Kaiser und Reich? Nacktester Eigennutz, allerpersönlichste Selbstsucht! Hätte es keine Klostergüter einzusacken gegeben, nicht Hoheitsrechte zu festigen und zu erweitern gegeben, so hätte es auch keine Reformation gegeben, und hätte es auch tausend Luther gegeben. — Sie alle wehrten sich und sackten ein. Auch im Unheiligen Deutschen Reich preußischer und polackischer Nation sackte er ein, er, der — Pastorenwilhelm. Der König von Bayern aber soll sich nicht wehren, Wittelsbach soll nicht einsacken, ich soll noch aussacken, damit der — Freimaurerfritz einsacke! — Was soll ich? ich? ich? Rechtfertigen soll ich mich. Vor wem rechtfertigen? Vor einem katholischen Priester! Schämen soll ich mich vor einem — Jesuiten, (als wollte er sein Gegenüber mit jedem einzelnen Wort durchbohren) vor einem patriotischen Jesuiten!

Ihm dämmert, daß er aufs falsche Pferd gesetzt hat:

Ja, ich muß mich vor mir selber rechtfertigen, vor mir selber schämen, weil ich mich selber zu Roms Sklaven machen wollte. Einem Rom wollte ich gehorchen, das meiner Ohnmacht höhnt und meines Dienstes spottet, das nicht hassen kann, wie ich hasse, das sich nicht einmal Revanche zu nehmen getraut. — Wahn! so sagten Sie?

Ich sage: ich muß ein Narr gewesen sein, ein vollendeter
Narr!

König Ludwig sucht Rettung in der Einsamkeit:

Ich will leben in meinem Lande,
ich will herrschen in meinem Reiche,
wo ich schauen darf die Werke meines Geistes,
wo ich lauschen darf den Stimmen meiner Seele!
Vielleicht, daß ich sie finde
in dem Lande des Märchens,
in dem Reich der Träume;
vielleicht, daß sie meiner dort wartet,
mit meiner Sehnsucht meiner wartet —:
meine Größe!

Ganz wie Ernst Wagner, den man auf die Alb strafversetzt
hatte, wo er sich mit der Einsamkeit zu arrangieren versucht.
Zunächst findet er wohl seinen Frieden. Er lauscht nicht mehr
den Stimmen von Mühlhausen, sondern den »Stimmen seiner
Seele« und sucht Größe in dramatischen Entwürfen.

Im zweiten Akt von Ernst Wagners *Wahn* figurieren ab-
struse Allegorien aus seinem Innenleben, die es kaum nach-
zuerzählen lohnt. An einer aufschlußreichen Stelle erscheint
der leidende König, dem weder Tag noch Nacht Freude oder
Ruhe geben. Alles ist Qual für ihn. Der Kronprinz aber
wird furchtbar gestraft, »seine Brut in der Wiege erdrosselt
und sein Geschlecht stumpfstiel ausgerottet«, er selbst geblen-
det wie Ödipus.

Im dritten Akt betritt ein exotischer Abenteurer und Glücks-
ritter, der »Korallenbaron«, als Verführer die Szene. Er bietet
Ludwig Inseln in der Südsee an:

Die Karolinen sind feil. In Berlin wird darum gefeilscht.
Eure Majestät geben eine Million mehr: Bayern ist Kolonialmacht — so gut wie — Preußen. Denn deutsch heißt es,
preußisch ist es. Oder noch besser: Eure Majestät schließen
den Handel privat.

Kann ich nicht einen Acker kaufen in aller Welt und mir ein Haus darauf bauen? Kann ich. Nur auf privateigener Scholle haben Eure Majestät Besitz- und Hausrecht.

Hier ist Wagner ganz bei sich selbst. Weder durch eigenes Geld noch durch Erbschaft kam er zu Grund und Boden. Eglosheim und Mühlhausen; der elterliche Besitz mußte verkauft werden, und auch durch die Schwiegereltern kam der Schwabe nicht zum eigenen Haus. Hier wie dort wollte er brandstiften und Häuser einäschern, nach der brennenden Devise: Wenn ich schon nichts habe, dann sollt auch ihr nichts besitzen.

Der Korallenbaron offeriert dem König die Inseln als Grundstein für ein weltumspannendes »Ludwigsreich«. So seien alle Reiche entstanden — um ein »Burgnest« herum.

Geradeso entstand auch Ludwigsburg; die große Pracht neben dem Elend in Eglosheim. Den Brand des Ludwigsburger Schlosses hatte sich Wagner denn auch als finalen Schlußpunkt seines Lebensdramas phantasiert.

»Seine Majestät sind geisteskrank.« Mit dieser Schnelldiagnose eröffnet Wagners Psychiater seinen — für ein Stück aus Patientensicht — hochinteressanten Auftritt. Er diagnostiziert Verfolgungswahn:

Wer hätte nicht auf etwas Gegenteiliges, auf Größenwahn geraten? So hat sich Seiner Majestät Irrsinn bekundet. Nur in Größenideen schien sich der kranke Geist zu genügen, nur in der Welt des Großartigen schien sich die kranke Seele zu gefallen. Wohl: Größenwahn ist da, aber nur als nebensächliche Folgeerscheinung. Verfolgungswahn und Größenwahn pflegen meist miteinander aufzutreten. Sie sind wie Schall und Widerhall, wie Gegenstand und Spiegelbild; wie des Pendels Ausschlag und Rückschlag. Der Verfolgungswahn ist das Gesicht und das Wesen, der Größenwahn die Maske und der Schein. Dies ist Notwehr des Bedrängten, Selbstaufpeitschung des Gesunkenen, verzweifeltes Ringen um Selbstbehauptung. Stärke will der Schwache vortäuschen, sich selber vorlügen. Seine Majestät leben nicht in der Kraft, sondern in der Furcht. Furcht ist Seiner Majestät Einsamkeit, Furcht Seiner Majestät Menschenscheu, Furcht Seiner Majestät Haß. Wo aber ist einer, selbst unter den Gesunden, der gerne gestünde, daß er Furcht hat? Wo einer, der bekännte das mutigste aller Bekenntnisse: ich habe Angst? Es will doch jeder ein Held sein, vor andern, vor sich selbst. O was prahlen wir nicht an Courage vor! Und gleichen doch dabei den Tapferen, die pfeifen, wenn sie des Nachts allein durch den Wald gehen. Des Wahnsinnigen Furcht aber ist eben eine wahnsinnige Furcht: wahnsinnig im Motiv, wahnsinnig in der Marter, wahnsinnig in der Plan- und Tatauswirkung. Seine Majestät leben nicht in der Herrlichkeit, sondern im Elend. Gegen Seine Majestät ist der Bettler ein Krösus und der Idiot ein Glückspilz. Verfolgungswahn? Dies ist die Summe der Erdenpein, dies ist Höllenqual.

Wagners Psychiater ist eine Mischfigur aus dem historischen Bernhard von Gudden mit seiner nur an Hand von Akten erstellten Ferndiagnose und den eigenen Erfahrungen mit Robert Gaupp, dessen Diagnose über den Probanden Wagner ebenfalls schon früh feststand.

Prinz Luitpold, der designierte Nachfolger Ludwigs, fragt, was der König denn real zu fürchten habe. Gudden-Wagner-Gaupp fahren fort:

Das eben ist die Krankheit, der Wahnsinn: es liegt kein Grund vor, kein vernünftiger, für Gesunde ersichtlicher Grund vor. Aber für den Hirnkranken hat die wahnsinnige Einbildung genau so viel Realität wie die wirklichste Wirklichkeit; über ihm waltet der Zwang. Zwangsgefühle muß er fühlen, und das Gefühl zwingt den Gedanken, und der Gedanke zwingt den Willen. Da liegt er, der Gefesselte, vom eigenen Geist in Fesseln geschlagen; zum Henker ist ihm der Helfer geworden, zum Zwingherrn der Befreier! Wer sich unbehaglich, gereizt und verfolgt fühlen muß, der sucht nach Gründen, sucht außer sich, was doch nur in ihm ist, sucht, bis er findet, in Ermangelung von anderem das Kleinlichste, Lächerlichste, Falscheste findet.

Der Prinz will es genauer wissen:

So fürchten Seine Majestät Bestimmtes, — bestimmte Personen?

Dies bejaht Gudden; man müsse sich nur fragen, welche Personen dem König zuwider seien. Prinz und Ministerpräsident ahnen, daß sie es selber sind, und Gudden ergänzt:

Ich. Der tödliche Haß Seiner Majestät wird mich treffen. Meines Gutachtens wegen. Cäsarenwahnsinn — so nennt man den Verfolgungswahnsinn der Großen — würde mich, so es heute noch anginge, den Bestien vorwerfen lassen.

Und er fragt infam:

Eure Hoheit wünschen seiner Majestät Tod?

Prinz Luitpold verneint mit der Bemerkung, es sei verletzend für ihn, würde man so etwas von ihm denken. Er wünsche dem König das längste Leben.

Der Psychiater, sich nun plötzlich deutlich distanzierend:

Ich denke nicht so, aber Seiner Majestät ist es gewisser als ein Evangelium. Der Wahnsinnige fragt wie der Kriminalpsychologe: wer hat ein Interesse daran? Sind auch Ausgangspunkt und Richtung falsch, die Fährte verfolgt er umso scharfsichtiger und hartnäckiger; da fehlt kein Glied in der logischen Kette der Schlüsse. — Warum Seine Majestät Sie, meine Herren, fürchten? Weil der Wahnkranke dieser Art sich nicht auf den Grund seiner Seele schauen lassen will; jeden, dem er solche Fähigkeit zutraut, fürchtet er. Daher diese Lakaienwirtschaft am Hof; daher kommt es, daß Seine Majestät, obwohl doch selbst ein geistig ungewöhnlich Hochstehender, geistig Hochstehende schneiden und meiden. Die Krankheit wandelt die vertrauensseligste Mitteilsamkeit zur zugeknöpftesten Unnahbarkeit. Seiner Majestät Art gibt ohne weiteres jedem zu verstehen: dies ist meine Haut; was darunter, braucht für niemanden zu existieren. Denn wer sich von Feinden umlauert wähnt, wird in seiner Höhle bleiben, wird sich stachlig rollen, wird panzern, was bloß und weich an ihm ist, wird Zähne und Krallen weisen wie das Wild, das von der Hetzmeute gestellt ist. Flucht ist Seiner Majestät beständiger Ortswechsel; Flucht jetzt ins weite weite Meer. Allein mit Wellen und Winden und dienenden Geistern!

Auf Luitpolds Einwurf, was wäre, wenn es keine realen bayerischen und preußischen Rivalen gäbe, bekommt er vom Psychiater zu hören, daß dies nur als »Symptom« von Bedeutung, ansonsten »belanglos« sei:

Heute der und morgen jener. Daß gefürchtet und darum gehaßt wird, ist der kranke Kern! Seine Königliche Majestät wären auch als Kaiserliche Majestät gleich unzufrieden, weil eben gleich krank. Brächte man seiner Majestät alle Reiche der Welt auf dem Präsentierteller dar, so würde die Hirnkrankheit dadurch nicht geheilt. Wahr: Grund zur Furcht haben diese Unglücklichen; aber vor sich selber müßten sie sich fürchten oder besser: vor ihrem Verhängnis. Da gibt es kein Entrinnen.

Ob es keine Aussicht auf Heilung gebe?

Wahrscheinlich nicht. Ein Gewiß auszusprechen wage ich überhaupt nie. Die Psychiatrie weiß wenig und dies Wenige nicht einmal sicher. Denn sobald wir einmal um Gesetz und Getrieb der kranken Seele wissen sollten, ist das Rätsel des Geistigen überhaupt gelöst. Lehrmeinung ist noch lange keine Wahrheit. Wir Ärzte sind, insoweit wir uns aufs Voraussagen einlassen, auf Ähnlichkeitsfälle angewiesen.

Hier beißt sich die Katze in den Schwanz. Wagner reproduziert Gaupps Ansicht der Wahnentwicklung, die Gaupp wiederum aus dem Fall Wagner abgeleitet hatte. Gaupps Buch über den Hauptlehrer Wagner hatte in seiner Hauptperson, wie wir aus den Akten wissen, nicht nur seinen Gegenstand, sondern auch seinen Leser. Gaupp und Wagner: »Wie Schall und Widerhall, wie Gegenstand und Spiegelbild, wie des Pendels Ausschlag und Rückschlag.«

König Ludwig und sein Psychiater von Gudden finden ihren gemeinsamen — bis heute ungeklärten — Tod im Starnberger See. So verschafft uns dieses Paar noch immer Raum für Phantasie und Projektion.

Der Hauptlehrer Wagner fabuliert eine Parabel und gebiert als Dichter eine Maus. König und Psychiater läßt er ihr letztes Gespräch führen:

König. Eine Maus ging spazieren. Sie kam an ein Wasser. Über dem wäre sie gern gewesen. Ein Frosch sprach zu ihr: Bind deinen Fuß an meinen, so bringe ich dich sicher hinüber. Die Maus war es zufrieden. Der Frosch aber war ein Schalk. Mitten im Wasser versuchte er plötzlich unterzutauchen, um die Maus zu ersäufen. Diese wehrte sich ihres Lebens. Wie sie so miteinander rangen, stieß ein Weih herab, ergriff die Maus, somit auch den Frosch und fraß sie beide. — Die Lehre, Herr Rat, die Lehre!

Psychiater. Dem Frosch ist für seine Ruchlosigkeit der gerechte Lohn geworden.

König. Aber die Maus, die ganz unschuldige Maus! Das ist mir eine saubere Moral:

Zum Gefressenwerden recht,
Ob du gut bist oder schlecht!
Meinen Sie nicht, Herr Rat, meinen Sie nicht?

Psychiater. In der Tat, unsre Pädagogen pflegen manches zu übersehen.

König. Die Gerechtigkeit hat ein Loch. Das muß zugestopft werden. Ich habs: die Maus ist für ihre schlechte Gesinnung bestraft worden. Die Übelgesinnten sind viel niederträchtiger als die Übeltäter. Sie sind feiger. — Nehmen wir an, der Frosch wäre spazieren gegangen. Dann hätte ihn die Maus in ihre Behausung geschwätzt, hätte ihm Körner aufgetischt und hätte gesagt: Guten Appetit, Herr Frosch, wohl bekomms! Denken Sie: Tote Körner, nicht lebendige Fliegen! So hätte ihr Spott an seinen Nerven gezerrt, und ihre Bosheit in seinem Hirn gewühlt. Sie hätte sich zuletzt noch als Falltüre über den Ausgang gelegt, daß es noch dunkler um ihn geworden und daß ihm die Luft ganz ausgegangen wäre. Solch ein heimtückisches Luder war die Maus. — Meinen Sie nicht, Herr Rat, meinen Sie nicht?

Psychiater. Eure Majestät wissen es wie immer am besten.

König. So ist weiter nur das verwunderlich, daß der Frosch, zu seinem eigenen Verderben, so viel Umstände macht mit der Maus. Der einfachste Plan ist der beste. Darum hätte er sie am Schwanz packen sollen, am Kragen, so! (packt den Psychiater, der eben im Kehrt steht, am Halskragen, reißt ihn nach rückwärts zu Boden und schleppt ihn unter unausgesetztem Hilfegeschrei, in dem des Psychiaters halberstickte Rufe verloren gehen, in den See, wo er mit ihm hinter dem Ufergebüsch verschwindet) Hinunter! (immer in Pausen) Kopfunter! — Schluckschluck! — Ausgebabbelt! — Ausgezappelt! — Tot! — Maustot! (erscheint allein, keuchend und

wassertriefend, bleibt einen Augenblick lauschend und um-
schauhaltend stehen und rast dann weg. Nach einer Weile)
Das Boot! (kehrt wieder zurück, wie von Furien gehetzt und
gräßlich entstellt) Das Boot, das Boot! (sucht mit den Blik-
ken den Boden ab) Kein Stein, daß ich ihnen die Spürnase
platt schlüge! (fällt über den Leichnam des Psychiaters her,
den die inzwischen stärker gewordene Brandung ans Ufer
gespült hat) Kein Schießzeug, nicht einmal ein Messer!
(springt auf) Wehrlos! (macht einige Schritte gegen den
Park) Nein; sie schießen mich ab; sie warten darauf! (kehrt
sich wieder dem See zu, kniet nieder, betet) Erbarmen, du
See! Mitleid, du Wasser! Traget mich, Wellen! Gib mir
Kraft, o du Sonne! Rette, Himmel; rette Hölle! Wer mir
hilft, des will ich sein! (schnellt empor, reißt den Rock herunter, watet hinein, tiefer und tiefer und verschwindet
schwimmend hinter dem Laubwerk. Nach längerer Pause
und wie aus größerer Entfernung) Hilfe! Ich sinke! Hilfe!

Zum wissenschaftlich-psychiatrischen Gehalt von Wagners
Wahn resümiert Gaupp, daß sich mancher Ausführung »kein
Psychiater zu schämen« brauche und das Stück eine Schilderung von Verrücktheit sei, die »keinem Lehrbuch zur Unehre
gereichen« würde.

Das Besondere am Fall Wagner ist jedoch nicht die Wahnentwicklung, sondern der Massenmord. Längst nicht jeder
Wahnkranke wird zum Massenmörder. Hier unterscheiden
sich auch die Lebensläufe des Hauptlehrers und des Königs.
Wagner brachte nicht seinen Psychiater um, und Ludwig reiste
nicht mit Benzinfeuerzeug und Pistolen nach Berlin. Was
Wagner von Ludwig unterscheidet, ist seine Fähigkeit zum
Haß, mit der er den bayerischen König um Dimensionen über-
trifft.

Den Massenmord klärt Wagners Drama über Ludwig II. in
keiner Weise auf. In diesem Sinne hat Wagner in *Wahn* auch
das Thema verfehlt, wenn er glaubt, seine Verhältnisse auf die

eines anderen zu übertragen. Sein Drama könnte aber trotzdem weiterhelfen, denn es gibt uns immerhin das Stichwort und Motiv der Rivalität. Wenn wir also Wagners Rivalen suchen und finden würden, wäre womöglich nicht mehr sein Wahn das Primäre, aus dem sich wie zwangsläufig Mord und Brandstiftung ergeben. Diesen Eindruck erweckt Gaupp, der Wagner offenbar für einen guten Menschen hielt. Ein *böser* Wagner aber, mit stark aggressiver statt nur sexueller Triebenergie, könnte seinen Verfolgungswahn weniger als Motiv, als vielmehr zur Rechtfertigung seiner Verbrechen benötigt haben; zwar schon ein Verfolgungs-, aber weit eher noch ein Legitimationswahn, sozusagen die wahnhafte Form einer Rationalisierung — für Taten, die ihm ohne diesen Legitimationswahn nicht möglich gewesen wären.

Die Affäre Werfel

Wär' nur der Mensch erst wahr,
er wär' auch gut

Franz Grillparzer,
Weh dem, der lügt

Im September 1921 erhält Ernst Wagner in der Heilanstalt Winnental einen Brief des Münchner Verlags Meyer und Jessen:

Sehr geehrter Herr Hauptlehrer, wir haben mit großem Interesse einen Aufsatz des Herrn Professor Gaupp im Berliner Tageblatt über Ihr Drama »Wahn« gelesen und uns an diesen Herrn gewandt, im Glauben, daß das Drama noch ungedruckt ist. Herr Professor Gaupp teilt uns nun mit, daß Sie Ihr Werk auf eigene Kosten drucken ließen und wir erlauben uns deshalb, bei Ihnen anzufragen, ob Sie eventuell die Absicht hätten, es einem Verlag zum Vertrieb zu überlassen. Daß ein Verlag mit seinen Beziehungen zum Buchhandel, und vor allem auch zu Kritikern und zu Redaktionen, ganz andere Möglichkeiten für die Verbreitung eines Buches bietet, als der Privatbetrieb, der doch mehr oder weniger auf Zufälligkeiten angewiesen ist, steht ja außer Zweifel. Wenn Sie also die Freundlichkeit haben wollten, uns ein Exemplar Ihres Buches zur Ansicht übersenden zu wollen, würden wir Ihnen raschestens antworten. Wir hätten auch für andere Arbeiten von Ihnen, die Sie vielleicht fertig haben, oder in absehbarer Zeit fertig stellen wollen, größtes Interesse.

Auf den sich bislang so verkannt glaubenden Wagner muß dies geradezu euphorisierend gewirkt haben. Endlich sieht er sich als Dichter ernst genommen.

Bei Meyer und Jessen handelte es sich durchaus nicht um einen Winkelverlag, hatte man dort doch gerade mit einer voluminösen Werkausgabe Friedrich Theodor Vischers begonnen, der wiederum — wie schon erwähnt — für Wagner eine ganz spezielle Bedeutung hatte. Vischers Erfolgsroman *Auch Einer* hatte Wagner schlicht und einfach zum Titel des ersten Teils seiner Autobiographie gemacht, wie er sich überhaupt bei Vischer kräftig zu bedienen wußte. Den Vorwurf des Plagiats wird freilich er gegenüber einem anderen erheben.

Einstweilen schickt er umgehend seine Dramen (*Wahn, Nero, Absalom, Die Landhofmeisterin*) zu seinem vermeintlichen Verleger nach München.

Aus Wagners Krankenakte in Winnenden erfahren wir von weiteren Aktivitäten in dieser Zeit. Er wollte seinen *Wahn* im Theater sehen:

Von den meisten Bühnen, welchen W. sein Drama »Wahn« zur Aufführung anbot, kamen Ablehnungen, z. T. war damit eine kurze, einmal eine auch etwas ausführlichere Besprechung des Stückes u. der Gründe der Ablehnung verbunden. Wagner schrieb auf diese längere Besprechung hin dem betr. Dramaturgen einen ausführlichen erklärenden Brief und erhielt darauf von dem Dramaturgen eine ziemlich deutliche Ablehnung in der u. a. stand, daß aus »verschiedenen Gründen« das Stück zur Aufführung nicht angenommen werden könne; in dem Schreiben waren nach dem Satz, der diese Ablehnung enthielt, einige Gedankenstriche. Wagner glaubte nun, aus diesen Gedankenstrichen u. den »verschiedenen Gründen« entnehmen zu sollen, daß der betr. Dramaturg (in Berlin) erfahren habe, wer er (W.) sei u. daß dies die Gründe der Ablehnung und die Bedeutung der Gedankenstriche seien. W. verfaßte eine kurze Erwiderung u. unterzeichnete sie: »Wagner der Narr«, sah dann aber auf Zureden seitens des Arztes von der Absendung dieses Schreibens ab.

Auch von Meyer und Jessen aus München kommt nur eine hinhaltende Antwort. Als Wagner seine Stücke zurückfordert, bekundet der Verlag jedoch weiter Interesse. Wagner wittert Verdacht und bespricht sich mit seinem Oberarzt Wittermann. Dieser notiert in der Krankenakte mit Datum vom 25. März 1922:

Wagner befürchtet, daß seine Dramen, wenn er sie nach München zu Meyer und Jessen schickt, nur ausgebeutet werden, d. h. daß die in seinen Werken enthaltenen Ideen von anderen verwendet werden. Von ärztlicher Seite wird zu Wagner gesagt, daß bei Herausgabe seiner Werke unter seinem Namen Erfolg zu erwarten sei, weil die Leute seine Werke aus Sensationslust kaufen würden. Dazu sagte Wagner, daß er dies in Kauf nehmen werde. Er könne dadurch nichts verlieren. Die Hauptsache sei, daß er einmal Gelegenheit habe, zum großen Publikum zu sprechen. Darunter würden ihn wenigstens einige als Dichter richtig bewerten.

Wagners Hoffnungen werden wieder einmal enttäuscht. Im Sommer erfolgt die endgültige Absage von seiten des Verlags. Die Begründung: »Ungunst der wirtschaftlichen Verhältnisse.«

Szenenwechsel. Im Januar 1923 zeigt man in Stuttgart in deutscher Erstaufführung Franz Werfels *Schweiger*. Wagner verfolgt dies aufmerksam aus seiner Winnentaler Zelle. Im Februar schreibt er an Robert Gaupp:

Im Stuttgarter Landestheater ist der Narr (»Schweiger«, Schicksalstragödie von Werfel) nun doch bühnenfähig geworden. Ob der Verfasser »Wahn« gekannt hat oder davon angeregt worden ist, kann ich nicht wissen, die Möglichkeit wäre gegeben, ohne daß

man dabei gerade an Meyer u. Jessen denkt. Das Stück hat gro-
ßen Beifall gefunden. Vermutlich werden andere nachfolgen. Und
wenn sie gleich ihren Theaterwahnsinn in allerneuester Aufma-
chung u. im grausigsten Zeitungsdeutsch vorbringen, so werden
sie doch Geld u. Ehre davon haben. Der Dichter aber, der das
erste u. beste Beispiel hingestellt hat, der durch sein Drama, seine
Biographie u. sein Schicksal die Ideen geliefert hat, der wird leer
ausgehen, der wird seiner Erfolglosigkeit wegen wie seither belä-
chelt u. verlacht werden.

Und Wagner hat auch schon einen Schuldigen:

Mein Handel mit Meyer und Jessen ist nach einem halben Jahr
wegen angeblich wirtschaftlicher Not ergebnislos verlaufen. Mir
selbst hat sich zum Schluß der Verdacht aufgedrängt, daß von vorn-
herein keine Verlags- sondern recht unlautere Absichten vorgele-
gen haben.

Noch wirft Wagner die Flinte aber nicht ins Korn. Anfang
März schickt er seine Dramen *Saul* und *Wahn* an das Landestheater nach Stuttgart, erhält sie aber Ende April mit ablehnen-
dem Bescheid zurück. Trotz dieser erneuten Frustration glaubt
Wagner hartnäckig an seinen schriftstellerischen Durchbruch.
Zumindest 1924 ist er noch zuversichtlich hinsichtlich seines
literarischen Erfolgs. In einem Gespräch mit einem gewissen
»Mauz (Esslingen)« — es könnte sich dabei um Friedrich Mauz,
einen Schüler Gaupps handeln — äußert Wagner, daß er auch
außerhalb der Anstalt Chancen habe, schließlich könne er
»durch seine literarische Tätigkeit verdienen«. Er phantasiert
sich in große Städte, am liebsten nach Berlin.

1938 schildert Robert Gaupp Wagners Entwicklung so, als
sei er bereits nach der Aufführung von *Schweiger* nicht nur in
Selbstmitleid versunken, sondern in Rage und zornige Erregung geraten. Diese Veränderung im Affekt scheint tatsächlich aber erst 1926 erfolgt zu sein. Die Nachricht, die Ernst

Wagner endgültig in Harnisch versetzt, kommt aus Wien: Franz Werfel erhält den Grillparzerpreis.

Im März 1926 schreibt Wagner einen wutentbrannten Brief, in dem er anklagt, um angeklagt zu werden:

An den
Vorsitzenden des Preisgerichts
für den Grillparzerpreis in Wien.

Dieser Brief ist an sämtliche Herren gerichtet, die bei der Vergebung des letzten Grillparzerpreises mitzureden hatten; das weitere ist gerichtet an sämtliche Mitglieder aller literarischen Vereinigungen, die den Namen Grillparzers tragen.

Sehr geehrte Herren!
Der dramatische Franz Werfel hat, wie ich in der Zeitung lese, den Grillparzerpreis bekommen. Ob er ihn auf Grund seiner Leistungen verdient hat, weiß ich nicht; sein Drama »Schweiger« aber dürfte ihm den Preis kaum eingetragen haben.

Ich behaupte hier, daß Herr Werfel mit dem genannten Drama ein Plagiat an meinem Drama »Wahn« begangen hat, u. ich bin bereit, dies vor Gericht zu beweisen.

Es handelt sich dabei um einen geistigen Diebstahl schwerster Art. Herr Werfel hat meinen Manuskriptdruck benützt, der nicht im Buchhandel erschienen ist. Dazu kommt noch die Frage, woher er den Manuskriptdruck erhalten hat. Nach meiner festen Überzeugung hat er ihn aus dem Verlag Meyer u. Jessen, München, Rosental 3 erhalten. Ich sage vorsichtig nur Überzeugung u. nicht Behauptung, weil es mir nicht möglich ist, hierfür den gerichtsgültigen Beweis zu führen. Beweisen — vor Gericht will ich aber, daß der genannte Verlag, der unterdessen in andere Hände übergegangen ist, mein Drama »Wahn« zu unlauterem Zweck einverlangt hat. Es handelt sich dabei um die Herren Dr. Georg Meyer u. Huggenheim.

Ich kann mir denken, daß die Mitglieder des Preisgerichts durch diese meine Zuschrift recht unangenehm berührt sein werden. Sie

haben einen »Dichter« preisgekrönt, der die Hauptsache der Dicht-
kunst, die Ideen, bei anderen holt; aus fremden Manuskripten holt,
wenn nicht gar aus befreundeten Verlagen holt. Sie haben einen
»Menschenfreund« gekrönt, der in dem fraglichen Drama, in
»Schweiger«, Teilnahme mit den Geisteskranken vortheatert, der
aber in Wirklichkeit einem dieser armen kranken Menschen sein
Letztes, sein geistiges Eigentum, gestohlen hat.

Dies ist der Tatbestand, um den Sie meine sehr geehrten Her-
ren nun wissen. Was Sie daraufhin tun wollen, das ist ganz Ihre
Sache. Wenn ich glaube, daß das Preisgericht einen Autor krönen
wollte, nicht aber einen Plagiator; wenn ich glaube, daß das Preis-
gericht selbst das größte Interesse daran haben müsse, daß die Sache
in ihrem vollen Umfang aufgeklärt und unparteiisch entschieden
werde, kann dieser mein Glaube für Sie nur ehrend sein.

Eine solche Aufklärung und Entscheidung kann nur vor Gericht
erfolgen. Mir steht keine Presse zu Gebot und kein Kometen-
schweif willfähriger Begutachter; aber wenn ich als Angeklagter
vor Gericht stehe, dann werde auch ich zu Wort kommen.

Glauben Sie ja nicht, daß ich unüberlegt und leichtfertig handele;
ich habe im Bewußtsein der Schwere meiner Anschuldigung und
noch mehr im Bewußtsein meiner Ohnmacht und Hilflosigkeit drei
Jahre lang geschwiegen oder doch nur zu vertrauten Personen dar-
über gesprochen. Und glauben Sie noch weniger, daß Sie es hier
mit Wahnsinn zu tun hätten. Mit meinem Aufenthaltsort, dem
Irrenhaus operieren, ist natürlich für die Angeschuldigten sehr
bequem, und sie werden wahrscheinlich danach greifen, wie der
Ertrinkende nach dem Strohhalm greift. Ich will demgegenüber
nicht darauf hinweisen, daß es schließlich gerade die »Narren« sind,
die die Wahrheit sagen. Ich will darauf hinweisen, daß seinerzeit
das Landgericht Heilbronn, vor dem ich mich schwerster Straftaten
wegen zu verantworten hatte, nicht nur meine Wahrheitsliebe
sondern auch die objektive Zuverlässigkeit meiner Aussagen aus-
drücklich und öffentlich (im »Württembergischen Staatsanzeiger«)
bezeugt hat. Die meinem Schreiben beiliegende Erklärung der
Winnentaler Direktion über meine volle Verantwortlichkeit in

dieser Sache entzieht jeder gegnerischen Argumentation auf Wahn-
sinn den Boden und läßt sie nur als das erscheinen, was sie auch
tatsächlich ist: als das leere, feige Ausfluchtgerede des Schuldigen.

Ich bitte Sie noch, Herrn Werfel, dessen Wohnort mir nicht
bekannt ist, von meiner Anschuldigung in Kenntnis zu setzen.
Ich denke und erwarte, daß er darauf mit der Gerichtsklage ant-
worten wird.

Mit vorzüglicher Hochachtung
Winnenden-Winnental, den . . . März 1926

> *Ernst Wagner*
> *Hauptlehrer a. D.*

(Dieser Brief war aus der Krankengeschichte Ernst Wagners
im Psychiatrischen Landeskrankenhaus Winnenden verschwunden. Im August 1994 wurde er dem Krankenhaus
mit weiteren Teilen der Akte anonym und ohne weitere
Erklärung zugesandt. Bei dem Brief handelt es sich um die
Abschrift einer Abschrift. Rechtschreibfehler wurden von
uns korrigiert.)

Die Reaktion aus Wien fällt bescheiden aus. Mit Datum vom
7. April 1926 kommt ein Schreiben, Wagners Einsendungen
»wegen Grillparzerpreis« seien angekommen und würden
»ernstlich« geprüft. Weiter passiert nichts.

Im Sommer 1926 hakt Wagner nach. Er verlangt — und
erhält — vom Landgericht Heilbronn seine autobiographischen
Aufzeichnungen und macht sich an eine umfangreiche Beweisführung. Auf 68 eng beschriebenen Seiten vergleicht er Werfels *Schweiger* mit seinen eigenen Schriften. Er findet das,
was er schon wußte: Franz Werfel ist ein Plagiator und Manu-
skriptdieb. Von Wagners rabulistischer Beweisführung scheint
zumindest sein Psychiater nicht unbeeindruckt. Immerhin
schreibt Gaupp im September an die Anstaltsleitung nach Winnenden: »Es mag sein, daß Werfel seine Schriften gekannt hat

und durch sie auch manche Anregung bekommen hat.« Nach seiner Meinung sei Werfels *Schweiger* ein schwaches Stück und »psychiatrisch falscher« als Wagners *Wahn*: »Daß ihn Werfels Ruhm wurmt, verstehe ich, aber wie soll man es ändern?«

Ernst Wagners Erregungsniveau steigt, er geht an die Öffentlichkeit, ändert aber den passiv-aggressiven Modus seines Vorgehens nicht. In der Anstaltsdruckerei läßt er auf eigene Kosten im November 1926 eine Flugschrift drucken, die er, in der unverbrüchlichen Hoffnung, nun endlich angeklagt zu werden, an zahlreiche Adressen verschickt:

Werfel der Plagiator

Der Dramatiker Franz Werfel hat zu seiner Tragödie »Schweiger« drei meiner Schriften benützt: mein Drama »Wahn«, mein Schauspiel »Die Landhofmeisterin« und meine Autobiographie. Durch Verschiebung in ein anderes Milieu, Versetzungen und Umschreibungen hat er das Plagiat zu verdecken gesucht.

Werfel hat anfangs des Jahres den Grillparzerpreis erhalten. Ich schrieb an das Preiskollegium (Vorsitzender: Rechtsanwalt Fritz Neumann, Wien, Spiegelgasse) u. a.: ... Ein Dichter, der stiehlt, gerade das stiehlt, was den Dichter erst macht, der Manuskripte bestiehlt, der aus dem Irrenhaus heraus stiehlt — ein solcher Dichter, meint man, sei unvorstellbar. Und doch gibt es einen solchen »Dichter«, Franz Werfel heißt er. —

Dazu kommt noch die Frage, woher Werfel die Manuskriptdrucke erhalten hat. Nach meiner festen Überzeugung hat er sie aus dem Verlag Meyer & Jessen, München, Rosental 3, erhalten. Meyer ist heute Mitarbeiter des Verlags Kurt Wolff, der Werfels Schriften herausgibt; Meyer will mich heute nicht mehr kennen. Ich frage ihn hier wiederholt und öffentlich: Ist es wahr, daß Sie im September 1921 (auf einen Aufsatz im »Berliner Tageblatt« hin, dessen Überschrift gefälscht war) mein Drama »Wahn« von mir einverlangt und auch erhalten haben? Ist es wahr, daß Sie im ganzen 4 dramatische Dichtungen von mir erhalten haben? Ist es

Werfel, der Plagiator.

Der Dramatiker Franz Werfel hat zu seiner Tragödie „Schweiger" drei meiner Schriften benützt: mein Drama „Wahn", mein Schauspiel „Die Landhofmeisterin" und meine Autobiographie. Durch Verschiebung in ein anderes Milieu, Versetzungen und Umschreibungen hat er das Plagiat zu verdecken gesucht.

Werfel hat anfangs des Jahres den Grillparzerpreis erhalten. Ich schrieb an das Preiskollegium (Vorsitzender: Rechtsanwalt Fritz Neumann, Wien, Spiegelgasse) u. a.:

... Ein Dichter, der stiehlt, gerade das stiehlt, was den Dichter erst macht, der Manuskripte bestiehlt, der aus dem Irrenhaus heraus stiehlt — ein solcher Dichter, meint man, sei unvorstellbar. Und doch gibt es einen solchen „Dichter", Franz Werfel heißt er.

Dazu kommt noch die Frage, woher Werfel die Manuskriptdrucke erhalten hat. Nach meiner festen Ueberzeugung hat er sie aus dem Verlag Meyer & Jessen, München, Rosental 3, erhalten. Meyer ist heute Mitarbeiter des Verlags Kurt Wolff, der Werfels Schriften herausgibt; Meyer will mich heute nicht mehr kennen. Ich frage ihn hier wiederholt und öffentlich: Ist es wahr, daß Sie im September 1921 (auf einen Aufsatz im „Berliner Tageblatt" hin, dessen Ueberschrift gefälscht war) mein Drama „Wahn" von mir einverlangt und auch erhalten haben? Ist es wahr, daß Sie im ganzen 4 dramatische Dichtungen von mir erhalten haben? Ist es wahr, daß Sie im März 1922 „alle" meine Stücke einverlangt haben? Daß es sich dabei um ein ehrliches Angebot, sondern um einen Betrug handelte, mag das Gericht ebenfalls entscheiden.

Was ich behaupte, das kann ich auch beweisen. Aber dazu muß ich vor Gericht stehen. Mir steht keine Presse zu Gebot und kein Kometenschweif honorierter Begutachter. Ich habe nicht die Mittel, mir auch nur einen Rechtsbeistand zu leisten. Darum fordere ich die Angeschuldigten hier öffentlich zur Klage heraus.

Alles, was die Gegenpartei gegen die gerichtliche Behandlung der Sache vorbringen sollte, ist nur als Drückebergerei zu bewerten; sobald der Mut zur Klage vorhanden ist, werden sich die Formalitäten schon finden. Vor Gericht nur kann in vollem Umfang geprüft und unparteiisch entschieden werden; gerade vor Gericht können die Sachverständigen das volle Gewicht ihrer Autorität in die Wagschale werfen; vor Gericht nur kann ich mich wehren. Und wenn Werfel nicht zu feig ist, so wird auch er zur Stelle sein.

Meine Anschuldigung ist weder wahnsinnig noch „unsinnig", wie der Verlag Kurt Wolff in einem Schreiben an die Anstaltsdirektion behauptet. Die Aerzte können in meiner Plagiatssache nichts Krankhaftes oder Unbegründetes erblicken; wer daran zweifelt, kann es sich durch die Anstaltsdirektion bestätigen lassen. Wer den Unsinn sucht, der kann ihn im „Schweiger" finden; dort ist er Werfels eigene Zutat. Ein ehrlicher Verlag setzte alles daran, seine Autoren und Mitarbeiter von einer begründeten Anschuldigung zu reinigen; der Verlag Kurt Wolff aber stellt an die Anstaltsdirektion das Ansinnen, mich durch die Zensur den Mund zu stopfen. Und das Kollegium für den Grillparzerpreis hat sein der Anstaltsdirektion und mir gegebenes Versprechen, die Angelegenheit gründlich zu prüfen, nach einem halben Jahr noch nicht eingelöst. Man kann doch von mir nicht verlangen, daß ich meinen Plagiatsbeweis der Gegenpartei ausliefere, damit sie sich ihre Sprüchlein bequem zurechtlegen kann.

Ich weiß, welch gewaltige Macht hinter Werfel steht, und ich weiß auch, daß ich meinen Kampf aus einer Position heraus führe, wie sie ungünstiger gar nicht gedacht werden kann. Ich will hier nur sagen: ich bin heute noch bereit, mir den Kopf abschlagen zu lassen, aber ich lasse mich nicht geistig totschlagen. Selbst wenn ich der größte Narr wäre und der schlechteste Kerl dazu, so wäre eben doch wahr, was ich behaupte. Das Heilbronner Landgericht hat seinerzeit (Württembergischer Staatsanzeiger, Februar 1914) nicht nur meine Wahrheitsliebe, sondern auch die objektive Zuverlässigkeit meiner Aussagen ausdrücklich anerkannt.

Ich will nur das bißchen Recht, das man keinem, auch nicht dem Unwürdigsten, versagen kann. Aber es handelt sich nicht um mich allein, es handelt sich um viele. Es handelt sich um eine weitgreifende tiefeinschneidende Sache: es handelt sich um den Schutz des geistigen Eigentums; es handelt sich darum, ob wir in Deutschland einer Geldsackgewalt gegenüber, die Geschäft für Kunst und Diebsgut für Eigengut ausgibt, noch ein Urheberrecht haben.

Winnenden-Winnental, im November 1926
(Württbg.)

Ernst Wagner
Hauptlehrer a. D.

wahr, daß Sie im März 1922 »alle« meine Stücke einverlangt haben? Daß es sich dabei nicht um ein ehrliches Angebot, sondern um einen Betrug handelte, mag das Gericht ebenfalls entscheiden.

Was ich behaupte, kann ich auch beweisen. Aber dazu muß ich vor Gericht stehen. Mir steht keine Presse zu Gebot und kein Kometenschweif honorierter Begutachter. Ich habe nicht die Mittel, mir auch nur einen Rechtsbeistand zu leisten. Darum fordere ich die Angeschuldigten hier öffentlich zur Klage heraus.

Alles, was die Gegenpartei gegen die gerichtliche Behandlung der Sache vorbringen sollte, ist nur als Drückebergerei zu bewerten; sobald der Mut zur Klage vorhanden ist, werden sich die Formalitäten schon finden. Vor Gericht nur kann in vollem Umfang geprüft und unparteiisch entschieden werden; gerade vor Gericht können die Sachverständigen das volle Gewicht ihrer Autorität in die Waagschale werfen; vor Gericht nur kann ich mich wehren. Und wenn Werfel nicht zu feig ist, so wird er auch zur Stelle sein.

Meine Anschuldigung ist weder wahnsinnig noch »unsinnig«, wie der Verlag Kurt Wolff in einem Schreiben an die Anstaltsdirektion behauptet. Die Ärzte können in meiner Plagiatssache nichts Krankhaftes oder Unbegründetes erblicken; wer daran zweifelt, kann es sich durch die Anstaltsdirektion bestätigen lassen. Wer den Unsinn sucht, der kann ihn im »Schweiger« finden; dort ist er Werfels eigene Zutat. Ein ehrlicher Verlag setzte alles daran, seine Autoren und Mitarbeiter von einer begründeten Anschuldigung zu reinigen; der Verlag Kurt Wolff aber stellt an die Anstaltsdirektion das Ansinnen, mir durch die Zensur den Mund zu stopfen. Und das Kollegium für den Grillparzerpreis hat sein der Anstaltsdirektion und mir gegebenes Versprechen, die Angelegenheit gründlich zu prüfen, nach einem halben Jahr noch nicht eingelöst. Man kann doch von mir nicht verlangen, daß ich meinen Plagiatsbeweis der Gegenpartei ausliefere, damit sie sich ihre Sprüchlein bequem zurechtlegen kann.

Ich weiß, welch gewaltige Macht hinter Werfel steht, und ich weiß auch, daß ich meinen Kampf aus einer Position heraus führe, wie sie ungünstiger gar nicht gedacht werden kann. Ich will hier

nur sagen: ich bin heute noch bereit, mir den Kopf abschlagen zu
lassen, aber ich lasse mich nicht geistig totschlagen. Selbst wenn
ich der größte Narr wäre und der schlechteste Kerl dazu, so wäre
eben doch wahr, was ich behaupte. Das Heilbronner Landgericht
hat seinerzeit (»Württembergischer Staatsanzeiger«, Februar 1914)
nicht nur meine Wahrheitsliebe, sondern auch die objektive Zu-
verlässigkeit meiner Aussagen ausdrücklich anerkannt.

Ich will nur das bißchen Recht, das man keinem, auch nicht
dem Unwürdigsten, versagen kann. Aber es handelt sich nicht um
mich allein, es handelt sich um viele. Es handelt sich um eine
weitgreifende tiefeinschneidende Sache: es handelt sich um den
Schutz des geistigen Eigentums; es handelt sich darum, ob wir
in Deutschland einer Geldsacksgewalt gegenüber, die Geschäft
für Kunst und Diebsgut für Eigengut ausgibt, noch ein Urheber-
recht haben.

Winnenden-Winnental, im November 1926
   (Württbg.)   *Ernst Wagner*
                                          Hauptlehrer a.D.

Die passiv-aggressive Strategie Wagners ist nicht nur Ausdruck
seiner spezifischen Aggressionsproblematik — frei nach der
Werfelschen Devise »Nicht der Mörder, der Ermordete ist
schuldig« (Novelle, 1919), sondern zeugt ebensogut von einer
realitätsbezogenen Bauernschläue. So kann man Gerichts-
kosten sparen, das Prozeßrisiko ausschließen und mit dreister
Provokation des Kontrahenten vielleicht sogar als objektiv
benachteiligter Anstaltsinsasse vor Gericht zu seinem Recht
kommen.

Was den konkreten Inhalt seiner Vorwürfe betrifft, scheinen
selbst die behandelnden Ärzte unsicher, was an ihnen gerechtfertigt oder wahnhaft ist. Oberarzt Wittermann meint, daß
in der Sache wahnhaftes Denken und Realität so sehr durch-
einandergehen, daß es wohl kaum möglich sei, zu einer ein-
deutigen Einschätzung zu kommen. Auch Gaupp hält »manches für auffällig«, glaubt aber nicht, daß man vor Gericht den

»exakten, juristisch zwingenden Nachweis« für ein Plagiat Werfels würde liefern können.

Da die von Wagner erhoffte Reaktion der Gegenseite offensichtlich nicht erfolgte, entschließt er sich 1927, nun doch selbst Anzeige gegen den Verlag Meyer und Jessen zu erstatten. Gerichtsakten liegen dazu leider nicht vor. Immerhin ist sicher, daß die Anzeige angenommen, Ermittlungen angestellt, aber keine Anklage erhoben wurde.

Nun verbeißt sich Wagner vollends in seinen Rivalen Werfel. Er treibt intensive Studien, »ermittelt« selbst in Werfels Werken und kommt zu dem Resultat, Werfel habe nicht nur für *Schweiger* aus seinen Schriften »gestohlen«, sondern Werfels gesamtes Werk sei ein einziges Plagiat Wagnerschen Lebens und Schaffens. Wieder läßt Wagner in der Anstaltsdruckerei ein Flugblatt drucken, wieder mit dem nämlichen Titel. Der Zeitgeist verhilft ihm dabei zu ganz neuen Tönen. Die wahnhaft-rassistische Argumentation, die schon in seiner »Beweisführung« angeklungen war, gehörte offenbar mittlerweile so weit zur Normalität, daß niemand in der Anstalt dieses Flugblatt verhindert hat:

Das Plagiat, das Werfel zu seinem Trauerspiel »Schweiger« an meinen Manuskriptdrucken »Wahn« und »Die Landhofmeisterin« sowie an meiner Autobiographie begangen hat (Drucksache von Nov. 1926), ist nur ein Glied in einer langen Plagiatskette, die bis 1913 zurückreicht. Das Plagiat erstreckt sich auch auf die Werfelschen Gedichtbände »Wir sind«, »Einander«, »Der Gerichtstag« und auf die Trilogie »Spiegelmensch«. Damit wird noch nicht einmal alles erfaßt sein. Zu den vorgenannten 4 Büchern hat Werfel mein Drama »Absalom«, meine dramatische Skizze »Nero« und wiederum meine Autobiographie benützt. Insbesondere ist meine Autobiographie das Arsenal, aus dem sich Werfel sein geistiges Rüstzeug geholt hat. In dem von Prof. Gaupp 1914 herausgegebenen Buch »Hauptlehrer Wagner« ist kaum noch ein Satz, den Werfel verschont hätte; nicht nur die Auszüge aus meinen Schriften, sondern auch alles Übrige — Tat, Zeugenaussagen, Gerichtsprotokolle, Klinikgespräche und psychiatrische Gutachten — hat er geplündert. Ich führe hier aus »Schweiger« einen einzigen, aber für Werfels Plagiatsverfahren sehr bezeichnenden Satz an.

Prof. Viereck (in seinem Gutachten über Schweiger S. 89):	Prof. Gaupp (in seinem Gutachten über Wagner S. 184):
»Bei der ersten Untersuchung, die ich an dem gänzlich Seellos-Zusammengebrochenen vornahm, wurde es mir sofort klar, daß hier von einer Schuld, einem dolus, einem strafbaren Verbrechen nicht die Rede sein konnte, daß ich das unschuldige Opfer einer jener Psychosen vor mir hatte, über die wir so wenig Klarheit noch besitzen.«	»Als er am 11. November unmittelbar nach seiner Ankunft in mein Untersuchungszimmer geführt wurde, da sah ich sofort — mit voller Klarheit, daß hier kein roher und brutaler Verbrecher sondern ein geisteskranker Mensch als Opfer eines furchtbaren Wahnes zu furchtbaren Handlungen gekommen ist.«
	Der ganz Zerbrochene findet sich auf derselben S. 184 und der Zusammengebrochene auf S. 152

Werfel will ein Schicksalsdichter sein und ein Wahnsinnsdichter. Mein Schicksal, so wie es in meinen Schriften dargelegt ist, reckt sich in seinen Dichtungen. Überall, wo bei Werfel Inhaltswert, Ideenschwung und Sprachkraft anzutreffen ist, bin ich. Dabei hat Werfel nirgends verbessert, sondern durchweg verschlechtert. Werfels Pegasus fliegt nur darum so hoch, weil er den gestohlenen Haber frißt und weil ihn dazuhin die Flügel der Reklame tragen. Nicht Grillparzer und Werfel, nicht Schiller und Werfel, sondern — *Werfel versteht am besten* — *Wassermann und Werfel, Auerbach und Werfel.*

Ein Plagiatsfall liegt hier vor, wie er kaum wieder dagewesen sein dürfte: ein reicher, berühmter, preisgekrönter »Dichter« hat einem armen, unglücklichen Menschen sein Letztes, sein geistiges Eigentum gestohlen; bewußt, systematisch, erschöpfend und raffiniert gestohlen; von dem Zeitpunkt ab gestohlen, da dieser Unglückliche hinter den Mauern des Gefängnisses und Irrenhauses verschwand.

Werfel hat bis heute an öffentlicher Stelle, da, wo es gilt, noch nicht einmal eine Ableugnung gewagt. Er hat sich nie selbst gestellt, stets hat er andere vorgeschickt. Und als 1927 im Auftrag der Heilbronner Staatsanwaltschaft der Münchener Kriminalkommissar nach ihm fragte, hat er sich verkrochen, daß nicht einmal ein Direktor seines Verlags, Georg Heinrich Meyer, Werfels Aufenthaltsort angeben konnte oder wollte. Nachdem ich in den letzten Monaten meine Originalschriften, die seit September 1913 bei den Gerichtsakten in Heilbronn liegen, gelesen habe, ist mir Werfels klägliches Verhalten erst recht klar geworden. Warum veröffentlicht denn der Verlag Kurt Wolff nicht meine Plagiatsnachweise, wie ich ihm vorgeschlagen habe? Damit wäre die Objektivität der Beurteilung auf die breiteste und sicherste Grundlage gestellt. Und wäre Werfel wirklich der, für den er sich ausgibt: der »edle Dichter«, der Kämpfer für Gerechtigkeit, der Freund der Schwachen, der Anwalt der Geisteskranken —, so müßte er der Erste sein, der mir die Veröffentlichung meines ganzen Plagiatsbeweises ermöglichte. Aber der schuldige Werfel kann es eben nicht.

Es hat mir einer gesagt: »Der Schriftsteller, der sich mit den Juden verfeindet, ist erledigt.« Wahr ist das, so traurig und beschämend es auch ist. Die deutsche Geistigkeit lebt nicht in der Freiheit sondern in der Knechtschaft der Judenzensur. Verlag, Presse, Theater, Kino und Radio werden von den Juden souverän beherrscht. Die Juden — der Schriftsteller, der Verleger, der Bühnenleiter und der Kritiker — stecken alle unter einem Hut;

sie arbeiten einander in die Hände und machen gemeinschaftliches Geschäft. Und das heißt man dann — Kunst! Werfel gehört der Dichterakademie in Berlin an, deren Gründungsgrund und Daseinszweck ein politischer ist, deren Zusammensetzung den Judensieg im deutschen Schrifttum testiert; zu deren Mitgliedschaft literarische Ehrlichkeit nicht erforderlich ist.

Daß Werfel Jude ist, muß hier gesagt werden. Denn eben darum ist mein Kampf so schwer. Ich stehe allein und habe mit Schwierigkeiten zu ringen, von denen andere gar nichts wissen. Werfel aber verfügt über die Judenmacht. Die Gegenpartei weiß genau, worum es in diesem Kampf geht. Man glaube ja nicht, daß sie mich ignoriere; sie kämpft gegen mich mit der bei ihr üblichen Art versteckt-persönlicher Beeinflussung.

Ich schreibe wahrlich nicht im Übermut, sondern notgedrungen im Kampf um mein bescheidenes Recht und mit dem Recht dessen, der das Schicksal, mit dem Werfel nur Geschwätz und Geschäft treibt, erlebt und erlitten hat. Ich habe, von allen weggeworfen und aufgegeben, weiter gekämpft. Alles hat mir das Schicksal zerschlagen, nur meine dichterische Begabung hat es mir gelassen. Ich habe Tüchtiges geschaffen, das soll einer leugnen. Aber um den Lohn meiner Arbeit muß ich mich geprellt sehen; den steckt seit 1913 der Plagiator Werfel ein, den Ruhm und den Preis dazu. So elend, wie mein Menschenlos ist, ist auch mein Dichterlos.

Ich bemerke noch ausdrücklich, daß ich mich für alles Vorstehende nicht nur verantwortlich fühle, sondern daß ich, da ich für geschäftsfähig erklärt worden bin, auch dafür verantwortlich gemacht werden kann. Es besteht für Werfel keine Ausflucht mehr.

Winnenden-Winnental, im Juli 1929
(Württbg.)   *Ernst Wagner*
                                      Hauptlehrer a.D.

Nach Wagners Logik — er sieht sich als Speerspitze des Zeitgeistes — sind die Juden an allem schuld. Und er hat es sozusagen schon immer gewußt. Bereits 1913 habe sein Rechtsanwalt, in dem er nun plötzlich einen Juden sieht, dem Juden Werfel, der diesen bestochen habe, Wagners Autobiographie und die Gerichtsakten zukommen lassen. Selbst seinen Winnentaler Abteilungsarzt bezieht er in die Verschwörung mit ein. Dies aber ist selbst Gaupp zuviel, verweist er doch 1938 darauf, daß jener Arzt Mitglied der NSDAP gewesen sei — allem Anschein nach schon 1929. Zumindest dieser könnte also seine helle Freude an Wagners zweitem »Sendschreiben« gehabt haben.

Hinter dem in Mode gekommenen Antisemitismus steckt Wagners immer gleiches Strickmuster: Man hat einen Verdacht, der zur Gewißheit wird, dafür sucht man Zeichen und Belege, die sich immer finden lassen. Unterfüttert ist alles mit einem Ressentiment und abgesichert von einer Ideologie. Hinzu kommen Kampfbereitschaft, Rationalisierungen, Rechthaberei und eine Mission. So ist der Einzelgänger Wagner immer auch gleichzeitig seine eigene Partei.

Auch die Geschichte mit dem Plagiat ist kein neues Steckenpferd Wagners. So sah er im Frühjahr 1913 im Kino *Quo vadis* und wußte sofort, daß dies nichts anderes als die Verfilmung seiner *Bilder aus dem alten Rom* war. Er vermerkte in seinem Tagebuch: »Es wäre zu erwägen, ob ich nicht wegen Plagiats klagbar werden soll. Mich so schamlos auszunutzen und die Quelle verschweigen, so viel Geld einstecken und den geistigen Urheber darben zu lassen, das geht doch übers Anzünden und Totgeschlagenwerden.« Und da 1912 nicht er, sondern Gerhart Hauptmann den Nobelpreis für Literatur erhielt, rächt er sich an ihm im Tagebuch: »G. Hauptmann soll sich wegmachen vom Webstuhl der deutschen Dichtung und sich in seine schlesische Heimat oder nach Laichingen begeben, wo andere Webstühle sind.«

So abstrus und konstruiert Wagners Plagiatsphantasien gegenüber Werfel sind, so findet man auch hier, wie so oft bei der Paranoia, das berühmte Körnchen Wahrheit. Damit begibt man sich aber auf gefährliches Parkett. Denn selbst dort, wo der objektive Anschein für Wahn spricht, wird bei näherer Betrachtung die Realität selbst erneut zum Fallstrick.

Robert Gaupp, der in der Affäre Werfel lange Zeit Wagners »Wirklichkeit« sozusagen teilt, rettet sich erst dann in die sogenannte Objektivität, als er einen konkreten Widerspruch ausgemacht zu haben glaubt:

»Werfel hatte im Frühjahr 1913 einen Band Gedichte *Wir sind* herausgegeben, deren Vorwort ein Datum trug, das lange vor Wagners Taten lag (und erst durch seine Taten erfuhr ja die Welt etwas von Wagner und seinen Tagebüchern usw.). In diesem Gedichtband fand Wagner Einzelnes, das mit seinen eigenen Gedanken manches gemein hatte und das er sofort als sein geistiges Eigentum reklamierte. All dies hatte ihm dann Werfel ›gestohlen‹ und er hatte, um seinen Diebstahl zu verbergen, die Jahreszahl des Erscheinens seiner Gedichte und das Datum der Vorrede gefälscht. Hier schien also Wagners Annahme eines Plagiats völlig sinnlos. Er beharrte aber starr auf seinem Wahn, Werfel habe seine Gedichte tatsächlich erst viel später gemacht, nachdem er ihn ›ausgestohlen habe‹, also nach dem Jahre 1913.«

Besieht man sich nun aber die verschiedenen Ausgaben von *Wir sind* — im bibliographischen Fachjargon nennt man dies bezeichnenderweise »Autopsie« — so könnte man an der Realität selbst irre werden, denn tatsächlich steht diese in mancher Hinsicht auf dem Kopf. Es erschien von *Wir sind* (um buchhändlerische Erfolge vorzutäuschen?) die dritte Auflage 1914, während die zweite erst (oder sollte man sagen: schon) 1915 erschienen ist. Zu allem Überfluß gibt es eine *zweite* dritte, »neu durchgesehene« Auflage, die 1917 erschien. Man muß sich den Werfel-Forscher Wagner in seiner Zelle vorstellen, wie ihm der Boden unter den Füßen wankt, wenn er mit einem Male damit rechnen soll, daß man auch draußen kreuz und quer und rückwärts zählt.

Auch der Verleger Georg Heinrich Meyer, nach eigener Aussage »der Erfinder des Optimismus im Buchhandel«, ist eine durchaus irritierende Figur. Noch 1977 heißt es über ihn, daß »viele seiner verlegerischen Aktionen [. . .] bis heute im Dunkel der Legende geblieben« seien. Dieser zu den »merkwürdigsten und originellsten Verlegergestalten unseres Jahrhunderts« zählende Georg Heinrich Meyer scheiterte mit seinen kaum überschaubaren Verlagsprojekten mehrmals und z.T. »verheerend«. Zeitweise betrieb er mehrere Verlage parallel. So war er 1914 zwar Leiter des Kurt Wolff Verlags und somit für Franz Werfel zuständig, für den er bis dahin im Buchhandel unerhörte Werbekampagnen führte, nichtsdestoweniger aber immer noch Inhaber des 1910 gegründeten Verlags Meyer und Jessen. Erst 1921, als der Kontakt zu Ernst Wagner aufgenommen wurde, ging der Verlag an einen anderen Besitzer über, manche Bestände und Verlagsrechte aber wurden vom Kurt Wolff Verlag übernommen.

Ernst Wagner 1934

Ob und inwieweit, von wem und wann Franz Werfel vom Fall Wagner Kenntnis hatte, läßt sich heute kaum mehr rekonstruieren. Wie wir von Gaupp wissen, hat er in dieser Sache an Werfel geschrieben und dieser ihm »in einem persönlichen Brief versichert, daß er nichts von Wagners Schriften und Manuskripten kenne und auch von ihm selber gar nichts wisse. Er habe auch meine Schriften über Wagner nicht gelesen.«

Nach Auskunft des Werfel-Biographen Peter Stephan Jungk muß im verstreuten Werfel-Nachlaß in den Vereinigten Staaten eine Anzahl Unterlagen in Sachen Wagner vorhanden sein. Unsere Nachforschungen in den diversen Sammlungen (Philadelphia, New Haven, Los Angeles) blieben allerdings erfolglos. Was auch immer sich noch im Werfel-Nachlaß finden mag, fraglich ist, ob es irgend weiterhelfen würde. Wahn und Wirklichkeit sind gerade bei Wagner nirgends leicht voneinander zu trennen. Schon sein Mühlhausener Wahngebäude dürfte einiges an Versatzstücken der Realität beinhaltet haben.

Was das Verwirrspiel um die Auflagenzählung von Werfels Gedichtband *Wir sind* angeht, scheint sicher, daß die Erstausgabe bereits im Frühjahr 1913, also ein halbes Jahr vor Wagners Taten, erschienen ist, denn schon im Sommer 1913 nimmt Rainer Maria Rilke Bezug darauf. Allerdings waren von dieser Erstausgabe überhaupt nur fünfzehn vom Autor signierte, numerierte Exemplare auf »schwerem Japanbütten und in Ganzleder« im Umlauf.

Etwa ein Jahrzehnt lang war Franz Werfel das bevorzugte Haßobjekt des Hauptlehrers Ernst Wagner. Obwohl der Einzelkämpfer in der Anstalt Winnental Sympathisanten hatte, lief sein Kampf ins Leere. Welche Genugtuung muß es für ihn gewesen sein, als am 10. Mai 1933 die Schriften Franz Werfels brannten.

Klein und Wagner

Eine Vorbemerkung

Wie der ehedem »gute Mensch« Friedrich Klein verläßt Hermann Hesse im Frühjahr 1919 Frau und Kinder und flieht von Bern in den Süden, um ein neues Leben zu beginnen. Er erlebt dort die für ihn »vollste, üppigste, fleißigste und glühendste Zeit« seines Lebens.

Zwischen Mai und Juli entsteht mit *Klein und Wagner* die wahrscheinlich »unbarmherzigste seiner vielen Selbstenthüllungen« (Mileck). »Ich bin ja nicht Hesse, sondern war Sinclair, war Klingsor, war Klein etc. und werde noch manches sein.«

Nach dem Tod des Vaters (1916) hatte er sich an eine radikale Bestandsaufnahme gemacht. »Diesmal blieb mir die Einkehr nicht erspart. Es dauerte nicht lange, so sah ich mich genötigt, die Schuld an meinem Leben nicht außer mir, sondern in mir selbst zu suchen. Denn das sah ich wohl ein: der ganzen Welt Wahnsinn und Rohheit vorzuwerfen, dazu hatte kein Mensch und kein Gott ein Recht, ich am wenigsten. Es mußte also mit mir selbst allerlei Unordnung sein, wenn ich so mit dem ganzen Weltlauf in Konflikt kam. Und siehe, es war in der Tat eine große Unordnung. Es war kein Vergnügen, diese Unordnung in mir selbst anzupacken und ihre Ordnung zu versuchen.«

Insgesamt waren es ungefähr 60 Sitzungen, die Hesse bei dem Psychoanalytiker Josef Bernhard Lang absolvierte. Das Ergebnis war für ihn erschreckend und umwälzend zugleich. Es fand seinen Niederschlag in *Demian, Klingsors letzter Sommer* und insbesondere in *Klein und Wagner:*

»Auch ich schlage mich bald mit dem Mörder, mit dem Tier und Verbrecher in mir beständig herum, aber ebenso auch mit dem Moralisten, mit dem allzufrüh zur Harmonie Gelangenwollen, mit der leichten Resignation, mit der Flucht in lauter Güte, Edelmut und Reinheit. Beides muß sein, ohne das Tier und den Mörder in uns sind wir kastrierte Engel ohne rechtes Leben, und ohne den immer neuen flehentlichen Drang zum Verklären, zur Reinigung, zur Anbetung des Unsinnlichen und Selbstlosen sind wir auch nichts Rechtes. Mir ist es so gegangen, daß ich, unter dem Einfluß von Vorbildern wie Goethe, Keller etc. als Dichter eine schöne und harmonische, aber im Grund verlogene Welt aufbaute, indem ich alles Dunkle und Wilde in mir verschwieg und im stillen erlitt, das ›Gute‹ aber, den Sinn fürs Heilige, die Ehrfurcht, das Reine betonte und allein darstellte. [...] Ich mußte neue Töne suchen, ich mußte mich mit allem Unerlösten und Uralten in mir selbst blutig herumschlagen — nicht um es auszurotten, sondern um es zu verstehen, um es zur Sprache zu bringen, denn ich glaube längst nicht mehr an Gutes und Böses, sondern glaube, daß alles gut ist, auch das, was wir Verbrechen, Schmutz und Grauen heißen. [...] Je weniger wir uns vor unseren eigenen Phantasien scheuen, die im Wachen und Traum uns zu Verbrechern und Tieren macht [sic], desto kleiner ist die Gefahr, daß wir in der Tat und Wirklichkeit an diesem Bösen zugrundegehen« (Brief an Carl Seelig, Herbst 1919).

Bei diesen Einsichten und Umwälzungen halfen der Psychoanalytiker Lang und der Schullehrer Wagner. Die Taten Ernst Wagners müssen Hermann Hesse so nahegegangen sein wie seinem braven Beamten Friedrich Klein, der sich mit falschem Paß und Revolver unversehens im Schnellzug nach Süden findet.

Hermann Hesse
Klein und Wagner
Novelle

I

Im Schnellzug, nach den raschen Handlungen und Aufregungen der Flucht und der Grenzüberschreitung, nach einem Wirbel von Spannungen und Ereignissen, Aufregungen und Gefahren, noch tief erstaunt darüber, daß alles gut gegangen war, sank Friedrich Klein ganz und gar in sich zusammen. Der Zug fuhr mit seltsamer Geschäftigkeit — nun wo doch keine Eile mehr war — nach Süden und riß die wenigen Reisenden eilig an Seen, Bergen, Wasserfällen und anderen Naturwundern vorvorüber, durch betäubende Tunnels und über sanft schwankende Brücken, alles fremdartig, schön und etwas sinnlos, Bilder aus Schulbüchern und aus Ansichtskarten, Landschaften, die man sich erinnert einmal gesehen zu haben, und die einen doch nichts angehen. Dieses war nun die Fremde, und hierher gehörte er nun, nach Hause gab es keine Rückkehr. Das mit dem Geld war in Ordnung, es war da, er hatte es bei sich, alle die Tausenderscheine, und trug es jetzt wieder in der Brusttasche verwahrt.

Den Gedanken, daß ihm jetzt nichts mehr geschehen könne, daß er jenseits der Grenze und durch seinen falschen Paß vorläufig vor aller Verfolgung gesichert sei, diesen angenehmen und beruhigenden Gedanken zog er zwar immer wieder hervor, voll Verlangen, sich an ihm zu wärmen und zu sättigen; aber dieser hübsche Gedanke war wie ein toter Vogel, dem ein Kind in die Flügel bläst. Er lebte nicht, er tat kein Auge auf, er fiel einem wie Blei aus der Hand, er gab keine Lust, keinen

Glanz, keine Freude her. Es war seltsam, es war ihm dieser Tage schon mehrmals aufgefallen: er konnte durchaus nicht denken, an was er wollte, er hatte keine Verfügung über seine Gedanken, sie liefen wie sie wollten, und sie verweilten trotz seinem Sträuben mit Vorliebe bei Vorstellungen, die ihn quälten. Es war, als sei sein Gehirn ein Kaleidoskop, in dem der Wechsel der Bilder von einer fremden Hand geleitet wurde. Vielleicht war es nur die lange Schlaflosigkeit und Erregung, er war ja auch schon längere Zeit nervös. Jedenfalls war es häßlich, und wenn es nicht bald gelang, wieder etwas Ruhe und Freude zu finden, war es zum Verzweifeln.

Friedrich Klein tastete nach dem Revolver in seiner Manteltasche. Das war auch so ein Stück, dieser Revolver, das zu seiner neuen Ausrüstung und Rolle und Maske gehörte. Wie war es im Grunde lästig und ekelhaft, all das mit sich zu schleppen und bis in den dünnen, vergifteten Schlaf hinein bei sich zu tragen, ein Verbrechen, gefälschte Papiere, heimlich eingenähtes Geld, den Revolver, den falschen Namen. Es schmeckte so nach Räubergeschichten, nach einer schlechten Romantik, und es paßte alles so gar nicht zu ihm, zu Klein, dem guten Kerl. Es war lästig und ekelhaft, und nichts von Aufatmen und Befreiung dabei, wie er es erhofft hatte.

Mein Gott, warum hatte er eigentlich das alles auf sich genommen, er, ein Mann von fast vierzig Jahren, als braver Beamter und stiller harmloser Bürger mit gelehrten Neigungen bekannt, Vater von lieben Kindern? Warum? Er fühlte: ein Trieb mußte dagewesen sein, ein Zwang und Drang von genügender Stärke, um einen Mann wie ihn zu dem Unmöglichen zu bewegen — und erst wenn er das wußte, wenn er diesen Zwang und Trieb kannte, wenn er wieder Ordnung in sich hatte, erst dann war etwas wie Aufatmen möglich.

Heftig setzte er sich aufrecht, drückte die Schläfen mit den Daumen und gab sich Mühe zu denken. Es ging schlecht, sein Kopf war wie von Glas, und ausgehöhlt von Aufregungen, Ermüdung und Mangel an Schlaf. Aber es half nichts, er mußte nachdenken. Er mußte suchen, und mußte finden, er mußte wieder einen Mittelpunkt in sich wissen und sich selber einigermaßen kennen und verstehen. Sonst war das Leben nicht mehr zu ertragen.

Mühsam suchte er die Erinnerungen dieser Tage zusammen, wie man kleine Porzellanscherben mit einer Pinzette zusammenpickt, um den Bruch an einer alten Dose wieder zu kitten. Es waren lauter kleine Splitter, keiner hatte Zusammenhang mit den andern, keiner deutete durch Struktur und Farbe aufs Ganze. Was für Erinnerungen! Er sah eine kleine blaue Schachtel, aus der er mit zitternder Hand das Amtssiegel seines Chefs herausnahm. Er sah den alten Mann an der Kasse, der ihm seinen Scheck mit braunen und blauen Banknoten ausbezahlte. Er sah eine Telephonzelle, wo er sich, während er ins Rohr sprach, mit der linken Hand gegen die Wand stemmte, um aufrecht zu bleiben. Vielmehr er sah nicht sich, er sah einen Menschen dies alles tun, einen fremden Menschen, der Klein hieß und nicht er war. Er sah diesen Menschen Briefe verbrennen, Briefe schreiben. Er sah ihn in einem Restaurant essen. Er sah ihn — nein, das war kein Fremder, das war er, das war Friedrich Klein selbst! — nachts über das Bett eines schlafenden Kindes gebückt. Nein, das war er selbst gewesen! Wie weh das tat, auch jetzt wieder in der Erinnerung! Wie weh das tat, das Gesicht des schlafenden Kindes zu sehen und seine Atemzüge zu hören und zu wissen: nie mehr würde man diese lieben Augen offen sehen, nie mehr diesen kleinen Mund lachen und essen sehen, nie mehr von ihm geküßt werden. Wie weh das tat! Warum tat jener Mensch Klein sich selber so weh?

Er gab es auf, die kleinen Scherben zusammenzusetzen. Der Zug hielt, ein fremder großer Bahnhof lag da, Türen schlugen, Koffer schwankten am Wagenfenster vorüber, Papierschilder blau und gelb riefen laut: Hotel Milano — Hotel Kontinental! Mußte er darauf achten? War es wichtig? War eine Gefahr? Er schloß die Augen und sank eine Minute lang in Betäubung, schreckte sofort wieder auf, riß die Augen weit auf, spielte den Wachsamen. Wo war er? Der Bahnhof war noch da. Halt — wie heiße ich? Zum tausendstenmal machte er die Probe. Also: Wie heiße ich? Klein. Nein, zum Teufel! Fort mit Klein, Klein existierte nicht mehr. Er tastete nach der Brusttasche, wo der Paß steckte.

Wie war das alles ermüdend! Überhaupt — wenn man wüßte, wie wahnsinnig mühsam es ist, ein Verbrecher zu sein — —! Er ballte die Hände vor Anstrengung. Das alles hier ging ihn ja gar nichts an, Hotel Milano, Bahnhof, Kofferträger, das alles konnte er ruhig weglassen — nein, es handelte sich um anderes, um Wichtiges. Um was?

Im Halbschlummer, der Zug fuhr schon wieder, kam er zu seinen Gedanken zurück. Es war ja so wichtig, es handelte sich ja darum, ob das Leben noch länger zu ertragen sein würde. Oder — war es nicht einfacher, dem ganzen ermüdenden Unsinn ein Ende zu machen? Hatte er denn nicht Gift bei sich? Das Opium? — Ach nein, er erinnerte sich, das Gift hatte er ja nicht bekommen. Aber er hatte den Revolver. Ja richtig. Sehr gut. Ausgezeichnet.

»Sehr gut« und »ausgezeichnet« sagte er laut vor sich hin und fügte mehr solche Worte hinzu. Plötzlich hörte er sich sprechen, erschrak, sah in der Fensterscheibe sein entstelltes Gesicht gespiegelt, fremd, fratzenhaft und traurig. Mein Gott, schrie er in sich hinein, mein Gott! Was tun? Wozu noch leben? Mit der Stirn in dies bleiche Fratzenbild hinein, sich in diese trübe blöde Scheibe stürzen, sich ins Glas verbeißen, sich am Glase den Hals abschneiden. Mit dem Kopf auf die Bahnschwelle schlagen, dumpf und dröhnend, von den Rädern der vielen Wagen aufgewickelt werden, alles zusammen, Därme und Hirn, Knochen und Herz, auch die Augen — und auf den Schienen zerrieben, zu Nichts gemacht, ausradiert. Dies war das einzige, was noch zu wünschen war, was noch Sinn hatte.

Während er verzweifelt in sein Spiegelbild starrte, mit der Nase ans Glas stieß, schlief er wieder ein. Vielleicht Sekunden, vielleicht Stunden. Hin und her schlug sein Kopf, er öffnete die Augen nicht.

Er erwachte aus einem Traum, dessen letztes Stück ihm im Gedächtnis blieb. Er saß, so träumte ihm, vorn auf einem Automobil, das fuhr rasch und ziemlich waghalsig durch eine Stadt, bergauf und -ab. Neben ihm saß jemand, der den Wagen lenkte. Dem gab er im Traum einen Stoß in den Bauch, riß ihm das Steuerrad aus den Händen und steuerte nun selber, wild und beklemmend über Stock und Stein, knapp an Pferden und an Schaufenstern vorbei, an Bäume streifend, daß ihm Funken vor den Augen stoben.

Aus diesem Traum erwachte er. Sein Kopf war freier geworden. Er lächelte über die Traumbilder. Der Stoß in den Bauch war gut, er empfand ihn freudig nach. Nun begann er den Traum zu rekonstruieren und über ihn nachzudenken. Wie das an den Bäumen vorbei gepfiffen hatte! Vielleicht kam es von der Eisenbahnfahrt? Aber das Steuern war, bei aller Gefahr, doch eine Lust gewesen, ein Glück, eine Erlösung! Ja, es war besser, selber zu steuern und dabei in Scherben zu gehen, als immer von einem andern gefahren und gelenkt zu werden.

Aber — wem hatte er eigentlich im Traum diesen Stoß gegeben? Wer war der fremde Chauffeur, wer war neben ihm am Steuer des Automobils gesessen? Er konnte sich an kein Gesicht, an keine Figur erinnern — nur an ein Gefühl, eine vage dunkle Stimmung ... Wer konnte es gewesen sein? Jemand, den er verehrte, dem er Macht über sein Leben einräumte, den er über sich duldete, und den er doch heimlich haßte, dem er doch schließlich den Tritt in den Bauch gab! Vielleicht sein Vater? Oder einer seiner Vorgesetzten? Oder — oder war es am Ende —?

Klein riß die Augen auf. Er hatte ein Ende des verlorenen Fadens gefunden. Er wußte alles wieder. Der Traum war vergessen. Es gab Wichtigeres. Jetzt wußte er! Jetzt begann er zu wissen, zu ahnen, zu schmecken, warum er hier im Schnellzug saß, warum er nicht mehr Klein hieß, warum er Geld unterschlagen und Papiere gefälscht hatte. Endlich, endlich!

Ja, es war so. Es hatte keinen Sinn mehr, es vor sich zu verheimlichen. Es war seiner Frau wegen geschehen, einzig seiner Frau wegen. Wie gut, daß er es endlich wußte!

Vom Turme dieser Erkenntnis aus meinte er plötzlich weite Strecken seines Lebens zu überblicken, das ihm seit langem immer in lauter kleine, wertlose Stücke auseinandergefallen war. Er sah auf eine lange durchlaufene Strecke zurück, auf seine ganze Ehe, und die Strecke erschien ihm wie eine lange, müde, öde Straße, wo ein Mann allein im Staube sich mit schweren Lasten schleppt. Irgenwo hinten, unsichtbar jenseits des Staubes, wußte er leuchtende Höhen und grüne rauschende Wipfel der Jugend verschwunden. Ja, er war einmal jung gewesen, und kein Jüngling wie alle, er hatte große Träume geträumt, er hatte viel vom Leben und von sich verlangt. Seither aber nichts als Staub und Lasten, lange Straße, Hitze und müde Knie, nur im vertrocknenden Herzen ein verschlafenes, alt gewordenes Heimweh lauernd. Das war sein Leben gewesen. Das war sein Leben gewesen.

Er blickte durchs Fenster und zuckte erstaunt zusammen. Ungewohnte Bilder sahen ihn an. Er sah plötzlich aufzuckend, daß er im Süden war. Verwundert richtete er sich auf, lehnte sich hinaus, und wieder fiel ein Schleier, und das Rätsel seines Schicksals ward ein wenig klarer. Er war im Süden! Er sah Reblauben auf grünen Terrassen stehn, goldbraunes Gemäuer halb in Ruinen, wie auf alten Stichen, blühende rosenrote Bäume! Ein kleiner Bahnhof schwand vorbei, mit einem italienischen Namen, irgend etwas auf ogno oder ogna.

Soweit vermochte Klein jetzt die Wetterfahne seines Schicksals zu lesen. Es ging fort von seiner Ehe, seinem Amt, von allem, was bisher sein Leben und seine Heimat gewesen war. Und es ging nach Süden! Nun erst begriff er, warum er, mitten in Hetze und Rausch seiner Flucht, jene Stadt mit dem italienischen Namen zum Ziel gewählt hatte. Er hatte es nach einem Hotelbuch getan, anscheinend wahllos und auf gut Glück, er hätte ebensogut Amsterdam, Zürich oder Malmö sagen können. Erst jetzt war es kein Zufall mehr. Er war im Süden, er war durch die Alpen gefahren. Und damit hatte er den strahlendsten Wunsch seiner Jugendzeit erfüllt, jener Jugend, deren Erinnerungszeichen ihm auf der langen öden Straße eines sinnlosen Lebens erloschen und verlorengegangen waren. Eine unbekannte Macht hatte es so gefügt, daß ihm die beiden brennendsten Wünsche seines Lebens sich erfüllten: die längst vergessene Sehnsucht nach dem Süden, und das heimliche, niemals klar und frei gewordene Verlangen nach Flucht und Freiheit aus dem Frondienst und Staub seiner Ehe. Jener Streit mit seinem Vorgesetzten, jene überraschende Gelegenheit zu der Unterschlagung des Geldes — all das, was ihm so wichtig erschienen war, fiel jetzt zu kleinen Zufällen zusammen. Nicht sie hatten ihn geführt. Jene beiden großen Wünsche in seiner Seele hatten gesiegt, alles andre war nur Weg und Mittel gewesen.

Klein erschrak vor dieser neuen Einsicht tief. Er fühlte sich wie ein Kind, das mit Zündhölzern gespielt und ein Haus dabei angezündet hat. Nun brannte es. Mein Gott! Und was hatte er davon? Und wenn er bis nach *Sizilien* oder Konstantinopel fuhr, konnte ihn das um zwanzig Jahre jünger machen?

Indessen lief der Zug, und Dorf um Dorf lief ihm entgegen, fremdartig schön, ein heiteres Bilderbuch, mit allen den hübschen Gegenständen, die man vom Süden erwartet und aus Ansichtskarten kennt: steinerne schön gewölbte Brücken über Bach und braunen Felsen, Weinbergmauern von kleinen Farnen überwachsen, hohe schlanke Glockentürme, die Fassaden der Kirchen bunt bemalt oder von gewölbten Hallen mit leichten, edlen Bogen beschattet, Häuser mit rosenrotem Anstrich und dickgemauerte Arkadenhallen mit dem kühlsten Blau gemalt, zahme Kastanien, da und dort schwarze Zypressen, kletternde Ziegen, vor einem Herrschaftshaus im Rasen die ersten

Palmen kurz und dickstämmig. Alles merkwürdig und ziemlich unwahrscheinlich, aber alles zusammen war doch überaus hübsch und verkündete etwas wie Trost. Es gab diesen Süden, er war keine Fabel. Die Brücken und Zypressen waren erfüllte Jugendträume, die Häuser und Palmen sagten: du bist nicht mehr im Alten, es beginnt lauter Neues. Luft und Sonnenschein schienen gewürzt und verstärkt, das Atmen leichter, das Leben möglicher, der Revolver entbehrlicher, das Ausradiertwerden auf den Schienen minder dringlich. Ein Versuch schien möglich, trotz allem. Das Leben konnte vielleicht ertragen werden.

Wieder übernahm ihn die Erschlaffung, leichter gab er sich jetzt hin, und schlief, bis es Abend war und der volltönende Name der kleinen Hotelstadt ihn weckte. Hastig stieg er aus.

Ein Diener mit dem Schild »Hotel Milano« an der Mütze redete ihn deutsch an, er bestellte ein Zimmer und ließ sich die Adresse geben. Schlaftrunken taumelte er aus der Glashalle und dem Rauch in den lauen Abend.

»So habe ich mir etwa Honolulu gedacht«, ging ihm durch den Kopf. Eine phantastisch unruhige Landschaft, schon beinahe nächtlich, schwankte ihm fremd und unbegreiflich entgegen. Vor ihm fiel der Hügel steil hinab, da lag unten tief geschachtelt die Stadt, senkrecht blickte er auf erleuchtete Plätze hinunter. Von allen Seiten stürzten steile spitze Zuckerhutberge jäh herab in einen See, der am Widerschein unzähliger Quailaternen kenntlich wurde. Eine Seilbahn senkte sich wie ein Korb den Schacht hinunter zur Stadt, halb gefährlich, halb spielzeughaft. Auf einigen der hohen Bergkegel glühten erleuchtete Fenster bis zum Gipfel in launischen Reihen, Stufen und Sternbildern geordnet. Von der Stadt wuchsen die Dächer großer Hotels herauf, dazwischen schwarzdunkle Gärten, ein warmer sommerhafter Abendwind voll Staub und Duft flatterte wohlgelaunt unter den grellen Laternen. Aus der wirr durchfunkelten Finsternis am See schwoll taktfest und lächerlich eine Blechmusik heran.

Ob das nun Honolulu, Mexiko oder Italien war, konnte ihm einerlei sein. Es war Fremde, es war neue Welt und neue Luft, und wenn sie ihn auch verwirrte und heimlich in Angst versetzte, sie duftete doch auch nach Rausch und Vergessen und neuen, unerprobten Gefühlen.

Eine Straße schien ins Freie zu führen, dorthin schlenderte er, an Lagerschuppen und leeren Lastfuhrwerken vorüber, dann bei kleinen Vorstadthäusern vorbei, wo laute Stimmen italienisch schrien und im Hof eines Wirtshauses eine Mandoline schrillte. Im letzten Hause klang eine Mädchenstimme auf, ein Duft von Wohllaut beklemmte ihm das Herz, viele Worte konnte er zu seiner Freude verstehen und den Refrain sich merken:

> Mama non vuole, papa ne meno,
> Come faremo a fare l'amor?

Es klang wie aus Träumen seiner Jugend her. Bewußtlos schritt er die Straße weiter, floß hingerissen in die warme Nacht, in der die Grillen sangen. Ein Weinberg kam, und bezaubert blieb er stehen: Ein Feuerwerk, ein Reigen von kleinen, grün glühenden Lichtern erfüllte die Luft und das duftende, hohe Gras, tausend Sternschnuppen taumelten trunken durcheinander. Es war ein Schwarm von Leuchtkäfern, langsam und lautlos geisterten sie durch die warm aufzuckende Nacht. Die sommerliche Luft und Erde schien sich phantastisch in leuchtenden Figuren und tausend kleinen beweglichen Sternbildern auszuleben.

Lange stand der Fremde dem Zauber hingegeben und vergaß die ängstliche Geschichte dieser Reise und die ängstliche Geschichte seines Lebens über der schönen Seltsamkeit. Gab es noch eine Wirklichkeit? Noch Geschäfte und Polizei? Noch Assessoren und Kursberichte? Stand zehn Minuten von hier ein Bahnhof?

Langsam wandte sich der Flüchtling, der aus seinem Leben heraus in ein Märchen gereist war, gegen die Stadt zurück.

Laternen glühten auf. Menschen riefen ihm Worte zu, die er nicht verstand. Unbekannte Riesenbäume standen voll Blüten, eine steinerne Kirche hing mit schwindelnder Terrasse über dem Absturz, helle Straßen, von Treppen unterbrochen, flossen rasch wie Bergbäche in das Städtchen hinab.

Klein fand sein Hotel, und mit dem Eintritt in die überhellen nüchternen Räume, Halle und Treppenhaus schwand sein Rausch dahin, und es kehrte die ängstliche Schüchternheit zurück, sein Fluch und Kainszeichen. Betreten drückte er sich an den wachen, taxierenden Blicken des Concierge, der Kellner, des Liftjungen, der Hotelgäste vorbei in die ödeste Ecke eines Restaurants. Er bat mit schwacher Stimme um die Speisekarte, und las, als wäre er noch arm und müßte sparen, bei allen Speisen sorgfältig die Preise mit, bestellte etwas Wohlfeiles, ermunterte sich künstlich zu einer halben Flasche Bordeaux, der ihm nicht schmeckte, und war froh, als er endlich hinter verschlossener Tür in seinem schäbigen kleinen Zimmer lag. Bald schlief er ein, schlief gierig und tief, aber nur zwei, drei Stunden. Noch mitten in der Nacht wurde er wieder wach.

Er starrte, aus den Abgründen des Unbewußten kommend, in die feindselige Dämmerung, wußte nicht, wo er war, hatte das drückende und schuldhafte Gefühl, Wichtiges vergessen und versäumt zu haben. Wirr umhertastend erfühlte er einen Drücker und drehte Licht an. Das kleine Zimmer sprang ins grelle Licht, fremd, öde, sinnlos. Wo war er? Böse glotzten die Plüschsessel. Alles blickte ihn kalt und fordernd an. Da fand er sich im Spiegel und las das Vergessene aus seinem Gesicht. Ja, er wußte. Dies Gesicht hatte er früher nicht gehabt, nicht diese Augen, nicht diese Falten, nicht diese Farben. Es war ein neues Gesicht, schon einmal war es ihm aufgefallen, im Spiegel einer Glasscheibe, irgendwann im gehetzten Theaterstück dieser wahnsinnigen Tage. Es war nicht sein Gesicht, das gute, stille und etwas duldende Friedrich-Klein-Gesicht. Es war das Gesicht eines Gezeichneten, vom Schicksal mit neuen Zeichen gestempelt, älter und auch jünger als das frühere, maskenhaft und doch wunderlich durchglüht. Niemand liebte solche Gesichter.

Da saß er im Zimmer eines Hotels im Süden mit seinem gezeichneten Gesicht. Daheim schliefen seine Kinder, die er verlassen hatte. Nie mehr würde er sie schlafen, nie mehr sie aufwachen sehen, nie mehr ihre Stimmen hören. Er würde niemals mehr aus dem Wasserglas auf jenem Nachttisch trinken, auf dem bei der Stehlampe die Abendpost und ein Buch lag, und dahinter an der Wand überm Bett die Bilder seiner Eltern, und alles, und alles. Statt dessen starrte er hier im ausländischen Hotel in den Spiegel, in das traurige und angstvolle Gesicht des Verbrechers Klein, und die Plüschmöbel blickten kalt und schlecht, und alles war anders, nichts war mehr in Ordnung. Wenn sein Vater das noch erlebt hätte!

Niemals seit seiner Jugendzeit war Klein so unmittelbar und so einsam seinen Gefühlen überlassen gewesen, niemals so in der Fremde, niemals so nackt und senkrecht unter der unerbittlichen Sonne des Schicksals. Immer war er mit irgend etwas beschäftigt gewesen, mit etwas anderm als mit sich selbst, immer hatte er zu tun und zu sorgen gehabt, um Geld, um Beförderung im Amt, um Frieden im Hause, um Schulgeschichten und Kinderkrankheiten; immer waren große, heilige Pflichten des Bürgers, des Gatten, des Vaters um ihn her gestanden, in ihrem Schutz und Schatten hatte er gelebt, ihnen hatte er Opfer gebracht, von ihnen her war seinem Leben Rechtfertigung und Sinn gekommen. Jetzt hing er plötzlich nackt im Weltraum, er allein Sonne und Mond gegenüber, und fühlte die Luft um sich dünn und eisig.

Und das Wunderliche war, daß kein Erdbeben ihn in diese bange und lebensgefährliche Lage gebracht hatte, kein Gott und kein Teufel, sondern er allein, er selber! Seine eigene Tat hatte ihn hierher geschleudert, hier allein mitten in die fremde Unendlichkeit gestellt. In ihm selbst war alles gewachsen und entstanden, in seinem eigenen Herzen war das Schicksal groß geworden, Verbrechen und Auflehnung, Wegwerfen heiliger Pflichten, Sprung in den Weltenraum, Haß gegen sein Weib, Flucht, Vereinsamung und vielleicht Selbstmord. Andere mochten wohl auch Schlimmes und Umstürzendes erlebt haben, durch Brand und Krieg, durch Unfall und bösen Willen anderer — er jedoch, der Verbrecher Klein, konnte sich auf nichts dergleichen berufen, auf nichts hinausreden, nichts verantwortlich machen, höchstens vielleicht seine Frau. Ja, sie, sie allerdings konnte und mußte herangezogen und verantwortlich gemacht werden, auf sie konnte er deuten, wenn einmal Rechenschaft von ihm verlangt wurde!

Ein großer Zorn brannte in ihm auf, und mit einemmal fiel ihm etwas ein, brennend und tödlich, ein Knäuel von Vorstellungen und Erlebnissen. Es erinnerte ihn an den Traum vom Automobil, und an den Stoß, den er seinem Feinde dort in den Bauch gegeben hatte.

Woran er sich nun erinnerte, das war ein Gefühl, oder eine Phantasie, ein seltsamer und krankhafter Seelenzustand, eine Versuchung, ein wahnsinniges Gelüst, oder wie immer man es bezeichnen wollte. Es war die Vorstellung oder Vision einer furchtbaren Bluttat, die er beging, indem er sein Weib, seine Kinder und sich selbst ums Leben brachte. Mehrmals, so besann er sich jetzt, während noch immer der Spiegel ihm sein gestempeltes, irres Verbrechergesicht zeigte, — mehrmals hatte er sich diesen vierfachen Mord vorstellen müssen, vielmehr sich verzweifelt gegen diese häßliche und unsinnige Vision gewehrt, wie sie ihm damals erschienen war. Genau damals hatten die Gedanken, Träume und quälenden Zustände in ihm begonnen, so schien ihm, welche dann mit der Zeit zu der Unterschlagung und zu seiner Flucht geführt hatten. Vielleicht — es war möglich — war es nicht bloß die übergroß gewordene Abneigung gegen seine Frau und sein Eheleben gewesen, die ihn von Hause fortgetrieben hatte, sondern noch mehr die Angst davor, daß er eines Tages doch noch dies viel furchtbarere Verbrechen begehen möchte: sie alle töten, sie schlachten und in ihrem Blut liegen sehen. Und weiter: auch diese Vorstellung hatte noch eine Vorgeschichte. Sie war zuzeiten gekommen, wie etwa ein leichter Schwindelanfall, wo man meint, sich fallen lassen zu müssen. Das Bild aber, die Mordtat, stammte aus einer besonderen Quelle her! Unbegreiflich, daß er das erst jetzt sah!

Damals, als er zum erstenmal die Zwangsvorstellung vom Töten seiner Familie hatte, und über diese teuflische Vision zu Tode erschrocken war, da hatte ihn, gleichsam höhnisch, eine kleine Erinnerung heimgesucht. Es war diese: Vor Jahren, als sein Leben noch harmlos, ja beinahe glücklich war, sprach er einmal mit Kollegen über die Schreckenstat eines süddeutschen Schullehrers namens W. (er kam nicht gleich auf den Namen), der seine ganze Familie auf eine furchtbar blutige Weise abgeschlachtet und dann die Hand gegen sich selber erhoben hatte. Es war die Frage gewesen, wie weit bei einer solchen Tat von Zurechnungsfähigkeit die Rede sein könne, und im weiteren darüber, ob und wie man überhaupt eine solche Tat, eine solche grausige Explosion menschlicher Scheußlichkeit verstehen und erklären könne. Er, Klein, war damals sehr erregt gewesen und hatte gegen einen Kollegen, welcher jenen Totschlag psychologisch zu erklären versuchte, überaus heftig geäußert: einem so scheußlichen Verbrechen gegenüber gebe es für einen anständigen Mann keine andere Haltung als Entrüstung und Abscheu, eine solche Bluttat könne nur im Gehirn eines Teufels entstehen, und für einen Verbrecher dieser Art sei überhaupt keine Strafe, kein Gericht, keine Folter streng und schwer genug. Er erinnerte sich noch heut genau des Tisches, an dem sie saßen, und des verwunderten und etwas kritischen Blickes, mit dem jener ältere Kollege ihn nach diesem Ausbruch seiner Entrüstung gestreift hatte.

Damals nun, als er sich selber zum erstenmal in einer häßlichen Phantasie als Mörder der Seinigen sah und vor dieser Vorstellung mit einem Schauder zurückschreckte, da war ihm dies um Jahre zurückliegende Gespräch über den Verwandten-

mörder W. sofort wieder eingefallen. Und seltsam, obwohl
er hätte schwören können, daß er damals völlig aufrichtig seine
wahrste Empfindung ausgesprochen habe, war jetzt in ihm
innen eine häßliche Stimme da, die ihn verhöhnte und ihm
zurief: schon damals, schon damals vor Jahren bei dem Gespräch über den Schullehrer W. habe sein Innerstes dessen Tat
verstanden, verstanden und gebilligt, und seine so heftige Entrüstung und Erregung sei nur daraus entstanden, daß der Philister und Heuchler in ihm die Stimme des Herzens nicht habe
gelten lassen wollen. Die furchtbaren Strafen und Foltern, die
er dem Gattenmörder wünschte, und die entrüsteten Schimpf-
worte, mit denen er dessen Tat bezeichnete, die hatte er eigentlich gegen sich selber gerichtet, gegen den Keim zum Verbrechen, der gewiß damals schon in ihm war! Seine große Erregung bei diesem ganzen Gespräch und Anlaß war nur daher
gekommen, daß in Wirklichkeit er sich selbst sitzen sah, der
Bluttat angeklagt, und daß er sein Gewissen zu retten suchte,
indem er auf sich selber jede Anklage und jedes schwere Urteil
häufte. Als ob er damit, mit diesem Wüten gegen sich selbst,
das heimliche Verbrechertum in seinem Innern bestrafen oder
übertäuben könnte.

So weit kam Klein mit seinen Gedanken, und er fühlte, daß
es sich da für ihn um Wichtiges, ja um das Leben selber handle.
Aber es war unsäglich mühsam, diese Erinnerungen und Gedanken auseinanderzufädeln und zu ordnen. Eine aufzuckende
Ahnung letzter, erlösender Erkenntnisse unterlag der Müdigkeit und dem Widerwillen gegen seine ganze Situation. Er
stand auf, wusch sich das Gesicht, ging barfuß auf und ab, bis
ihn fröstelte, und dachte nun zu schlafen.

Aber es kam kein Schlaf. Er lag unerbittlich seinen Empfindungen ausgeliefert, lauter häßlichen, schmerzenden und
demütigenden Gefühlen: dem Haß gegen seine Frau, dem Mitleid mit sich selber, der Ratlosigkeit, dem Bedürfnis nach
Erklärungen, Entschuldigungen, Trostgründen. Und da ihm
für jetzt keine andern Trostgründe einfielen, und da der Weg

zum Verständnis so tief und schonungslos in die heimlichsten und gefährlichsten Dickichte seiner Erinnerungen führte, und der Schlaf nicht wiederkommen wollte, lag er den Rest der Nacht in einem Zustande, den er in diesem häßlichen Grad noch nicht gekannt hatte. Alle die widerlichen Gefühle, die in ihm stritten, vereinigten sich zu einer furchtbaren, erstickenden, tödlichen Angst, zu einem teuflischen Alpdruck auf Herz und Lunge, der sich immer von neuem bis an die Grenze des Unerträglichen steigerte. Was Angst war, hatte er ja längst gewußt, seit Jahren schon, und seit den letzten Wochen und Tagen erst! Aber so hatte er sie noch nie an der Kehle gefühlt! Zwanghaft mußte er an die wertlosesten Dinge denken, an einen vergessenen Schlüssel, an die Hotelrechnung, und daraus Berge von Sorgen und peinlichen Erwartungen schaffen. Die Frage, ob dies schäbige Zimmerchen für die Nacht wohl mehr als dreieinhalb Franken kosten würde, und ob er in diesem Fall noch länger im Hause bleiben solle, hielt ihn wohl eine Stunde lang in Atem, Schweiß und Herzklopfen. Dabei wußte er genau, wie dumm diese Gedanken seien, und sprach immer wieder sich selbst vernünftig und begütigend zu, wie einem trotzigen Kind, rechnete sich an den Fingern die völlige Haltlosigkeit seiner Sorgen vor — vergebens, vollkommen vergebens! Vielmehr dämmerte auch hinter diesem Trösten und Zureden etwas wie blutiger Hohn auf, als sei auch das bloß Getue und Theater, geradeso wie damals sein Getue wegen des Mörders W. Daß die Todesangst, daß dies grauenhafte Gefühl einer Umschnürung und eines Verurteiltseins zu qualvollem Ersticken nicht von der Sorge um die paar Franken oder von ähnlichen Ursachen herkomme, war ihm ja klar. Dahinter lauerte Schlimmeres, Ernsteres — aber was? Es mußten Dinge sein, die mit dem blutigen Schullehrer, mit seinen eigenen Mordwünschen und mit allem Kranken und Ungeordneten in ihm zu tun hatten. Aber wie daran rühren? Wie den Grund finden? Da gab es keine Stelle in ihm innen, die nicht blutete, die nicht krank und faul und wahnsinnig schmerzempfindlich war. Er spürte: Lange war das nicht zu ertragen. Wenn es so weiter ging, und namentlich wenn noch manche solche Nächte kamen, dann wurde er wahnsinnig oder nahm sich das Leben.

Angespannt setzte er sich im Bett aufrecht und suchte das Gefühl seiner Lage auszuschöpfen, um einmal damit fertig zu werden. Aber es war immer dasselbe: Einsam und hilflos saß er, mit fieberndem Kopf und schmerzlichem Herzdruck, in Todesbangigkeit dem Schicksal gegenüber wie ein Vogel der Schlange, festgebannt und von Furcht verzehrt. Schicksal, das wußte er jetzt, kam nicht von irgendwo her, es wuchs im eigenen Innern. Wenn er kein Mittel dagegen fand, so fraß es ihn auf — dann war ihm beschieden, Schritt für Schritt von der Angst, von dieser grauenhaften Angst verfolgt und aus seiner Vernunft verdrängt zu werden, Schritt für Schritt, bis er am Rande stand, den er schon nahe fühlte.

Verstehen können — das wäre gut, das wäre vielleicht die Rettung! Er war noch lange nicht am Ende mit dem Erkennen seiner Lage und dessen, was mit ihm vorgegangen war. Er stand noch ganz im Anfang, das fühlte er wohl. Wenn er sich jetzt zusammenraffen und alles ganz genau zusammenfassen, ordnen und überlegen könnte, dann würde er vielleicht den Faden finden. Das Ganze würde einen Sinn und ein Gesicht bekommen und würde dann vielleicht zu ertragen sein. Aber diese Anstrengung, dieses letzte Sichaufraffen war ihm zu viel, es ging über seine Kräfte, er konnte einfach nicht. Je angespannter er zu denken versuchte, desto schlechter ging es, er fand statt Erinnerungen und Erklärungen in sich nur leere Löcher, nichts fiel ihm ein, und dabei verfolgte ihn schon wieder die quälende Angst, er möchte gerade das Wichtigste vergessen haben. Er störte und suchte in sich herum wie ein nervöser Reisender, der alle Taschen und Koffer nach seiner Fahrkarte durchwühlt, die er vielleicht am Hut oder gar in der Hand hat. Aber was half es, das Vielleicht?

Vorher, vor einer Stunde oder länger — hatte er da nicht eine Erkenntnis gehabt, einen Fund getan? Was war es gewesen, was? Es war fort, er fand es nicht wieder. Verzweifelnd schlug er sich mit der Faust an die Stirn. Gott im Himmel, laß mich den Schlüssel finden! Laß mich nicht so umkommen, so jammervoll, so dumm, so traurig! In Fetzen gelöst wie Wolkentreiben im Sturm floh seine ganze Vergangenheit an ihm vorüber, Millionen Bilder, durcheinander und übereinander, unkenntlich und höhnend, jedes an irgend etwas erinnernd — an was? An was?

Plötzlich fand er den Namen »Wagner« auf seinen Lippen. Wie bewußtlos sprach er ihn aus: »Wagner — Wagner.« Wo kam der Name her? Aus welchem Schacht? Was wollte er? Wer war Wagner? Wagner?

Er biß sich an den Namen fest. Er hatte eine Aufgabe, ein Problem, das war besser als dies Hangen im Gestaltlosen. Also: Wer ist Wagner? Was geht mich Wagner an? Warum sagen meine Lippen, die verzogenen Lippen in meinem Verbrechergesicht, jetzt in der Nacht den Namen Wagner vor sich hin? Er nahm sich zusammen. Allerlei fiel ihm ein. Er dachte an Lohengrin, und damit an das etwas unklare Verhältnis, das er zu dem Musiker Wagner hatte. Er hatte ihn, als Zwanzigjähriger, rasend geliebt. Später war er mißtrauisch geworden, und mit der Zeit hatte er gegen ihn eine Menge von Einwänden und Bedenken gefunden. An Wagner hatte er viel herumkritisiert, und vielleicht galt diese Kritik weniger dem Richard Wagner selbst als seiner eigenen, einstigen Liebe zu ihm? Haha, hatte er sich wieder erwischt? Hatte er da wieder einen Schwindel aufgedeckt, eine kleine Lüge, einen kleinen Unrat? Ach ja, es kam einer um den andern zum Vorschein — in dem tadellosen Leben des Beamten und Gatten Friedrich Klein war es gar nicht tadellos, gar nicht sauber gewesen, in jeder Ecke lag ein Hund begraben! Ja, richtig, also so war es auch mit Wagner. Der Komponist Richard Wagner wurde von Friedrich Klein scharf beurteilt und gehaßt. Warum? Weil Friedrich Klein es sich selber nicht verzeihen konnte, daß er als junger Mensch für diesen selben Wagner geschwärmt hatte. In Wagner verfolgte er nun seine eigene Jugendschwärmerei, seine eigne Jugend, seine eigne Liebe. Warum? Weil Jugend und Schwärmerei und Wagner und all das ihn peinlich an Verlorenes erinnerten, weil er sich von einer Frau hatte heiraten lassen, die er nicht liebte, oder doch nicht richtig, nicht genug. Ach, und so, wie er gegen Wagner verfuhr, so verfuhr der Beamte Klein noch gegen viele und vieles. Er war ein braver Mann, der Herr Klein, und hinter seiner Bravheit versteckte er nichts als Unflat und Schande! Ja, wenn er ehrlich sein wollte — wieviel heimliche Gedanken hatte er vor sich selber verbergen müssen! Wieviel Blicke nach hübschen Mädchen auf der Gasse, wieviel Neid gegen Liebespaare, die ihm abends begegneten, wenn er vom Amt zu seiner Frau nach Hause ging! Und dann die Mordgedanken. Und hatte er nicht den Haß, der ihm selber hätte gelten sollen, auch gegen jenen Schullehrer — — —

Er schrak plötzlich zusammen. Wieder ein Zusammenhang! Der Schullehrer und Mörder hatte ja — Wagner geheißen! Also da saß der Kern! Wagner — so hieß jener Unheimliche, jener wahnsinnige Verbrecher, der seine ganze Familie umgebracht hatte. War nicht mit diesem Wagner irgendwie sein ganzes Leben seit Jahren verknüpft gewesen? Hatte nicht dieser üble Schatten ihn überall verfolgt?

Nun, Gott sei Dank, der Faden war wieder gefunden. Ja, und über diesen Wagner hatte er einst, in langvergangener besserer Zeit, sehr zornig und empört gescholten und ihm die grausamsten Strafen gewünscht. Und dennoch hatte er später selber, ohne mehr an Wagner zu denken, denselben Gedanken gehabt und hatte mehrmals in einer Art von Vision sich selber gesehen, wie er seine Frau und seine Kinder ums Leben brachte.

Und war denn das nicht eigentlich sehr verständlich? War es nicht richtig? Konnte man nicht sehr leicht dahin kommen, daß die Verantwortung für das Dasein von Kindern einem unerträglich wurde, ebenso unerträglich wie das eigene Wesen und Dasein, das man nur als Irrtum, nur als Schuld und Qual empfand?

Aufseufzend dachte er diesen Gedanken zu Ende. Es schien ihm jetzt ganz gewiß, daß er schon damals, als er ihn zuerst erfuhr, im Herzen jenen Wagnerschen Totschlag verstanden und gebilligt habe, gebilligt natürlich nur als Möglichkeit. Schon damals, als er noch nicht sich unglücklich und sein Leben verpfuscht fühlte, schon damals vor Jahren, als er noch meinte, seine Frau zu lieben und an ihre Liebe glaubte, schon damals hatte sein Innerstes den Schullehrer Wagner verstanden und seinem entsetzlichen Schlachtopfer heimlich zugestimmt. Was er damals sagte und meinte, war immer nur die Meinung seines Verstandes gewesen, nicht die seines Herzens. Sein Herz — jene innerste Wurzel in ihm, aus der das Schicksal wuchs — hatte schon immer und immer eine andere Meinung gehabt, es hatte Verbrechen begriffen und gebilligt. Es waren immer zwei Friedrich Klein dagewesen, ein sichtbarer und ein heimlicher, ein Beamter und ein Verbrecher, ein Familienvater und ein Mörder.

Damals aber war er im Leben stets auf der Seite des »bessern« Ich gestanden, des Beamten und anständigen Menschen, des Ehemannes und rechtlichen Bürgers. Die heimliche Meinung seines Innersten hatte er nie gebilligt, er hatte sie nicht einmal gekannt. Und doch hatte diese innerste Stimme ihn unvermerkt geleitet und schließlich zum Flüchtling und Verworfenen gemacht!

Dankbar hielt er diesen Gedanken fest. Da war doch ein Stück Folgerichtigkeit, etwas wie Vernunft. Es genügte noch nicht, es blieb alles Wichtige noch so dunkel, aber eine gewisse Helligkeit, eine gewisse Wahrheit war doch gewonnen. Und Wahrheit — das war es, worauf es ankam. Wenn ihm nur das kurze Ende des Fadens nicht wieder verlorenging!

Zwischen Wachen und Schlaf vor Erschöpfung fiebernd, immer an der Grenze zwischen Gedanke und Traum, verlor er hundertmal den Faden wieder, fand ihn hundertmal neu. Bis es Tag war und der Gassenlärm zum Fenster hereinscholl.

Den Vormittag lief Klein durch die Stadt. Er kam vor ein
Hotel, dessen Garten ihm gefiel, ging hinein, sah Zimmer an
und mietete eines. Erst im Weggehen sah er sich nach dem
Namen des Hauses um und las: Hotel Kontinental. War ihm
dieser Name nicht bekannt? Nicht vorausgesagt worden?
Ebenso wie Hotel Milano? Er gab es indessen bald auf, zu
suchen, und war zufrieden in der Atmosphäre von Fremdheit,
Spiel und eigentümlicher Bedeutsamkeit, in die sein Leben
geraten schien.

Der Zauber von gestern kam allmählich wieder. Es war
sehr gut, daß er im Süden war, dachte er dankbar. Er war gut
geführt worden. Wäre dies nicht gewesen, dieser liebenswerte
Zauber überall, dies ruhige Schlendern und Sichvergessenkön-
nen, dann wäre er Stunde um Stunde vor dem furchtbaren
Gedankenzwang gestanden und wäre verzweifelt. So aber
gelang es ihm, stundenlang in angenehmer Müdigkeit dahin
zu vegetieren, ohne Zwang, ohne Angst, ohne Gedanken. Das
tat ihm wohl. Es war sehr gut, daß es diesen Süden gab, und
daß er ihn sich verordnet hatte. Der Süden erleichterte das
Leben. Er tröstete. Er betäubte.

Auch jetzt am hellen Tage sah die Landschaft unwahrscheinlich und phantastisch aus, die Berge waren alle zu nah, zu steil,
zu hoch, wie von einem etwas verschrobenen Maler erfunden.
Schön aber war alles Nahe und Kleine: ein Baum, ein Stück
Ufer, ein Haus in schönen heitern Farben, eine Gartenmauer,
ein schmales Weizenfeld unter Reben stehend, klein und gepflegt wie ein Hausgarten. Dies alles war lieb und freundlich,
heiter und gesellig, es atmete Gesundheit und Vertrauen. Diese
kleine, freundliche, wohnliche Landschaft samt ihren stillhei-
tern Menschen konnte man lieben. Etwas lieben zu können —
welche Erlösung!

Mit dem leidenschaftlichen Willen, zu vergessen und sich zu
verlieren, schwamm der Leidende, auf der Flucht vor den

lauernden Angstgefühlen, hingegeben durch die fremde Welt.
Er schlenderte ins Freie, in das anmutige, fleißig bestellte Bau-
ernland hinein. Es erinnerte ihn nicht an das Land und Bauern-
tum seiner Heimat, sondern mehr an Homer und an die Rö-
mer, er fand etwas Uraltes, Kultiviertes und doch Primitives
darin, eine Unschuld und Reife, die der Norden nicht hat. Die
kleinen Kapellen und Bildstöcke, die farbig und zum Teil zer-
fallend, fast alle von Kindern mit Feldblumen geschmückt,
überall an den Wegen zu Ehren von Heiligen standen, schienen
ihm denselben Sinn zu haben und vom selben Geist zu stammen
wie die vielen kleinen Tempel und Heiligtümer der Alten, die
in jedem Hain, Quell und Berg eine Gottheit verehrten und
deren heitere Frömmigkeit nach Brot und Wein und Gesundheit duftete. Er kehrte in die Stadt zurück, lief unter hallenden
Arkaden, ermüdete sich auf rauhem Steinpflaster, blickte neugierig in offene Läden und Werkstätten, kaufte italienische
Zeitungen, ohne sie zu lesen, und geriet endlich müde in einen
herrlichen Park am See. Hier schlenderten Kurgäste und saßen
lesend auf Bänken, und alte ungeheure Bäume hingen wie in
ihr Spiegelbild verliebt überm schwarzgrünen Wasser, das sie
dunkel überwölbten. Unwahrscheinliche Gewächse, Schlan-
genbäume und Perückenbäume, Korkeichen und andre Selt-
samkeiten standen frech oder ängstlich oder trauernd im Rasen,
der voll Blumen war, und an den fernen jenseitigen Seeufern
schwammen weiß und rosig lichte Dörfer und Landhäuser.

Als er auf einer Bank zusammengesunken saß und nah am
Einnicken war, riß ein fester elastischer Schritt ihn wach. Auf
hohen rotbraunen Schnürstiefeln, im kurzen Rock über dünnen durchbrochenen Strümpfen lief eine Frau vorbei, ein Mädchen, kräftig und taktfest, sehr aufrecht und herausfordernd,
elegant, hochmütig, ein kühles Gesicht mit geschminkter Lip-
penröte und einem hohen dichten Haarbau von hellem, metal-
lischem Gelb. Ihr Blick traf ihn im Vorbeigehen eine Sekunde,
sicher und abschätzend wie die Blicke des Portiers und Boys
im Hotel, und lief gleichgültig weiter.

Allerdings, dachte Klein, sie hat recht, ich bin kein Mensch, den man beachtet. Unsereinem schaut so eine nicht nach. Dennoch tat die Kürze und Kühle ihres Blickes ihm heimlich weh, er kam sich abgeschätzt und mißachtet vor von jemand, der nur Oberfläche und Außenseite sah, und aus den Tiefen seiner Vergangenheit wuchsen ihm Stacheln und Waffen empor, um sich gegen sie zu wehren. Schon war vergessen, daß ihr feiner belebter Schuh, ihr so sehr elastischer und sicherer Gang, ihr straffes Bein im dünnen Seidenstrumpf ihn einen Augenblick gefesselt und beglückt hatte. Ausgelöscht war das Rauschen ihres Kleides und der dünne Wohlgeruch, der an ihr Haar und an ihre Haut erinnerte. Weggeworfen und zerstampft war der schöne holde Hauch von Geschlecht und Liebesmöglichkeit, der ihn von ihr gestreift hatte. Statt dessen kamen viele Erinnerungen. Wie oft hatte er solche Wesen gesehn, solche junge, sichere und herausfordernde Personen, seien es nun Dirnen oder eitle Gesellschaftsweiber, wie oft hatte ihre schamlose Herausforderung ihn geärgert, ihre Sicherheit ihn irritiert, ihr kühles, brutales Sichzeigen ihn angewidert! Wie manchmal hatte er, auf Ausflügen und in städtischen Restaurants, die Empörung seiner Frau über solche unweibliche und hetärenhafte Wesen von Herzen geteilt!

Mißmutig streckte er die Beine von sich. Dieses Weib hatte ihm seine gute Stimmung verdorben! Er fühlte sich ärgerlich, gereizt und benachteiligt, er wußte: wenn diese mit dem gelben Haar nochmals vorüberkommen und ihn nochmals mustern würde, dann würde er rot werden und sich in seinen Kleidern, seinem Hut, seinen Schuhen, seinem Gesicht, Haar und Bart unzulänglich und minderwertig vorkommen! Hole sie der Teufel! Schon dies gelbe Haar! Es war falsch, es gab nirgends in der Welt so gelbe Haare. Geschminkt war sie auch. Wie nur ein Mensch sich dazu hergeben konnte, seine Lippen mit Schminke anzumalen — negerhaft! Und solche Leute liefen herum, als gehörte ihnen die Welt, sie besaßen das Auftreten, die Sicherheit, die Frechheit und verdarben anständigen Leuten die Freude.

Mit den wieder aufwogenden Gefühlen von Unlust, Ärger und Befangenheit kam abermals ein Schwall von Vergangenheit heraufgekocht, und plötzlich dazwischen der Einfall: du berufst dich ja auf deine Frau, du gibst ihr ja recht, du ordnest dich ihr wieder unter! Einen Augenblick lang überfloß ihn ein Gefühl wie: ich bin ein Esel, daß ich noch immer mich unter die »anständigen Menschen« rechne, ich bin ja keiner mehr, ich gehöre geradeso wie diese Gelbe zu einer Welt, die nicht mehr meine frühere und nicht mehr die anständige ist, in eine Welt, wo anständig oder unanständig nichts mehr bedeutet, wo jeder für sich das schwere Leben zu leben sucht. Einen Augenblick lang empfand er, daß seine Verachtung für die Gelbe ebenso oberflächlich und unaufrichtig war wie seine einstige Empörung über den Schullehrer und Mörder Wagner, und auch seine Abneigung gegen den andern Wagner, dessen Musik er einst als allzu sinnenschwül empfunden hatte. Eine Sekunde lang tat sein verschütteter Sinn, sein verlorengegangenes Ich die Augen auf und sagte ihm mit seinem alleswissenden Blick, daß alle Empörung, aller Ärger, alle Verachtung ein Irrtum und eine Kinderei sei und auf den armen Kerl von Verächter zurückfalle.

Dieser gute, alleswissende Sinn sagte ihm auch, daß er hier wieder vor einem Geheimnis stehe, dessen Deutung für sein Leben wichtig sei, daß diese Dirne oder Weltdame, daß dieser Duft von Eleganz, Verführung und Geschlecht ihm keineswegs zuwider und beleidigend sei, sondern daß er sich diese Urteile nur eingebildet und eingehämmert habe, aus Angst vor seiner wirklichen Natur, aus Angst vor Wagner, aus Angst vor dem Tier oder Teufel, den er in sich entdecken konnte, wenn er einmal die Fesseln und Verkleidungen seiner Sitte und Bürgerlichkeit abwürfe. Blitzhaft zuckte etwas wie Lachen, wie Hohnlachen in ihm auf, das aber alsbald wieder schwieg. Es siegte wieder das Mißgefühl. Es war unheimlich, wie jedes

Erwachen, jede Erregung, jeder Gedanke ihn immer wieder unfehlbar dorthin traf, wo er schwach und nur zu Qualen fähig war. Nun saß er wieder mitten darin und hatte es mit seinem fehlgeratenen Leben, mit seiner Frau, mit seinem Verbrechen, mit der Hoffnungslosigkeit seiner Zukunft zu tun. Angst kam wieder, das allwissende Ich sank unter wie ein Seufzer, den niemand hört. O welche Qual! Nein, daran war nicht die Gelbe schuld. Und alles, was er gegen sie empfand, tat ihr ja nicht weh, traf nur ihn selber.

Er stand auf und fing zu laufen an. Früher hatte er oft geglaubt, er führe ein ziemlich einsames Leben, und hatte sich mit einiger Eitelkeit eine gewisse resignierte Philosophie zugeschrieben, galt auch unter seinen Kollegen für einen Gelehrten, Leser und heimlichen Schöngeist. Mein Gott, er war nie einsam gewesen! Er hatte mit den Kollegen, mit seiner Frau, mit den Kindern, mit allen möglichen Leuten geredet, und der Tag war dabei vergangen und die Sorgen erträglich geworden. Und auch wenn er allein gewesen war, war es keine Einsamkeit gewesen. Er hatte die Meinungen, die Ängste, die Freuden, die Tröstungen vieler geteilt, einer ganzen Welt. Stets war um ihn her und bis in ihn hinein Gemeinsamkeit gewesen, und auch noch im Alleinsein, im Leid und in der Resignation hatte er stets einer Schar und Menge angehört, einem schützenden Verband, der Welt der Anständigen, Ordentlichen und Braven. Jetzt aber, jetzt schmeckte er Einsamkeit. Jeder Pfeil fiel auf ihn selber, jeder Trostgrund erwies sich als sinnlos, jede Flucht vor der Angst führte nur in jene Welt hinüber, mit der er gebrochen hatte, die ihm zerbrochen und entglitten war. Alles, was sein Leben lang gut und richtig gewesen war, war es jetzt nicht mehr. Alles mußte er aus sich selber holen, niemand half ihm. Und was fand er denn in sich selber? Ach, Unordnung und Zerrissenheit!

Ein Automobil, dem er auswich, lenkte seine Gedanken ab, warf ihnen neues Futter zu; er fühlte im unausgeschlafenen Schädel Leere und Schwindel. »Automobil«, dachte er, oder sagte es, und wußte nicht, was es bedeute. Da sah er, einen Augenblick im Schwächegefühl die Augen schließend, ein Bild wieder, das ihm bekannt schien, das ihn erinnerte und seinen Gedanken neues Blut zuführte. Er sah sich auf einem Auto sitzen und es steuern, das war ein Traum, den er einmal geträumt hatte. In jenem Traumgefühl, da er den Lenker hinabgestoßen und sich selber der Steuerung bemächtigt hatte, war etwas wie Befreiung und Triumph gewesen. Es gab da einen Trost, irgendwo, schwer zu finden. Aber es gab einen. Es gab, und sei es auch nur in der Phantasie oder im Traum, die wohltätige Möglichkeit, sein Fahrzeug ganz allein zu steuern, jeden andern Führer hohnlachend vom Bock zu werfen, und wenn das Fahrzeug dann auch Sprünge machte und über Trottoirs oder in Häuser und Menschen hineinfuhr, so war es doch köstlich und war viel besser, als geschützt unter fremder Führung zu fahren und ewig ein Kind zu bleiben.

Ein Kind! Er mußte lächeln. Es fiel ihm ein, daß er als Kind und Jüngling seinen Namen Klein manchmal verflucht und gehaßt hatte. Jetzt hieß er nicht mehr so. War das nicht von Bedeutung — ein Gleichnis, ein Symbol? Er hatte aufgehört, klein und ein Kind zu sein und sich von andern führen zu lassen.

Im Hotel trank er zu seinem Essen einen guten, sanften Wein, den er auf gut Glück bestellt hatte und dessen Namen er sich merkte. Wenige Dinge gab es, die einem halfen, wenige, die trösteten und das Leben erleichterten; diese wenigen Dinge zu kennen war wichtig. Dieser Wein war so ein Ding, und die südliche Luft und Landschaft war eines. Was noch? Gab es noch andre? Ja, das Denken war auch so ein tröstliches Ding, das einem wohltat und leben half. Aber nicht jedes Denken! O nein, es gab ein Denken, das war Qual und Wahnsinn. Es gab ein Denken, das wühlte schmerzvoll im Unabänderlichen und führte zu nichts als Ekel, Angst und Lebensüberdruß. Ein anderes Denken war es, das man suchen und lernen mußte. War es überhaupt ein Denken? Es war ein Zustand, eine innere

Verfassung, die immer nur Augenblicke dauerte und durch angestrengtes Denkenwollen nur zerstört wurde. In diesem höchst wünschenswerten Zustand hatte man Einfälle, Erinnerungen, Visionen, Phantasien, Einsichten von besonderer Art. Der Gedanke (oder Traum) vom Automobil war von dieser Art, von dieser guten und tröstlichen Art, und die plötzlich gekommene Erinnerung an den Totschläger Wagner und an jenes Gespräch, das er vor Jahren über ihn geführt hatte. Der seltsame Einfall mit dem Namen Klein war auch so. Bei diesen Gedanken, diesen Einfällen wich für Augenblicke die Angst und das scheußliche Unwohlsein einer rasch aufleuchtenden Sicherheit — es war dann, als sei alles gut, das Alleinsein war stark und stolz, die Vergangenheit überwunden, die kommende Stunde ohne Schrecken.

Er mußte das noch erfassen, es mußte sich begreifen und lernen lassen! Er war gerettet, wenn es ihm gelang, häufig Gedanken von jener Art in sich zu finden, in sich zu pflegen und hervorzurufen. Und er sann und sann. Er wußte nicht, wie er den Nachmittag verbrachte, die Stunden schmolzen ihm weg wie im Schlaf, und vielleicht schlief er auch wirklich, wer wollte das wissen. Immerzu kreisten seine Gedanken um jenes Geheimnis. Er dachte sehr viel und mühsam über seine Begegnung mit der Gelben nach. Was bedeutete sie? Wie kam es, daß in ihm diese flüchtige Begegnung, das sekundenkurze Wechseln eines Blickes mit einem fremden, schönen, aber ihm unsympathischen Weibe für lange Stunden zur Quelle von Gedanken, von Gefühlen, von Erregungen, Erinnerungen, Selbstpeinigungen, Anklagen wurde? Wie kam das? Ging das andern auch so? Warum hatte die Gestalt, der Gang, das Bein, der Schuh und Strumpf der Gelben ihn einen winzigen Moment entzückt? Warum hatte dann ihr kühl abwägender Blick ihn so sehr ernüchtert? Warum hatte dieser fatale Blick ihn nicht bloß ernüchtert und aus der kurzen erotischen Bezauberung geweckt, sondern ihn auch beleidigt, empört und vor sich selbst entwertet? Warum hatte er gegen diesen Blick lauter Worte und Erinnerungen ins Feld geführt, welche seiner einstigen Welt angehörten, Worte, die keinen Sinn mehr hatten, Gründe, an die er nicht mehr glaubte? Er hatte Urteile seiner Frau, Worte seiner Kollegen, Gedanken und Meinungen seines einstigen Ich, des nicht mehr vorhandenen Bürgers und Beamten Klein, gegen jene gelbe Dame und ihren unangenehmen Blick aufgeboten, er hatte das Bedürfnis gehabt, sich gegen diesen Blick mit allen erdenklichen Mitteln zu rechtfertigen, und hatte einsehen müssen, daß seine Mittel lauter alte Münzen waren, welche nicht mehr galten. Und aus allen diesen langen, peinlichen Erwägungen war ihm nichts geworden als Beklemmung, Unruhe und leidvolles Gefühl des eigenen Unrechts! Nur einen einzigen Moment aber hatte er jenen andren, so sehr zu wünschenden Zustand wieder empfunden, einen Moment lang hatte er innerlich zu all jenen peinlichen Erwägungen den Kopf geschüttelt und es besser gewußt. Er hatte gewußt, eine Sekunde lang: Meine Gedanken über die Gelbe sind dumm und unwürdig, Schicksal steht über ihr wie über mir, Gott liebt sie, wie er mich liebt.

Woher war diese holde Stimme gekommen? Wo konnte man sie wiederfinden, wie sie wieder herbeilocken, auf welchem Ast saß dieser seltne, scheue Vogel? Diese Stimme sprach die Wahrheit, und Wahrheit war Wohltat, Heilung, Zuflucht. Diese Stimme entstand, wenn man im Herzen mit dem Schicksal einig war und sich selber liebte; sie war Gottes Stimme, oder war die Stimme des eigenen, wahrsten, innersten Ich, jenseits von allen Lügen, Entschuldigungen und Komödien.

Warum konnte er diese Stimme nicht immer hören? Warum flog die Wahrheit an ihm immer vorbei wie ein Gespenst, das man nur mit halbem Blick im Vorbeihuschen sehen kann und das verschwindet, wenn man den vollen Blick darauf richtet? Warum sah er wieder und wieder diese Glückspforte offenstehen, und wenn er hineinwollte, war sie doch geschlossen!

In seinem Zimmer aus einem Schlummer aufwachend, griff er nach einem Bändchen Schopenhauer, das auf dem Tischchen lag und das ihn meistens auf Reisen begleitete. Er schlug blindlings auf und las einen Satz: »Wenn wir auf unsern zurückgelegten Lebensweg zurücksehn und zumal unsre unglücklichen Schritte, nebst ihren Folgen, ins Auge fassen, so begreifen wir oft nicht, wie wir haben dieses tun, oder jenes unterlassen können; so daß es aussieht, als hätte eine fremde Macht unsre Schritte gelenkt. Goethe sagt im Egmont: Es glaubt der Mensch sein Leben zu leiten, sich selbst zu führen; und sein Innerstes wird unwiderstehlich nach seinem Schicksal gezogen.« — Stand da nicht etwas, was ihn anging? Was mit seinen heutigen Gedanken nah und innig zusammenhing? — Begierig las er weiter, doch es kam nichts mehr, die folgenden Zeilen und Sätze ließen ihn unberührt. Er legte das Buch weg, sah auf die Taschenuhr, fand sie unaufgezogen und abgelaufen, stand auf und blickte durchs Fenster, es schien gegen Abend zu sein.

Er fühlte sich etwas angegriffen wie nach starker geistiger Anstrengung, aber nicht unangenehm und fruchtlos erschöpft, sondern sinnvoll ermüdet wie nach befriedigender Arbeit. Ich habe wohl eine Stunde oder mehr geschlafen, dachte er, und trat vor den Spiegelschrank, um sein Haar zu bürsten. Es war ihm seltsam frei und wohl zumute, und im Spiegel sah er sich lächeln! Sein bleiches, überanstrengtes Gesicht, das er seit langem nur noch verzerrt und starr und irr gesehen hatte, stand in einem sanften, freundlichen, guten Lächeln. Verwundert schüttelte er den Kopf und lächelte sich selber zu.

Er ging hinab, im Restaurant wurde an einigen Tischen schon soupiert. Hatte er nicht eben erst gegessen? Einerlei, er hatte große Lust, es sofort wieder zu tun, und er bestellte, mit Eifer den Kellner befragend, eine gute Mahlzeit.

»Will der Herr vielleicht heut abend nach Castiglione fahren?« fragte ihn der Kellner beim Vorlegen. »Es geht ein Motorboot vom Hotel.«

Klein dankte mit Kopfschütteln. Nein, solche Hotelveranstaltungen waren nichts für ihn. — Castiglione? Davon hatte er schon sprechen hören. Es war ein Vergnügungsort mit einer Spielbank, so etwas wie ein kleines Monte Carlo. Lieber Gott, was sollte er dort tun?

Während der Kaffee gebracht wurde, nahm er aus dem Blumenstrauß, der in einer Kristallvase vor ihm stand, eine kleine weiße Rose und steckte sie an. Von einem Nebentische her streifte ihn der Rauch einer frisch angezündeten Zigarre. Richtig, eine gute Zigarre wollte er auch haben.

Unschlüssig stieg er dann vor dem Hause hin und her. Ganz gerne wäre er wieder in jene dörfliche Gegend gegangen, wo er gestern abend beim Gesang der Italienerin und dem magischen Funkentanz der Leuchtkäfer zum erstenmal die süße Wirklichkeit des Südens gespürt hatte. Aber es zog ihn auch zum Park, an das schattig überlaubte stille Wasser, zu den seltsamen Bäumen, und wenn er die Dame mit dem gelben Haar wieder angetroffen hätte, so würde ihr kalter Blick ihn jetzt nicht ärgern noch beschämen. Übrigens — wie unausdenklich lang war es seit gestern! Wie fühlte er sich in diesem Süden schon heimisch! Wieviel hatte er erlebt, gedacht, erfahren!

Er schlenderte eine Straße weit, umflossen von einem guten, sanften Sommerabendwind. Nachtfalter kreisten leidenschaftlich um die eben entzündeten Straßenlaternen, fleißige Leute schlossen spät ihre Geschäfte zu und klappten Eisenstangen vor die Läden, viele Kinder trieben sich noch herum und rannten bei ihren Spielen zwischen den kleinen Tischen der Cafés herum, an denen mitten auf der Straße Kaffee und Limonaden getrunken wurden. Ein Marienbild in einer Wandnische lächelte im Schein brennender Lichter. Auch auf den Bänken am See war noch Leben, wurde gelacht, gestritten, gesungen, und auf dem Wasser schwamm hier und dort noch ein Boot mit hemdärmeligen Ruderern und Mädchen in weißen Blusen.

Klein fand leicht den Weg zum Park wieder, aber das hohe Tor stand geschlossen. Hinter den hohen Eisenstangen stand die schweigende Baumfinsternis fremd und schon voll Nacht und Schlaf. Er blickte lang hinein. Dann lächelte er, und es wurde ihm nun erst der heimliche Wunsch bewußt, der ihn an diese Stelle vor das verschlossene Eisentor getrieben hatte. Nun, es war einerlei, es ging auch ohne Park.

Auf einer Bank am See saß er friedlich und sah dem vorübertreibenden Volk zu. Er entfaltete im hellen Laternenlicht eine italienische Zeitung und versuchte zu lesen. Er verstand nicht alles, aber jeder Satz, den er zu übersetzen vermochte, machte ihm Spaß. Erst allmählich begann er, über die Grammatik weg, auf den Sinn zu achten, und fand mit einem gewissen Erstaunen, daß der Artikel eine heftige, erbitterte Schmähung seines Volkes und Vaterlandes war. Wie seltsam, dachte er, das alles gibt es noch! Die Italiener schrieben über sein Volk, genau so wie die heimischen Zeitungen es immer über Italien getan hatten, genau so richtend, genau so empört, genau so unfehlbar vom eigenen Recht und fremden Unrecht überzeugt! Auch daß diese Zeitung mit ihrem Haß und ihrem grausamen Aburteilen ihn nicht zu empören und zu ärgern vermochte, war ja seltsam. Oder nicht? Nein, wozu sich empören? Das alles war ja die Art und Sprache einer Welt, zu der er nicht mehr gehörte. Sie mochte die gute, die bessere, die richtige Welt sein — es war nicht mehr die seine.

Er ließ die Zeitung auf der Bank liegen und ging weiter. Aus einem Garten strahlten über dicht blühende Rosenstämme hinweg hundert bunte Lichter. Menschen gingen hinein, er schloß sich an, eine Kasse, Aufwärter, eine Wand mit Plakaten. Mitten im Garten war ein Saal ohne Wände, nur ein großes Zeltdach, von welchem alle die zahllosen vielfarbigen Lampen niederhingen. Viele halbbesetzte Gartentische füllten den luftigen Saal; im Hintergrunde silbern, grün und rosa in grellen Farben glitzerte überhell eine schmale erhöhte Bühne. Unter der Rampe saßen Musikanten, ein kleines Orchester. Beschwingt und licht atmete die Flöte in die bunte warme Nacht hinaus, die Oboe satt und schwellend, das Cello sang dunkel, bang und warm. Auf der Bühne darüber sang ein alter Mann komische Lieder, sein gemalter Mund lachte starr, in seinem kahlen bekümmerten Schädel spiegelte das üppige Licht.

Klein hatte nichts dergleichen gesucht, einen Augenblick fühlte er etwas wie Enttäuschung und Kritik und die alte Scheu vor dem einsamen Sitzen inmitten einer frohen und eleganten Menge; die künstliche Lustbarkeit schien ihm schlecht in den duftenden Gartenabend zu stimmen. Doch setzte er sich, und das aus so vielen buntfarbigen gedämpften Lampen niederrinnende Licht versöhnte ihn alsbald, es hing wie ein Zauberschleier über dem offenen Saal. Zart und innig glühte die kleine Musik herüber, gemischt mit dem Duft der vielen Rosen. Die Menschen saßen heiter und geschmückt in gedämpfter Fröhlichkeit; über Tassen, Flaschen und Eisbechern schwebten, von dem milden farbigen Licht hold behaucht und bepudert, helle Gesichter und schillernde Frauenhüte, und auch das gelbe und rosige Eis in den Bechern, die Gläser mit roten, grünen, gelben Limonaden klangen in dem Bilde festlich und juwelenhaft mit.

Niemand hörte dem Komiker zu. Der dürftige Alte stand gleichgültig und vereinsamt auf seiner Bühne und sang, was er gelernt hatte, das köstliche Licht floß an seiner armen Gestalt herab. Er endete sein Lied und schien zufrieden, daß er gehen konnte. An den vordersten Tischen klatschten zwei, drei Menschen mit den Händen. Der Sänger trat ab und erschien bald darauf durch den Garten im Saale, an einem der ersten Tische beim Orchester nahm er Platz. Eine junge Dame schenkte ihm Sodawasser in ein Glas, sie erhob sich dabei halb, und Klein blickte hin. Es war die mit den gelben Haaren.

Jetzt tönte von irgendwo her eine schrille Klingel lang und dringlich, es entstand Bewegung in der Halle. Viele gingen ohne Hut und Mantel hinaus. Auch der Tisch beim Orchester leerte sich, die Gelbe lief mit den andern hinaus, ihr Haar glänzte hell noch draußen in der Gartendämmerung. An dem Tisch blieb nur der alte Sänger sitzen.

Klein gab sich einen Stoß und ging hinüber. Er grüßte den Alten höflich, der nickte nur.

»Können Sie mir sagen, was dies Klingeln bedeutet?« fragte Klein.

»Pause«, sagte der Komiker.

»Und wohin sind all die Leute gegangen?«

»Spielen. Jetzt ist eine halbe Stunde Pause, und so lange kann man im Kursaal drüben spielen.«

»Danke. — Ich wußte nicht, daß auch hier eine Spielbank ist.«

»Nicht der Rede wert. Nur für Kinder, höchster Einsatz fünf Franken.«

»Danke sehr.«

Er hatte schon wieder den Hut gezogen und sich umgedreht. Da fiel ihm ein, er könnte den Alten nach der Gelben fragen. Der kannte sie.

Er zögerte, den Hut noch in der Hand. Dann ging er weg. Was wollte er eigentlich? Was ging sie ihn an? Doch spürte er, sie ging ihn trotzdem an. Es war nur Schüchternheit, irgendein Wahn, eine Hemmung. Eine leise Welle von Unmut stieg in ihm auf, eine dünne Wolke. Schwere war wieder im Anzug, jetzt war er wieder befangen, unfrei, und über sich selbst ärgerlich. Es war besser, er ging nach Hause. Was tat er hier, unter den vergnügten Leuten? Er gehörte nicht zu ihnen.

Ein Kellner, der Zahlung verlangte, störte ihn. Er war ungehalten.

»Können Sie nicht warten, bis ich rufe?«

»Entschuldigen, ich dachte, der Herr wolle gehen. Mir ersetzt es niemand, wenn einer drausläuft.«

Er gab mehr Trinkgeld, als nötig war.

Als er die Halle verließ, sah er aus dem Garten her die Gelbe zurückkommen. Er wartete und ließ sie an sich vorübergehen. Sie schritt aufrecht, stark und leicht wie auf Federn. Ihr Blick traf ihn, kühl, ohne Erkennen. Er sah ihr Gesicht hell beleuchtet, ein ruhiges und kluges Gesicht, fest und blaß, ein wenig blasiert, der geschminkte Mund blutrot, graue Augen voll Wachsamkeit, ein schönes, reich ausgeformtes Ohr, an dem ein grüner länglicher Stein blitzte. Sie ging in weißer Seide, der schlanke Hals sank in Opalschatten hinab, von einer dünnen Kette mit grünen Steinen umspannt.

Er sah sie an, heimlich erregt, und wieder mit zwiespältigem Eindruck. Etwas an ihr lockte, erzählte von Glück und Innigkeit, duftete nach Fleisch und Haar und gepflegter Schönheit, und etwas anderes stieß ab, schien unecht, ließ Enttäuschung fürchten. Es war die alte, anerzogene und ein Leben lang gepflegte Scheu vor dem, was er als dirnenhaft empfand, vor dem bewußten Sichzeigen des Schönen, vor dem offenen Erinnern an Geschlecht und Liebeskampf. Er spürte wohl, daß der Zwiespalt in ihm selbst lag. Da war wieder Wagner, da war wieder die Welt des Schönen, aber ohne Zucht, des Reizenden, aber ohne Verstecktheit, ohne Scheu, ohne schlechtes Gewissen. Da steckte ein Feind in ihm, der ihm das Paradies verbot.

Die Tische in der Halle wurden jetzt von Dienern umgestellt und ein freier Raum in der Mitte geschaffen. Ein Teil der Gäste war nicht wiedergekommen.

»Dableiben«, rief ein Wunsch in dem einsamen Mann. Er spürte voraus, was für eine Nacht ihm bevorstand, wenn er jetzt fortging. Eine Nacht wie die vorige, wahrscheinlich eine noch schlimmere. Wenig Schlaf, mit bösen Träumen, Hoffnungslosigkeit und Selbstquälerei, dazu das Geheul der Sinne, der Gedanke an die Kette von grünen Steinen auf der weißen und perlfarbigen Frauenbrust. Vielleicht war schon bald, bald der Punkt erreicht, wo das Leben nicht mehr auszuhalten war. Und er hing doch am Leben, sonderbar genug. Ja, tat er das? Wäre er denn sonst hier? Hätte er seine Frau verlassen, hätte er die Schiffe hinter sich verbrannt, hätte er diesen ganzen bösartigen Apparat in Anspruch genommen, alle diese Schnitte ins eigene Fleisch, und wäre er schließlich in diesen Süden hergereist, wenn er nicht am Leben hinge, wenn nicht Wunsch und Zukunft in ihm waren? Hatte er es nicht heut gefühlt, klar und wunderschön, bei dem guten Wein, vor dem geschlossenen Parktor, auf der Bank am Kai?

Er blieb und fand Platz am Tisch neben jenem, wo der Sänger und die Gelbe saßen. Dort waren sechs, sieben Menschen beisammen, welche sichtlich hier zu Hause waren, gewissermaßen ein Teil dieser Veranstaltung und Lustbarkeit waren. Er blickte beständig zu ihnen hinüber. Zwischen ihnen und den Stammgästen dieses Gartens bestand Vertraulichkeit, auch die Leute vom Orchester kannten sie und gingen an ihrem Tische ab und zu oder riefen Witze herüber, sie nannten die Kellner du und mit den Vornamen. Es wurde deutsch, italienisch und französisch durcheinander gesprochen.

Klein betrachtete die Gelbe. Sie blieb ernst und kühl, er hatte sie noch nicht lächeln sehen, ihr beherrschtes Gesicht schien unveränderlich. Er konnte sehen, daß sie an ihrem Tische etwas galt, Männer und Mädchen hatten gegen sie einen Ton von kameradschaftlicher Achtung. Er hörte nun auch ihren Namen nennen: Teresina. Er besann sich, ob sie schön sei, ob sie ihm eigentlich gefalle. Er konnte es nicht sagen. Schön war ohne Zweifel ihr Wuchs und ihr Gang, sogar ungewöhnlich schön, ihre Haltung beim Sitzen und die Bewegungen ihrer sehr gepflegten Hände. An ihrem Gesicht und Blick aber beschäftigte und irritierte ihn die stille Kühle, die Sicherheit und Ruhe der Miene, das fast maskenhaft Starre. Sie sah aus wie ein Mensch, der seinen eigenen Himmel und seine eigene Hölle hat, welche niemand mit ihm teilen kann. Auch in dieser Seele, welche durchaus hart, spröde und vielleicht stolz, ja böse schien, auch in dieser Seele mußte Wunsch und Leidenschaft brennen. Welcherlei Gefühle suchte und liebte sie, welche floh sie? Wo waren ihre Schwächen, ihre Ängste, ihr Verborgenes? Wie sah sie aus, wenn sie lachte, wenn sie schlief, wenn sie weinte, wenn sie küßte?

Und wie kam es, daß sie nun seit einem halben Tage seine Gedanken beschäftigte, daß er sie beobachten, sie studieren, sie fürchten, sich über sie ärgern mußte, während er noch nicht einmal wußte, ob sie ihm gefalle oder nicht?

War sie vielleicht ein Ziel und Schicksal für ihn? Zog eine heimliche Macht ihn zu ihr, wie sie ihn nach dem Süden gezogen hatte? Ein eingeborener Trieb, eine Schicksalslinie, ein lebenslanger unbewußter Drang? War die Begegnung mit ihr ihm vorbestimmt? Über ihn verhängt?

Er hörte ein Bruchstück ihres Gesprächs mit angestrengtem Lauschen aus dem vielstimmigen Geplauder heraus. Zu einem hübschen, geschmeidigen, eleganten Jüngling mit gewelltem schwarzem Haar und glattem Gesicht hörte er sie sagen: »Ich möchte noch einmal richtig spielen, nicht hier, nicht um Pralinés, drüben in Castiglione oder in Monte Carlo.« Und dann, auf seine Antwort hin, nochmals: »Nein, Sie wissen ja gar nicht, wie das ist! Es ist vielleicht häßlich, es ist vielleicht nicht klug, aber es ist hinreißend.«

Nun wußte er etwas von ihr. Es machte ihm großes Vergnügen, sie beschlichen und belauscht zu haben. Durch ein erleuchtetes kleines Fenster hatte er, der Fremde, von außen her, auf Posten stehend, einen kurzen Späherblick in ihre Seele werfen können. Sie hatte Wünsche. Sie wurde von Verlangen gequält nach etwas, was erregend und gefährlich war, nach etwas, an das man sich verlieren konnte. Es war ihm lieb, das zu wissen. — Und wie war das mit Castiglione? Hatte er davon nicht heut schon einmal reden hören? Wann? Wo?

Einerlei, er konnte jetzt nicht denken. Aber er hatte jetzt wieder, wie schon mehrmals in diesen seltsamen Tagen, die Empfindung, daß alles, was er tat, hörte, sah und dachte, voll von Beziehung und Notwendigkeit war, daß ein Führer ihn leite, daß lange, ferne Ursachenreihen ihre Früchte trugen. Nun, mochten sie ihre Früchte tragen. Es war gut so.

Wieder überflog ihn ein Glücksgefühl, ein Gefühl von Ruhe und Sicherheit des Herzens, wunderbar entzückend für den, der die Angst und das Grauen kennt. Er erinnerte sich eines Wortes aus seiner Knabenzeit. Sie hatten, Schulknaben, miteinander darüber gesprochen, wie es wohl die Seiltänzer machen, daß sie so sicher und angstlos auf dem Seil gehen konnten. Und einer hatte gesagt: »Wenn du auf dem Stubenboden einen Kreidestrich ziehst, ist es gerade so schwer, genau auf diesem Kreidestrich vorwärtszugehen, wie auf dem dünnsten Seil. Und doch tut man es ruhig, weil keine Gefahr dabei ist. Wenn du dir vorstellst, es sei bloß ein Kreidestrich, und die Luft daneben sei Fußboden, dann kannst du auf jedem Seil sicher gehen.« Das fiel ihm ein. Wie schön war das! War es bei ihm nicht vielleicht umgekehrt? Ging es ihm nicht so, daß er auch auf keinem ebenen Boden mehr ruhig und sicher gehen konnte, weil er ihn für ein Seil hielt?

Er war innig froh darüber, daß solche tröstliche Sachen ihm einfallen konnten, daß sie in ihm schlummerten und je und je zum Vorschein kamen. In sich innen trug man alles, worauf es ankam, von außen konnte niemand einem helfen. Mit sich selbst nicht im Krieg liegen, mit sich selbst in Liebe und Vertrauen leben — dann konnte man alles. Dann konnte man nicht nur seiltanzen, dann konnte man fliegen.

Eine Weile hing er, alles um sich her vergessend, diesen Gefühlen auf weichen, schlüpfrigen Pfaden der Seele in sich nachtastend wie ein Jäger und Pfadfinder, mit auf die Hand gestütztem Kopfe wie entrückt über seinem Tisch. In diesem Augenblick sah die Gelbe herüber und sah ihn an. Ihr Blick verweilte nicht lang, aber er las aufmerksam in seinem Gesicht, und als er es fühlte und ihr entgegenblickte, spürte er etwas wie Achtung, etwas wie Teilnahme und auch etwas wie Verwandtschaft. Diesmal tat ihr Blick ihm nicht weh, tat ihm nicht Unrecht. Diesmal, so fühlte er, sah sie ihn, ihn selbst, nicht seine Kleider und Manieren, seine Frisur und seine Hände, sondern das Echte, Unwandelbare, Geheimnisvolle an ihm, das Einmalige, Göttliche, das Schicksal.

Er bat ihr ab, was er heut Bittres und Häßliches über sie gedacht hatte. Aber nein, da war nichts abzubitten. Was er Böses und Törichtes über sie gedacht, gegen sie gefühlt hatte, das waren Schläge gegen ihn selbst gewesen, nicht gegen sie. Nein, es war gut so.

Plötzlich erschreckte ihn der Wiederbeginn der Musik. Das Orchester stimmte einen Tanz an. Aber die Bühne blieb leer und dunkel, statt auf sie waren die Blicke der Gäste nach dem leeren Viereck zwischen den Tischen gerichtet. Er erriet, es würde getanzt werden.

Aufblickend sah er am Nebentisch die Gelbe und den jungen bartlosen Elegant sich erheben. Er lächelte über sich, als er bemerkte, wie er auch gegen diesen Jüngling Widerstände fühlte, wie er nur mit Widerwillen seine Eleganz, seine sehr netten Manieren, sein hübsches Haar und Gesicht anerkannte. Der Jüngling bot ihr die Hand, führte sie in den freien Raum, ein zweites Paar trat an, und nun tanzten die beiden Paare elegant, sicher und hübsch einen Tango. Er verstand nicht viel davon, aber er sah bald, daß Teresina wunderbar tanze. Er sah: sie tat etwas, was sie verstand und bemeisterte, was in ihr lag und natürlich aus ihr herauskam. Auch der Jüngling mit dem gewellten schwarzen Haar tanzte gut, sie paßten zusammen. Ihr Tanz erzählte den Zuschauern lauter angenehme, lichte, einfache und freundliche Dinge. Leicht und zart lagen ihre Hände ineinander, willig und froh taten ihre Knie, ihre Arme, ihre Füße und Leiber die zartkräftige Arbeit. Ihr Tanz drückte Glück und Freude aus, Schönheit und Luxus, gute Lebensart und Lebenskunst. Er drückte auch Liebe und Geschlechtlichkeit aus, aber nicht wild und glühend, sondern eine Liebe voll Selbstverständlichkeit, Naivität und Anmut. Sie tanzten den reichen Leuten, den Kurgästen das Schöne vor, das in deren Leben lag und das diese selber nicht ausdrücken und ohne eine solche Hilfe nicht einmal empfinden konnten. Diese bezahlten, geschulten Tänzer dienten der guten Gesellschaft zu einem Ersatz. Sie, die selber nicht so gut und geschmeidig tanzten, die angenehme Spielerei ihres Lebens nicht recht genießen konnten, ließen sich von diesen Leuten vortanzen, wie gut sie es hatten. Aber das war es nicht allein. Sie ließen sich nicht nur eine Schwerelosigkeit und heitere Selbstherrlichkeit des Lebens vorspielen, sie wurden auch an Natur und Unschuld der Gefühle und Sinne gemahnt. Aus ihrem überhasteten und überarbeiteten oder auch faulen und übersättigten Leben, das zwischen wilder Arbeit, wildem Vergnügen und erzwungener Sanatoriumspönitenz pendelte, blickten sie lächelnd, dumm und heimlich gerührt auf den Tanz dieser hübschen und gewandten jungen Menschen wie auf einen holden Lebensfrühling hin, wie auf ein fernes Paradies, das man verloren hat und von dem man nur noch an Feiertagen den Kindern erzählt, an das man kaum mehr glaubt, von dem man aber nachts mit brennendem Begehren träumt.

Und nun ging während des Tanzes mit dem Gesicht der Gelbhaarigen eine Veränderung vor, welcher Friedrich Klein mit reinem Entzücken zuschaute. Ganz allmählich und unmerklich, wie das Rosenrot über einen Morgenhimmel, kam über ihr ernstes, kühles Gesicht ein langsam wachsendes, langsam sich erwärmendes Lächeln. Gradaus vor sich hinblickend, lächelte sie wie erwachend, so als sei sie, die Kühle, erst nun durch den Tanz zum vollen Leben erwärmt worden. Auch der Tänzer lächelte, und auch das zweite Paar lächelte, und auf allen vier Gesichtern war es wunderhübsch, obwohl es wie maskenhaft und unpersönlich erschien — aber bei Teresina war es am schönsten und geheimnisvollsten, niemand lächelte so wie sie, so unberührt von außen, so im eigenen Wohlgefühl von innen her aufblühend. Er sah es mit tiefer Rührung, es ergriff ihn wie die Entdeckung eines heimlichen Schatzes.

»Was für wundervolles Haar sie hat!« hörte er in der Nähe jemand leise rufen. Er dachte daran, daß er dies wundervolle blondgelbe Haar geschmäht und bezweifelt hatte.

Der Tango war zu Ende, Klein sah Teresina einen Augenblick neben ihrem Tänzer stehen, der ihre linke Hand mit den Fingern noch in Schulterhöhe hielt, und sah den Zauber auf ihrem Gesicht nachleuchten und langsam schwinden. Es wurde halblaut geklatscht, und jedermann blickte den beiden

nach, als sie mit schwebendem Schritt an ihren Tisch zurück-
kehrten.

Der nächste Tanz, der nach einer kurzen Pause begann,
wurde nur von einem einzigen Paar ausgeführt, von Teresina
und ihrem hübschen Partner. Es war ein freier Phantasietanz,
eine kleine komplizierte Dichtung, beinahe schon eine Panto-
mime, die jeder Tänzer für sich allein spielte und die nur in
einigen aufleuchtenden Höhepunkten und im galoppierend
raschen Schlußsatz zum Paartanz wurde.

Hier schwebte Teresina, die Augen voll von Glück, so auf-
gelöst und innig dahin, folgte mit schwerelosen Gliedern so
selig den Werbungen der Musik, daß es still in der Halle wurde
und alle hingegeben auf sie schauten. Der Tanz endete mit
einem heftigen Wirbel, wobei Tänzer und Tänzerin sich nur
mit Händen und Fußspitzen berührten und sich, weit hinten-
über hängend, bacchantisch im Kreise drehten.

Bei diesem Tanz hatte jedermann das Gefühl, daß die beiden
Tanzenden in ihren Gebärden und Schritten, in Trennung und
Wiedervereinigung, in immer erneutem Wegwerfen und
Wiedergreifen des Gleichgewichtes Empfindungen darstell-
ten, die allen Menschen vertraut und zutiefst erwünscht sind,
die aber nur von wenigen Glücklichen so einfach, stark und
unverbogen erlebt werden: die Freude des gesunden Menschen
an sich selber, die Steigerung dieser Freude in der Liebe zum
andern, das gläubige Einverstandensein mit der eigenen Natur,
die vertrauensvolle Hingabe an die Wünsche, Träume und
Spiele des Herzens. Viele empfanden für einen Augenblick
nachdenkliche Trauer darüber, daß zwischen ihrem Leben und
ihren Trieben so viel Zwiespalt und Streit bestand, daß ihr
Leben kein Tanz, sondern ein mühsames Keuchen unter Lasten
war — Lasten, die schließlich nur sie selber sich aufgebürdet
hatten.

Friedrich Klein blickte, während er dem Tanz folgte, durch
viele vergangene Jahre seines Lebens hindurch wie durch einen
finstern Tunnel, und jenseits lag in Sonne und Wind grün und

strahlend das Verlorene, die Jugend, das starke einfache Fühlen, die gläubige Bereitschaft zum Glück — und all dies lag wieder seltsam nah, nur einen Schritt weit, durch Zauber herangezogen und gespiegelt.

Das innige Lächeln des Tanzes noch auf dem Gesicht, kam Teresina jetzt an ihm vorüber. Ihn durchfloß Freude und entzückte Hingabe. Und als habe er sie gerufen, blickte sie ihn plötzlich innig an, noch nicht erwacht, die Seele noch voll Glück, das süße Lächeln noch auf den Lippen. Und auch er lächelte ihr zu, dem nahen Glücksschimmer, durch den finstern Schacht so vieler verlorener Jahre.

Zugleich stand er auf, und gab ihr die Hand, wie ein alter Freund, ohne ein Wort zu sagen. Die Tänzerin nahm sie und hielt sie einen Augenblick fest, ohne stehenzubleiben. Er folgte ihr. Am Tisch der Künstler wurde ihm Platz gemacht, nun saß er neben Teresina und sah die länglichen grünen Steine auf der hellen Haut ihres Halses schimmern.

Er nahm nicht an den Gesprächen teil, von denen er das wenigste verstand. Hinter Teresinas Kopf sah er, im grellen Licht der Gartenlaternen, die blühenden Rosenstämme, dunkle volle Kugeln, abgezeichnet, hier und da von Leuchtkäfern überflogen. Seine Gedanken ruhten, es gab nichts zu denken. Die Rosenkugeln schaukelten leicht im Nachtwind, Teresina saß neben ihm, an ihrem Ohr hing glitzernd der grüne Stein. Die Welt war in Ordnung.

Jetzt legte Teresina die Hand auf seinen Arm.

»Wir werden miteinander sprechen. Nicht hier. Ich erinnere mich jetzt, Sie im Park gesehen zu haben. Ich bin morgen dort, um die gleiche Zeit. Ich bin jetzt müde und muß bald schlafen. Gehen Sie lieber vorher, sonst pumpen meine Kollegen Sie an.«

Da ein Kellner vorüberlief, hielt sie ihn an:

»Eugenio, der Herr will zahlen.«

Er zahlte, gab ihr die Hand, zog den Hut, und ging davon, dem See nach, er wußte nicht wohin. Unmöglich, jetzt sich in sein Hotelzimmer zu legen. Er lief die Seestraße weiter, zum Städtchen und den Vororten hinaus, bis die Bänke am Ufer und die Anlagen ein Ende nahmen. Da setzte er sich auf die Ufermauer und sang vor sich hin, ohne Stimme, verschollene Liederbruchstücke aus Jugendjahren. Bis es kalt wurde und die steilen Berge eine feindselige Fremdheit annahmen. Da ging er zurück, den Hut in der Hand.

Ein verschlafener Nachtportier öffnete ihm die Tür.

»Ja, ich bin etwas spät«, sagte Klein und gab ihm einen Franken.

»Oh, wir sind das gewohnt. Sie sind noch nicht der Letzte. Das Motorboot von Castiglione ist auch noch nicht zurück.«

3

Die Tänzerin war schon da, als Klein sich im Park einfand. Sie ging mit ihrem federnden Schritt im Innern des Gartens um die Rasenstücke und stand plötzlich am schattigen Eingang eines Gehölzes vor ihm.

Teresina musterte ihn aufmerksam mit den hellgrauen Augen, ihr Gesicht war ernst und etwas ungeduldig. Sofort im Gehen fing sie zu sprechen an.

»Können Sie mir sagen, was das gestern war? Wie kommt das, daß wir uns so in den Weg liefen? Ich habe darüber nachgedacht. Ich sah Sie gestern im Kursaalgarten zweimal. Das erste Mal standen Sie am Ausgang und sahen mich an, Sie sahen gelangweilt oder geärgert aus, und als ich Sie sah, fiel mir ein: dem bin ich schon einmal im Park begegnet. Es war kein guter Eindruck, und ich gab mir Mühe, Sie gleich wieder zu vergessen. Dann sah ich Sie wieder, kaum eine Viertelstunde später. Sie saßen am Nebentisch und sahen plötzlich ganz anders aus, ich merkte nicht gleich, daß Sie derselbe seien, der mir vorher begegnet war. Und dann, nach meinem Tanz, standen Sie auf einmal vor mir und hielten mich an der Hand, oder ich Sie, ich weiß nicht recht. Wie ging das zu? Sie müssen doch etwas wissen. Aber ich hoffe, Sie sind nicht etwa gekommen, um mir Liebeserklärungen zu machen?«

Sie sah ihn befehlend an.

»Ich weiß nicht«, sagte Klein. »Ich bin nicht mit bestimmten Absichten gekommen. Ich liebe Sie, seit gestern, aber wir brauchen ja nicht davon zu sprechen.«

»Ja, sprechen wir von anderm. Es war gestern einen Augenblick etwas zwischen uns da, was mich beschäftigt und auch erschreckt hat, als hätten wir irgend etwas Ähnliches oder Gemeinsames. Was ist das? Und, die Hauptsache: Was war das für eine Verwandlung mit Ihnen? Wie war es möglich, daß Sie innerhalb einer Stunde zwei so ganz verschiedene Gesichter haben konnten? Sie sahen aus wie ein Mensch, der sehr Wichtiges erlebt hat.«

»Wie sah ich aus?« fragte er kindlich.

»Oh, zuerst sahen Sie aus wie ein älterer, etwas vergrämter, unangenehmer Herr. Sie sahen aus wie ein Philister, wie ein Mann, der gewohnt ist, den Zorn über seine eigene Unfähigkeit an andern auszulassen.«

Er hörte mit gespannter Teilnahme zu und nickte lebhaft. Sie fuhr fort:

»Und dann, nachher, das läßt sich nicht gut beschreiben. Sie saßen etwas vorgebückt; als Sie mir zufällig in die Augen fielen, dachte ich in der ersten Sekunde noch: Herrgott, haben diese Philister traurige Haltungen! Sie hatten den Kopf auf die Hand gestützt, und das sah nun plötzlich so seltsam aus: es sah aus, als wären Sie der einzige Mensch in der Welt, und als sei es Ihnen ganz und gar einerlei, was mit Ihnen und mit der ganzen Welt geschähe. Ihr Gesicht war wie eine Maske, schauderhaft traurig oder auch schauderhaft gleichgültig —«

Sie brach ab, schien nach Worten zu suchen, sagte aber nichts.

»Sie haben recht«, sagte Klein bescheiden. »Sie haben so richtig gesehen, daß ich erstaunt sein müßte. Sie haben mich gelesen wie einen Brief. Aber eigentlich ist es ja nur natürlich und richtig, daß Sie das alles sahen.«

»Warum natürlich?«

»Weil Sie, auf eine etwas andere Art, beim Tanzen ganz das gleiche ausdrücken. Wenn Sie tanzen, Teresina, und auch sonst in manchen Augenblicken, sind Sie wie ein Baum oder ein Berg oder Tier, oder ein Stern, ganz für sich, ganz allein, Sie wollen nichts anderes sein, als was Sie sind, einerlei ob gut oder böse. Ist es nicht das gleiche, was Sie bei mir sahen?«

Sie betrachtete ihn prüfend, ohne Antwort zu geben.

»Sie sind ein wunderlicher Mensch«, sagte sie dann zögernd. »Und wie ist das nun: sind Sie wirklich so, wie Sie da aussahen? Ist Ihnen wirklich alles einerlei, was mit Ihnen geschieht?«

»Ja. Nur nicht immer. Ich habe oft auch Angst. Aber dann kommt es wieder, und die Angst ist fort, und dann ist alles einerlei. Dann ist man stark. Oder vielmehr: einerlei ist nicht das Richtige: alles ist köstlich und willkommen, es sei, was es sei.«

»Einen Augenblick hielt ich es sogar für möglich, daß Sie ein Verbrecher wären.«

»Auch das ist möglich. Es ist sogar wahrscheinlich. Sehen Sie, ein ›Verbrecher‹, das sagt man so, und man meint damit, daß einer etwas tut, was andre ihm verboten haben. Er selber aber, der Verbrecher, tut ja nur, was in ihm ist. — Sehen Sie, das ist die Ähnlichkeit, die wir beide haben: wir beide tun hier und da, in seltnen Augenblicken, das, was in uns ist. Nichts ist seltener, die meisten Menschen kennen das überhaupt nicht. Auch ich kannte es nicht, ich sagte, dachte, tat, lebte nur Fremdes, nur Gelerntes, nur Gutes und Richtiges, bis es eines Tages damit zu Ende war. Ich konnte nicht mehr, ich mußte fort, das Gute war nicht mehr gut, das Richtige war nicht mehr richtig, das Leben war nicht mehr zu ertragen. Aber ich möchte es dennoch ertragen, ich liebe es sogar, obwohl es soviel Qualen bringt.«

»Wollen Sie mir sagen, wie Sie heißen und wer Sie sind?«

251

»Ich bin der, den Sie vor sich sehen, sonst nichts. Ich habe keinen Namen und keinen Titel und auch keinen Beruf. Ich mußte das alles aufgeben. Mit mir steht es so, daß ich nach einem langen braven und fleißigen Leben eines Tages aus dem Nest gefallen bin, es ist noch nicht lange her, und jetzt muß ich untergehen oder fliegen lernen. Die Welt geht mich nichts mehr an, ich bin jetzt ganz allein.«

Etwas verlegen fragte sie: »Waren Sie in einer Anstalt?«

»Verrückt, meinen Sie? Nein. Obwohl auch das ja möglich wäre.« Er wurde zerstreut, Gedanken packten ihn von innen. Mit beginnender Unruhe sprach er fort: »Wenn man darüber redet, wird auch das Einfachste gleich kompliziert und unverständlich. Wir sollten gar nicht davon sprechen! — Man tut das ja auch nur, man spricht nur dann darüber, wenn man es nicht verstehen will.«

»Wie meinen Sie das? Ich will wirklich verstehen. Glauben Sie mir! Es interessiert mich sehr.«

Er lächelte lebhaft.

»Ja, ja. Sie wollen sich darüber unterhalten. Sie haben etwas erlebt und wollen jetzt darüber reden. Ach, es hilft nichts. Reden ist der sichere Weg dazu, alles mißzuverstehen, alles seicht und öde zu machen. — Sie wollen mich ja nicht verstehen und auch sich selber nicht! Sie wollen bloß Ruhe haben vor der Mahnung, die Sie gespürt haben. Sie wollen mich und die Mahnung damit abtun, daß Sie die Etikette finden, unter der Sie mich einreihen können. Sie versuchen es mit dem Verbrecher und mit dem Geisteskranken, Sie wollen meinen Stand und Namen wissen. Das alles führt aber nur weg vom Verstehen, das alles ist Schwindel, liebes Fräulein, ist schlechter Ersatz für Verstehen, ist vielmehr Flucht vor dem Verstehenwollen, vor dem Verstehenmüssen.«

Er unterbrach sich, strich gequält mit der Hand über die Augen, dann schien ihm etwas Freundliches einzufallen, er lächelte wieder. »Ach, sehen Sie, als Sie und ich gestern einen Augenblick lang genau das gleiche fühlten, da sagten wir nichts und fragten nichts und dachten auch nichts — auf einmal gaben wir einander die Hand, und es war gut. Jetzt aber — jetzt reden wir und denken und erklären — und alles ist seltsam und unverständlich geworden, was so einfach war. Und doch wäre es ganz leicht für Sie, mich ebenso gut zu verstehen wie ich Sie.«

»Sie glauben mich so gut zu verstehen?«

»Ja, natürlich. Wie Sie leben, weiß ich nicht. Aber Sie leben, wie ich es auch getan habe und wie alle es tun, meistens im Dunkeln und an sich selber vorbei, irgendeinem Zweck, einer Pflicht, einer Absicht nach. Das tun fast alle Menschen, daran ist die ganze Welt krank, daran wird sie auch untergehen. Manchmal aber, beim Tanzen zum Beispiel, geht die Absicht oder Pflicht Ihnen verloren, und Sie leben auf einmal ganz anders. Sie fühlen auf einmal so, als wären Sie allein auf der Welt, oder als könnten Sie morgen tot sein, und da kommt alles heraus, was Sie wirklich sind. Wenn Sie tanzen, stecken Sie damit sogar andere an. Das ist Ihr Geheimnis.«

Sie ging eine Strecke weit rascher. Zu äußerst auf einem Vorsprung überm See blieb sie stehen.

»Sie sind sonderbar«, sagte sie. »Manches kann ich verstehen. Aber — was wollen Sie eigentlich von mir?«

Er senkte den Kopf und sah einen Augenblick traurig aus.

»Sie sind es so gewohnt, daß man immer etwas von Ihnen haben will. Teresina, ich will von Ihnen nichts, was nicht Sie selber wollen und gerne tun. Daß ich Sie liebe, kann Ihnen gleichgültig sein. Es ist kein Glück, geliebt zu werden. Jeder Mensch liebt sich selber, und doch quälen sich Tausende ihr Leben lang. Nein, geliebt werden ist kein Glück. Aber lieben, das ist Glück!«

»Ich würde Ihnen gern irgendeine Freude machen, wenn ich könnte«, sagte Teresina langsam, wie mitleidig.

»Das können Sie, wenn Sie mir erlauben, Ihnen irgendeinen Wunsch zu erfüllen.«

»Ach, was wissen Sie von meinen Wünschen!«

»Allerdings, Sie sollten keine haben. Sie haben ja den Schlüssel zum Paradies, das ist Ihr Tanz. Aber ich weiß, daß Sie doch Wünsche haben, und das ist mir lieb. Und nun wissen Sie: da ist einer, dem macht es Spaß, Ihnen jeden Wunsch zu erfüllen.«

Teresina besann sich. Ihre wachsamen Augen wurden wieder scharf und kühl. Was konnte er von ihr wissen? Da sie nichts fand, begann sie vorsichtig:

»Meine erste Bitte an Sie wäre, daß Sie aufrichtig sind. Sagen Sie mir, wer Ihnen etwas von mir erzählt hat.«

»Niemand. Ich habe niemals mit einem Menschen über Sie gesprochen. Was ich weiß — es ist sehr wenig — weiß ich von Ihnen selbst. Ich hörte Sie gestern sagen, daß Sie sich wünschen, einmal in Castiglione zu spielen.«

Ihr Gesicht zuckte.

»Ach so, Sie haben mich belauscht.«

»Ja, natürlich. Ich habe Ihren Wunsch verstanden. Weil Sie nicht immer einig mit sich sind, suchen Sie nach Erregung und Betäubung.«

»O nein, ich bin nicht so romantisch, wie Sie meinen. Ich suche beim Spiel nicht Betäubung, sondern einfach Geld. Ich möchte einmal reich sein oder doch sorgenfrei, ohne mich dafür verkaufen zu müssen. Das ist alles.«

»Das klingt so richtig, und doch glaube ich es nicht. Aber wie Sie wollen! Sie wissen ja im Grunde ganz gut, daß Sie sich nie zu verkaufen brauchen. Reden wir nicht davon! Aber wenn Sie Geld haben wollen, sei es nun zum Spielen oder sonst, so nehmen Sie es doch von mir! Ich habe mehr, als ich brauche, glaube ich, und lege keinen Wert darauf.«

Teresina zog sich wieder zurück.

»Ich kenne Sie ja kaum. Wie soll ich Geld von Ihnen nehmen?«

Er zog plötzlich den Hut, wie von einem Schmerz befallen, und brach ab.

»Was haben Sie?« rief Teresina.

»Nichts, nichts. — Erlauben Sie, daß ich gehe! Wir haben zuviel gesprochen, viel zuviel. Man sollte nie so viel sprechen.«

Und da lief er schon, ohne Abschied genommen zu haben, rasch und wie von Verzweiflung hingeweht durch den Baumgang fort. Die Tänzerin sah ihm mit gestauten, uneinigen Empfindungen nach, aufrichtig verwundert über ihn und über sich.

Er aber lief nicht aus Verzweiflung, sondern nur aus unerträglicher Spannung und Gefülltheit. Es war ihm plötzlich unmöglich geworden, noch ein Wort zu sagen, noch ein Wort zu hören, er mußte allein sein, mußte notwendig allein sein, denken, horchen, sich selber zuhören. Das ganze Gespräch mit Teresina hatte ihn selbst in Erstaunen gesetzt und überrascht, die Worte waren ohne seinen Willen so gekommen, es hatte ihn wie ein Würgen das heftige Bedürfnis befallen, seine Erlebnisse und Gedanken mitzuteilen, zu formen, auszusprechen, sie sich selber zuzurufen. Er war erstaunt über jedes Wort, das er sich sagen hörte, aber mehr und mehr fühlte er, wie er sich in etwas hineinredete, was nicht mehr einfach und richtig war, wie er unnützerweise das Unbegreifliche zu erklären versuchte — und mit einemmal war es ihm unerträglich geworden, er hatte abbrechen müssen.

Jetzt aber, wo er sich der vergangenen Viertelstunde wieder zu erinnern suchte, empfand er dies Erlebnis freudig und dankbar. Es war ein Fortschritt, eine Erlösung, eine Bestätigung.

Die Zweifelhaftigkeit, in welche die ganze gewohnte Welt für ihn gefallen war, hatte ihn furchtbar ermüdet und gepeinigt. Er hatte das Wunder erlebt, daß das Leben am sinnvollsten wird in den Augenblicken, wo alle Sinne und Bedeutungen uns verlorengehen. Immer wieder aber war ihm der peinliche Zweifel gekommen, ob diese Erlebnisse wirklich wesentlich seien, ob sie mehr seien als kleine zufällige Kräuselungen an der Oberfläche eines ermüdeten und erkrankten Gemütes, Launen im Grunde, kleine Nervenschwankungen. Jetzt hatte er gesehen, gestern abend und heute, daß sein Erlebnis wirklich war. Es hatte aus ihm gestrahlt und ihn verändert, es hatte einen andern Menschen zu ihm hergezogen. Seine Vereinsamung war durchbrochen, er liebte wieder, es gab jemand, dem er dienen und Freude machen wollte, er konnte wieder lächeln, wieder lachen!

Die Welle ging durch ihn hin wie Schmerz und wie Wollust, er zuckte vor Gefühl, Leben klang in ihm auf wie eine Brandung, unbegreiflich war alles. Er riß die Augen auf und sah: Bäume an einer Straße, Silberflocken im See, ein rennender Hund, Radfahrer — und alles war sonderbar, märchenhaft und beinahe allzu schön, alles wie nagelneu aus Gottes Spielzeugschachtel genommen, alles nur für ihn da, für Friedrich Klein, und er selbst nur dazu da, diesen Strom von Wunder und Schmerz und Freude durch sich hinzucken zu fühlen. Überall war Schönheit, in jedem Dreckhaufen am Weg, überall war tiefes Leiden, überall war Gott. Ja, das war Gott, und so hatte er ihn, vor unausdenklichen Zeiten, als Knabe einst empfunden und mit dem Herzen gesucht, wenn er »Gott« und »Allgegenwart« dachte. Herz, brich nicht vor Fülle!

Wieder schossen aus allen vergessenen Schächten seines Lebens frei gewordene Erinnerungen zu ihm empor, unzählbare: an Gespräche, an seine Verlobungszeit, an Kleider, die er als Kind getragen, an Ferienmorgen der Studentenzeit, und ordneten sich in Kreisen um einige feste Mittelpunkte: um die Gestalt seiner Frau, um seine Mutter, um den Mörder Wagner, um Teresina. Stellen aus klassischen Schriftstellern fielen ihm ein und lateinische Sprichwörter, die ihn als Schüler einst ergriffen hatten, und törichte sentimentale Verse aus Volksliedern. Der Schatten seines Vaters stand hinter ihm, er erlebte wieder den Tod seiner Schwiegermutter. Alles, was je durch Auge und Ohr, durch Menschen und Bücher, mit Wonne oder Leid in ihn eingegangen und in ihm untergesunken war, alles schien wieder da zu sein, alles zugleich, aufgerührt und durcheinander gewirbelt, ohne Ordnung, doch voller Sinn, alles wichtig, alles bedeutungsvoll, alles unverloren.

Der Andrang wurde zur Qual, zu einer Qual, die von höchster Wollust nicht zu unterscheiden war. Sein Herz schlug rasch, Tränen standen ihm in den Augen. Er begriff, daß er nahe am Wahnsinn stehe, und wußte doch, daß er nicht wahnsinnig werden würde, und blickte zugleich in dies neue Seelenland des Irrsinns mit demselben Erstaunen und Entzücken wie in die Vergangenheit, wie in den See, wie in den Himmel: auch hier war alles zauberhaft, wohllaut und voll Bedeutung. Er begriff, warum im Glauben edler Völker der Wahnsinn für heilig galt. Er begriff alles, alles sprach zu ihm, alles war ihm erschlossen. Es gab keine Worte dafür, es war falsch und hoffnungslos, irgend etwas in Worten ausdenken und verstehen zu wollen! Man mußte nur offenstehen, nur bereit sein: dann konnte jedes Ding, dann konnte in unendlichem Zug wie in eine Arche Noahs die ganze Welt in einen hineingehen, und man besaß sie, verstand sie und war eins mit ihr.

Trauer ergriff ihn. Oh, wenn alle Menschen dies wüßten, dies erlebten! Wie wurde drauflos gelebt, drauflos gesündigt, wie blind und maßlos wurde gelitten! Hatte er nicht gestern noch sich über Teresina geärgert? Hatte er nicht gestern noch seine Frau gehaßt, sie angeklagt und für alles Leid seines Lebens verantwortlich machen wollen? Wie traurig, wie dumm, wie hoffnungslos! Alles war doch so einfach, so gut, so sinnvoll, sobald man es von innen sah, sobald man hinter jedem Ding das Wesen stehen sah, ihn, Gott.

Hier bog ein Weg zu neuen Vorstellungsgärten und Bilderwäldern ein. Wendete er sein heutiges Gefühl der Zukunft zu, sprühten hundert Glücksträume auf, für ihn und für alle. Sein vergangenes, dumpfes, verdorbenes Leben sollte nicht beklagt, nicht angeklagt, nicht gerichtet werden, sondern erneut und ins Gegenteil verwandelt, voll Sinn, voll Freude, voll Güte, voll Liebe. Die Gnade, die er erlebt, mußte widerstrahlen und weiter wirken. Bibelsprüche kamen ihm in den Sinn, und alles, was er von begnadeten Frommen und Heiligen wußte. So hatte es immer begonnen, bei allen. Sie waren denselben har-

ten und finstern Weg geführt worden wie er, feig und voll
Angst, bis zur Stunde der Umkehr und Erleuchtung. »In der
Welt habet ihr Angst«, hatte Jesus zu seinen Jüngern gesagt.
Wer aber die Angst überwunden hatte, der lebte nicht mehr in
der Welt, sondern in Gott, in der Ewigkeit.

So hatten alle gelehrt, alle Weisen der ganzen Welt, Buddha
und Schopenhauer, Jesus, die Griechen. Es gab nur eine Weis-
heit, nur einen Glauben, nur ein Denken: das Wissen von Gott
in uns. Wie wurde das in den Schulen, Kirchen, Büchern und
Wissenschaften verdreht und falsch gelehrt!

Mit weiten Flügelschlägen flog Kleins Geist durch die Be-
zirke seiner innern Welt, seines Wissens, seiner Bildung. Auch
hier, wie in seinem äußern Leben, lag Gut um Gut, Schatz um
Schatz, Quelle um Quelle, aber jedes für sich, abgesondert, tot
und wertlos. Nun aber, mit dem Strahl des Wissens, mit der
Erleuchtung, zuckte auch hier plötzlich Ordnung, Sinn und
Formung durch das Chaos, Schöpfung begann, Leben und
Beziehung sprang von Pol zu Pol. Sprüche entlegenster Kon-
templation wurden selbstverständlich, Dunkles wurde hell,
und das Einmaleins wurde zum mystischen Bekenntnis. Be-
seelt und liebeglühend ward auch diese Welt. Die Kunstwerke,
die er in jüngeren Jahren geliebt hatte, klangen mit neuem
Zauber herauf. Er sah: die rätselhafte Magie der Kunst öffnete
sich demselben Schlüssel. Kunst war nichts andres als Betrachtung der Welt im Zustand der Gnade, der Erleuchtung. Kunst
war: hinter jedem Ding Gott zeigen.

Flammend schritt der Beseligte durch die Welt, jeder Zweig
an jedem Baume hatte teil an einer Ekstase, strebte edler empor,
hing inniger herab, war Sinnbild und Offenbarung. Dünne
violette Wolkenschatten liefen über den Seespiegel, schaudernd
in zärtlicher Süße. Jeder Stein lag bedeutungsvoll neben seinem Schatten. So schön, so tief und heilig liebenswert war die
Welt noch nie gewesen, oder nie mehr seit den geheimnisvollen, sagenhaften Jahren der ersten Kindheit. »So ihr
nicht werdet wie die Kinder«, fiel ihm ein, und er fühlte:

ich bin wieder Kind geworden, ich bin ins Himmelreich eingegangen.

Als er Müdigkeit und Hunger zu spüren begann, fand er sich weit von der Stadt. Nun erinnerte er sich, woher er kam, was gewesen war, und daß er ohne Abschied von Teresina weggelaufen war. Im nächsten Dorf suchte er ein Wirtshaus. Ein kleiner ländlicher Weinschank, mit einem eingepflockten Holztisch im Gärtchen unterm Kirschlorbeer, zog ihn an. Er verlangte Essen, man hatte aber nichts als Wein und Brot. Eine Suppe, bat er, oder Eier, oder Schinken. Nein, es gab solche Sachen hier nicht. Niemand aß hier dergleichen bei der teuren Zeit. Er hatte erst mit der Wirtin, dann mit einer Großmutter verhandelt, die auf der Steinschwelle der Haustür saß und Wäsche flickte. Nun setzte er sich in den Garten unterm tiefschattenden Baum, mit Brot und herbem Rotwein. Im Nachbargarten, unsichtbar hinter Reblaub und aufgehängter Wäsche, hörte er zwei Mädchenstimmen singen. Plötzlich fuhr ein Wort des Liedes ihm ins Herz, ohne daß er es doch festhalten konnte. Es kam im nächsten Vers wieder, es war der Name Teresina. Das Lied, ein Couplet von halb komischer Art, handelte von einer Teresina. Er verstand:

> La sua mama alla finestra
> Con una voce serpentina:
> Vieni a casa, o Teresina,
> Lasc' andare quel traditor!

Teresina! Wie liebte er sie! Wie herrlich war es, zu lieben!

Er legte den Kopf auf den Tisch und dämmerte, schlummerte ein und erwachte wieder, mehrmals, oftmals. Es war Abend. Die Wirtin kam und stellte sich vor den Tisch, über den Gast verwundert. Er legte Geld hin, erbat noch ein Glas Wein, fragte sie nach jenem Liede. Sie wurde freundlich, brachte den Wein und blieb bei ihm stehen. Er ließ sich das ganze Teresina-Lied vorsagen und hatte große Freude an dem Vers:

Io non sono traditore
E ne meno lusinghero,
Io son' figlio d'un ricco signore,
Son' venuto per fare l'amor.

Die Wirtin meinte, jetzt könnte er eine Suppe haben, sie koche ohnehin für ihren Mann, den sie erwarte.

Er aß Gemüsesuppe und Brot, der Wirt kam heim, an den grauen Steindächern des Dorfes verglühte die späte Sonne. Er fragte nach einem Zimmer, es wurde ihm eines angeboten, eine Kammer mit dicken nackten Steinwänden. Er nahm es. Noch nie hatte er in einer solchen Kammer geschlafen, sie kam ihm vor wie das Gelaß aus einem Räuberdrama. Nun ging er durch das abendliche Dorf, fand einen kleinen Kramladen noch offen, bekam Schokolade zu kaufen und verteilte sie an Kinder, die in Mengen durch die Gasse schwärmten. Sie liefen ihm nach, Eltern grüßten ihn, jedermann wünschte ihm gute Nacht, und er gab es zurück, nickte allen den alten und jungen Menschen zu, die auf den Schwellen und Vortreppen der Häuser saßen.

Mit Freude dachte er an seine Kammer im Wirtshaus, an diese primitive, höhlenhafte Unterkunft, wo der alte Kalk von den grauen Mauern blätterte und nichts Unnützes an den nackten Wänden hing, nicht Bild noch Spiegel, nicht Tapete noch Vorhang. Er lief durch das abendliche Dorf wie durch ein Abenteuer, alles war beglänzt, alles voll geheimer Versprechung.

In die Osteria zurückkehrend, sah er vom leeren und dunkeln Gastzimmer aus Licht in einem Türspalt, ging ihm nach und kam in die Küche. Der Raum erschien ihm wie eine Märchenhöhle, das wenige dünne Licht floß über einen roten steinernen Boden und verlief sich, ehe es die Wände und Decke erreichte, in dichte warme Dämmerung, und von dem ungeheuer und tiefschwarz herabhängenden Rauchfang schien eine unerschöpfliche Quelle von Finsternis auszufließen.

Die Frau saß da mit der Großmutter, sie saßen beide gebückt, klein und schwach auf niederen demütigen Schemeln, die Hände auf den Knien ausruhend. Die Wirtsfrau weinte, niemand kümmerte sich um den Eintretenden. Er setzte sich auf den Rand eines Tisches neben Gemüseresten, ein stumpfes Messer blinkte bleiern auf, im Lichtschein glühte blankes Kupfergeschirr rot an den Wänden. Die Frau weinte, die alte Graue stand ihr bei und murmelte mit ihr in der Mundart, er verstand allmählich, daß Hader im Hause und der Mann nach einem Streit wieder fortgegangen war. Er fragte, ob er sie geschlagen habe, bekam aber keine Antwort. Allmählich fing er an zu trösten. Er sagte, der Mann werde gewiß schon bald wiederkommen. Die Frau sagte scharf: »Heut nicht und vielleicht auch morgen nicht.« Er gab es auf, die Frau setzte sich aufrechter, man saß schweigend, das Weinen war verstummt. Die Einfachheit des Vorgangs, zu dem keine Worte gemacht wurden, schien ihm wundervoll. Man hatte Streit gehabt, man hatte Schmerz empfangen, man hatte geweint. Jetzt war es vorbei, jetzt saß man still und wartete. Das Leben würde schon weitergehen. Wie bei Kindern. Wie bei Tieren. Nur nicht reden, nur nicht das Einfache kompliziert machen, nur nicht die Seele nach außen drehen.

Klein lud die Großmutter ein, Kaffee zu kochen, für sie alle drei. Die Frauen leuchteten auf, die Alte legte sofort Reisig in den Kamin, es knisterte von brechenden Zweigen, von Papier, von aufprasselnder Flamme. Im jäh aufflammenden Feuerschein sah er das Gesicht der Wirtin, von unten her beleuchtet, etwas vergrämt und doch beruhigt. Sie schaute ins Feuer, zwischenein lächelte sie, plötzlich stand sie auf, ging langsam zum Wasserhahn und wusch sich die Hände.

Dann saßen sie alle drei am Küchentisch und tranken den heißen schwarzen Kaffee, und einen alten Wacholderlikör dazu. Die Weiber wurden lebendiger, sie erzählten und fragten, lachten über Kleins mühsame und fehlerhafte Sprache. Ihm schien, er sei schon sehr lange hier. Wunderlich, was in diesen

Tagen alles Platz hatte! Ganze Zeiträume und Lebensabschnitte fanden Raum in einem Nachmittag, jede Stunde schien mit Lebensfracht überladen. Sekundenlang zuckte Furcht in ihm wetterleuchtend auf, es könnte plötzlich Müdigkeit und Verbrauch der Lebenskraft ihn verhundertfacht überfallen und ihn aussaugen, wie Sonne einen Tropfen vom Felsen leckt. In diesen sehr flüchtigen, doch zuweilen wiederkehrenden Augenblicken, in diesem fremden Wetterleuchten sah er sich selbst leben, fühlte und sah in sein Gehirn und sah dort in beschleunigten Schwingungen einen unsäglich komplizierten, zarten, kostbaren Apparat vor tausendfacher Arbeit vibrieren, wie hinter Glas ein höchst sensibles Uhrwerk, das zu stören ein Stäubchen genügt.

Es wurde ihm erzählt, daß der Wirt sein Geld in unsichere Geschäfte stecke, viel außer Hause sei und da und dort Verhältnisse mit Frauen unterhalte. Kinder waren nicht da. Während Klein sich Mühe gab, die italienischen Worte für einfache Fragen und Auskünfte zu finden, arbeitete hinterm Glas das zarte Uhrwerk rastlos in feinem Fieber fort, jeden gelebten Moment sofort in seine Abrechnungen und Abwägungen einbeziehend.

Zeitig erhob er sich, um schlafen zu gehen. Er gab den beiden Frauen die Hand, der alten und der jungen, die ihn durchdringend ansah, während die Großmutter mit dem Gähnen kämpfte. Dann tastete er sich die dunkle Steintreppe hinauf, erstaunlich hohe Riesenstufen, in seine Kammer. Dort fand er Wasser in einem Tonkrug bereit, wusch sich das Gesicht, vermißte einen Augenblick Seife, Hausschuhe, Nachthemd, lag noch eine Viertelstunde im Fenster, auf das granitne Gesimse gestützt, zog sich dann vollends aus und legte sich in das harte Bett, dessen grobe Leinwand ihn entzückte und einen Schwall von holden ländlichen Vorstellungen weckte. War es nicht das einzig Richtige, stets so zu leben, in einem Raum aus vier Steinwänden, ohne den lächerlichen Kram der Tapeten, des Schmucks, der vielen Möbel, ohne all das übertriebene und im

Grund barbarische Zubehör? Ein Dach überm Kopf, gegen den Regen, eine einfache Decke um sich, gegen die Kälte, etwas Bot und Wein oder Milch, gegen den Hunger, morgens die Sonne zum Wecken, abends die Dämmerung zum Einschlafen — brauchte der Mensch mehr?

Aber kaum hatte er das Licht gelöscht, so war Haus und Kammer und Dorf in ihm versunken. Er stand wieder am See bei Teresina und sprach mit ihr, konnte sich des heutigen Gespräches nur mit Mühe erinnern und wurde zweifelhaft, was er ihr eigentlich gesagt habe, ja ob nicht das ganze Gespräch nur ein Traum und Phantom von ihm gewesen sei. Die Dunkelheit tat ihm wohl — weiß Gott, wo er morgen aufwachen würde?

Ein Geräusch an der Tür weckte ihn. Leise wurde die Klinke gedreht, ein Faden dünnen Lichtes sank herein und zögerte im Spalt. Verwundert und doch im Augenblick wissend, blickte er hinüber, noch nicht in der Gegenwart. Da ging die Türe auf, mit einem Licht in der Hand stand die Wirtsfrau, barfuß, lautlos. Sie blickte zu ihm her, durchdringend, und er lächelte und streckte die Arme aus, tief erstaunt, gedankenlos. Da war sie schon bei ihm, und ihr dunkles Haar lag neben ihm auf dem rauhen Kissen.

Sie sprachen kein Wort. Von ihrem Kuß entzündet, zog er sie an sich. Die plötzliche Nähe und Wärme eines Menschen an seiner Brust, der fremde starke Arm um seinen Nacken erschütterte ihn seltsam — wie war diese Wärme ihm unbekannt, wie fremd, wie schmerzlich neu war ihm diese Wärme und Nähe — wie war er allein gewesen, wie sehr allein, wie lang allein! Abgründe und Flammenhöllen hatten zwischen ihm und aller Welt geklafft — und nun war da ein fremder Mensch gekommen, in wortlosem Vertrauen und Trostbedürfnis, eine arme, vernachlässigte Frau, so wie er selbst jahrelang ein vernachlässigter und verschüchterter Mann gewesen war, und hing an seinem Hals und gab und nahm und sog mit Gier den Tropfen Wonne aus dem kargen Leben, suchte trunken und doch schüchtern seinen Mund, spielte mit traurig zärtlichen Fingern in den seinen, rieb ihre Wange an seiner. Er richtete sich über ihrem blassen Gesichte auf und küßte sie auf beide geschlossene Augen und dachte: sie glaubt zu nehmen und weiß nicht, daß sie gibt, sie flüchtet ihre Vereinsamung zu mir und ahnt die meine nicht! Erst jetzt sah er sie, neben der er den ganzen Abend blind gesessen hatte, sah, daß sie lange, schlanke Hände und Finger hatte, hübsche Schultern und ein Gesicht voll von Schicksalsangst und blindem Kinderdurst, und ein halb ängstliches Wissen um kleine, holde Wege und Übungen der Zärtlichkeit.

Er sah auch und wurde traurig darüber, daß er selbst in der Liebe ein Knabe und Anfänger geblieben war, in langer, lauer Ehe resigniert, schüchtern und doch ohne Unschuld, begehrlich und doch voll von schlechtem Gewissen. Noch während er mit durstigen Küssen an Mund und Brust des Weibes hing, noch während er ihre Hand zärtlich und fast mütterlich auf seinen Haaren fühlte, empfand er im voraus Enttäuschung und Druck im Herzen, er fühlte das Schlimme wiederkommen: die Angst, und es durchfloß ihn schneidend kalt die Ahnung und Furcht, daß er tief in seinem Wesen nicht zur Liebe fähig sei, daß Liebe ihm nur Qual und bösen Zauber bringen könne. Noch ehe der kurze Sturm der Wollust vertobt war, schlug in seiner Seele Bangigkeit und Mißtrauen das böse Auge auf, Widerwille dagegen, daß er genommen worden sei statt selbst zu nehmen und zu erobern, und Vorgefühl von Ekel.

Lautlos war die Frau wieder davongeschlüpft, samt ihrem Kerzenlicht. Im Dunkeln lag Klein, und es kam mitten in der Sättigung der Augenblick, den er schon vorher, schon vor Stunden in so viel ahnenden wetterleuchtenden Sekunden gefürchtet, der schlimme Augenblick, wo die überreiche Musik seines neuen Lebens in ihm nur noch müde und verstimmte Saiten fand und tausend Lustgefühle plötzlich mit Müdigkeit und Angst bezahlt werden mußten. Mit Herzklopfen fühlte er alle Feinde auf der Lauer liegen, Schlaflosigkeit, Depression und Alpdruck. Das rauhe Linnen brannte an seiner Haut, bleich sah die Nacht durchs Fenster. Unmöglich, hierzubleiben und wehrlos den kommenden Qualen standzuhalten! Ach, es kam wieder, die Schuld und Angst kam wieder und die Traurigkeit und die Verzweiflung! Alles Überwundene, alles Vergangene kam wieder. Es gab keine Erlösung.

Hastig kleidete er sich an, ohne Licht, suchte vor der Tür seine staubigen Stiefel, schlich hinab und aus dem Hause und lief, auf müden, einsinkenden Beinen, verzweifelt durch Dorf und Nacht davon, von sich selbst verhöhnt, von sich selbst verfolgt, von sich selbst gehaßt

4

Ringend und verzweifelnd schlug sich Klein mit seinem Dämon. Was ihm seine Schicksalstage an Neuem, an Erkenntnis und Erlösung gebracht hatten, war in der trunkenen Gedankenhast und Hellsichtigkeit des vergangenen Tages zu einer Welle gestiegen, deren Höhe ihm unverlierbar erschienen war, während er schon wieder aus ihr zu sinken begann. Jetzt lag er wieder im Tal und Schatten, noch kämpfend, noch heimlich hoffend, aber tief verwundet. Einen Tag lang, einen kurzen, glänzenden Tag lang war es ihm gelungen, die einfache Kunst zu üben, die jeder Grashalm kann. Einen armen Tag lang hatte er sich selbst geliebt, sich selbst als Eines und Ganzes gefühlt, nicht in feindliche Teile zerspalten, er hatte sich geliebt, und in sich die Welt und Gott, und nichts als Liebe, Bestätigung und Freude war ihm von überall her entgegengekommen. Hätte gestern ein Räuber ihn überfallen, ein Polizist ihn verhaftet, es wäre Bestätigung, Lächeln, Harmonie gewesen! Und nun, mitten im Glück war er wieder umgefallen und klein geworden. Er ging mit sich ins Gericht, während sein Innerstes wußte, daß jedes Gericht falsch und töricht sei. Die Welt, welche einen herrlichen Tag lang durchsichtig und ganz von

Gott erfüllt gewesen war, lag wieder hart und schwer, und jedes Ding hatte seinen eigenen Sinn, und jeder Sinn widersprach jedem andern. Die Begeisterung dieses Tages hatte wieder weichen, hatte sterben können! Sie, die heilige, war eine Laune gewesen, und die Sache mit Teresina eine Einbildung, und das Abenteuer im Wirtshaus eine zweifelhafte und anrüchige Geschichte.

Er wußte bereits, daß das würgende Angstgefühl nur dann verging, wenn er nicht an sich schulmeisterte und Kritik übte, nicht in den Wunden stocherte, in den alten Wunden. Er wußte: alles Schmerzende, alles Dumme, alles Böse wurde zum Gegenteil, wenn man es als Gott erkennen konnte, wenn man ihm in seine tiefsten Wurzeln nachging, die weit über das Weh und Wohl und Gut und Böse hinauf reichten. Er wußte es. Aber es war nichts dagegen zu tun, der böse Geist war in ihm, Gott war wieder ein Wort, schön und fern. Er haßte und verachtete sich, und dieser Haß kam, wenn es Zeit war, ebenso ungewollt und unabwendbar über ihn wie zu andern Zeiten die Liebe und das Vertrauen. Und so mußte es immer wieder gehen! Immer und immer wieder würde er die Gnade und das Selige erleben, und immer wieder das verfluchte Gegenteil, und nie würde sein Leben die Straße gehen, die sein eigener Wille ihm vorschrieb. Spielball und schwimmender Kork, würde er ewig hin und wider geschlagen werden. Bis es zu Ende war, bis einmal eine Welle sich überschlug und Tod oder Wahnsinn ihn aufnahm. Oh, möchte es bald sein!

Zwangsweise kehrten die ihm längst so bitter vertrauten Gedanken wieder, unnütze Sorgen, unnütze Ängste, unnütze Selbstanklagen, deren Unsinn einzusehen nur eine Qual mehr war. Eine Vorstellung kehrte wieder, die er kürzlich (ihm schien, es seien Monate dazwischen) auf der Reise gehabt hatte: Wie gut es wäre, sich auf die Schienen unter einen Bahnzug zu stürzen, den Kopf voran! Diesem Bilde ging er begierig nach, atmete es wie Äther ein: den Kopf voran, alles in Splitter und Fetzen gehauen und gemahlen, alles auf die Räder gewikkelt und auf den Schienen zu nichts zerrieben! Tief fraß sein Leid sich in diese Visionen ein, mit Beifall und Wollust hörte, sah und schmeckte er die gründliche Zerstörung des Friedrich Klein, fühlte sein Herz und Gehirn zerrissen, verspritzt, zerstampft, den schmerzenden Kopf zerkracht, die schmerzenden Augen ausgelaufen, die Leber zerknetet, die Nieren zerrieben, das Haar wegrasiert, die Knochen, Knie und Kinn zerpulvert. Das war es, was der Totschläger Wagner hatte fühlen wollen, als er seine Frau, seine Kinder und sich selbst im Blut ersäufte. Genau dies war es. Oh, er verstand ihn so gut! Er selbst war Wagner, war ein Mensch von guten Gaben, fähig das Göttliche zu fühlen, fähig zu lieben, aber allzu beladen, allzu nachdenklich, allzu leicht zu ermüden, allzu wohl unterrichtet über seine Mängel und Krankheiten. Was in aller Welt hatte solch ein Mensch, solch ein Wagner, solch ein Klein denn zu tun? Immer die Kluft vor Augen, die ihn von Gott trennte, immer den Riß der Welt durch sein eignes Herz gehen fühlend, ermüdet, aufgerieben vom ewigen Aufschwung zu Gott, der ewig mit Rückfall endete — was sollte solch ein Wagner, solch ein Klein anderes tun als sich auslöschen, sich und alles was an ihn erinnern konnte, und sich zurückwerfen in den dunkeln Schoß, aus dem der Unausdenkliche immer und ewig wieder die vergängliche Welt der Gestaltungen ausstieß? Nein, es war nichts anderes möglich! Wagner mußte gehen, Wagner mußte sterben, Wagner mußte sich aus dem Buch des Lebens ausstreichen. Es mochte vielleicht nutzlos sein, sich umzubringen, es mochte vielleicht lächerlich sein. Vielleicht war alles das ganz richtig, was die Bürger, in jener anderen Welt drüben, über den Selbstmord sagten. Aber gab es irgend etwas für den Menschen in diesem Zustande, das nicht nutzlos, das nicht lächerlich war? Nein, nichts. Immer noch besser, den Schädel unter den Eisenrädern zu haben, ihn krachen zu fühlen und mit Willen in den Abgrund zu tauchen.

Auf schwankenden Knien hielt er sich Stunde um Stunde rastlos unterwegs. Auf den Schienen einer Bahnlinie, an die der Weg ihn geführt hatte, lag er einige Zeit, schlummerte sogar ein, den Kopf auf dem Eisen, erwachte wieder und hatte vergessen, was er wollte, stand auf, wehte taumelnd weiter, Schmerzen an den Sohlen, Qualen im Kopf, zuweilen fallend, von einem Dorn verletzt, zuweilen leicht und wie schwebend, zuweilen Schritt um Schritt mühsam bezwingend.

»Jetzt reitet mich der Teufel reif!« sang er heiser vor sich hin. Reif werden! Unter Qualen fertig gebraten, zu Ende geröstet werden, wie der Kern im Pfirsich, um reif zu sein, um sterben zu können!

Ein Funke schwamm hier in seiner Finsternis, an den hing er alsbald alle Inbrunst seiner zerrissenen Seele. Ein Gedanke: es war nutzlos, sich zu töten, sich jetzt zu töten, es hatte keinen Wert, sich Glied für Glied auszurotten und zu zerschlagen, es war nutzlos! Gut aber und erlösend war es, zu leiden, unter Qualen und Tränen reif gegoren, unter Schlägen und Schmerzen fertig geschmiedet zu werden. Dann durfte man sterben, und dann war es ein gutes Sterben, schön und sinnvoll, das Seligste der Welt, seliger als jede Liebesnacht: ausgeglüht und völlig hingegeben in den Schoß zurückzufallen, zum Erlöschen, zum Erlösen, zur Neugeburt. Solch ein Tod, solch ein reifer und guter, edler Tod allein hatte Sinn, nur er war Erlösung, nur er war Heimkehr. Sehnsucht weinte in seinem Herzen auf. Oh, wo war der schmale, schwere Weg, wo war die Pforte? Er war bereit, er sehnte sich mit jeder Zuckung seines von Ermattung zitternden Leibes, seiner von Todespein geschüttelten Seele.

Als der Morgen am Himmel aufgraute und der bleierne See im ersten kühlen Silberblitz erwachte, stand der Gejagte in einem kleinen Kastanienwalde, hoch über See und Stadt, zwischen Farnkraut und hohen, blühenden Spiräen, feucht vom Tau. Mit erloschenen Augen, doch lächelnd, starrte er in die wunderliche Welt. Er hatte den Zweck seiner triebhaften Irrfahrt erreicht: er war so todmüde, daß die geängstigte Seele schwieg. Und, vor allem, die Nacht war vorbei! Der Kampf war gekämpft, eine Gefahr war überstanden. Von der Erschöpfung gefällt, sank er wie ein Toter zwischen Farn und Wurzeln auf den Waldboden, den Kopf ins Heidelbeerkraut, vor seinen versagenden Sinnen schmolz die Welt hinweg. Die Hände ins Gekräut geballt, Brust und Gesicht an der Erde, gab er sich hungernd dem Schlafe hin, als sei es der ersehnte letzte.

In einem Traume, von dem nur wenige Bruchstücke ihm nachher erinnerlich waren, sah er folgendes: An einem Tor, das wie der Eingang zu einem Theater aussah, hing ein großes Schild mit einer riesigen Aufschrift: sie hieß (das war unentschieden) entweder »Lohengrin« oder »Wagner«. Zu diesem Tore ging er hinein. Drinnen war eine Frau, die glich der Wirtsfrau von heute nacht, aber auch seiner eigenen Frau. Ihr Kopf war entstellt, er war zu groß, und das Gesicht zu einer fratzenhaften Maske verändert. Widerwille gegen diese Frau ergriff ihn mächtig, er stieß ihr ein Messer in den Leib. Aber eine andere Frau, wie ein Spiegelbild der ersten, kam von hinten über ihn, rächend, schlug ihm scharfe, starke Krallen in den Hals und wollte ihn erwürgen.

Beim Aufwachen aus diesem tiefen Schlaf sah er verwundert Wald über sich und war steif vom harten Liegen, doch erfrischt. Mit leiser Beängstigung klang der Traum in ihm nach. Was für seltsame, naive und negerhafte Spiele der Phantasie! dachte er, einen Augenblick lächelnd, als ihm die Pforte mit der Aufforderung zum Eintritt in das Theater »Wagner« wieder einfiel. Welche Idee, sein Verhältnis zu Wagner so darzustellen! Dieser Traumgeist war roh, aber genial. Er traf den Nagel auf den Kopf. Und er schien alles zu wissen! Das Theater mit der Aufschrift »Wagner«, war das nicht er selbst, war es nicht die Aufforderung, in sich selbst einzutreten, in das fremde Land seines wahren Innern? Denn Wagner war er selber — Wagner war der Mörder und Gejagte in ihm, aber Wagner war auch der Komponist, der Künstler, das Genie, der Verführer, die Neigung zu Lebenslust, Sinnenlust, Luxus — Wagner war der Sammelname für alles Unterdrückte, Untergesunkene, zu kurz Gekommene in dem ehemaligen Beamten Friedrich Klein. Und »Lohengrin« — war nicht auch das er selbst, Lohengrin, der irrende Ritter mit dem geheimnisvollen Ziel, den man nicht nach seinem Namen fragen darf? Das weitere war unklar, die Frau mit dem furchtbaren Maskenkopf und die andere mit den Krallen — der Messerstoß in ihren Bauch erinnerte ihn auch noch an irgend etwas, er hoffte es noch zu finden — die Stimmung von Mord und Todesgefahr war seltsam und grell vermischt mit der von Theater, Masken und Spiel.

Beim Gedanken an die Frau und das Messer sah er einen Augenblick deutlich sein eheliches Schlafzimmer vor sich. Da mußte er an die Kinder denken — wie hatte er die vergessen können! Er dachte an sie, wie sie morgens in ihren Nachthemdchen aus den kleinen Betten kletterten. Er mußte an ihre Namen denken, besonders an Elly. Oh, die Kinder! Langsam liefen ihm Tränen aus den Augen über das übernächtige Gesicht. Er schüttelte den Kopf, erhob sich mit einiger Mühe und begann Laub und Erdkrumen von seinen zerdrückten Kleidern zu lesen. Nun erst erinnerte er sich klar dieser Nacht, der kahlen Steinkammer in der Dorfschenke, der fremden Frau an seiner Brust, seiner Flucht, seiner gehetzten Wanderung. Er sah dies kleine, entstellte Stück Leben an wie ein Kranker die abgezehrte Hand, den Ausschlag an seinem Bein anschaut.

In gefaßter Trauer, noch mit Tränen in den Augen, sagte er leise vor sich hin: »Gott, was hast du noch mit mir im Sinn?« Aus den Gedanken der Nacht klang nur die eine Stimme voll Sehnsucht in ihm fort: nach Reifsein, nach Heimkehr, nach Sterbendürfen. War denn sein Weg noch weit? War die Heimat noch fern? War noch viel, viel Schweres, war noch Unausdenkliches zu leiden? Er war bereit dazu, er bot sich hin, sein Herz stand offen: Schicksal, stoß zu!

Langsam kam er durch Bergwiesen und Weinberge gegen die Stadt hinabgeschritten. Er suchte sein Zimmer auf, wusch und kämmte sich, wechselte die Kleider. Er ging speisen, trank etwas von dem guten Wein, und spürte die Ermüdung in den steifen Gliedern sich lösen und wohlig werden. Er erkundigte sich, wann im Kursaal getanzt werde, und ging zur Teestunde hin.

Teresina tanzte eben, als er eintrat. Er sah das eigentümlich glänzende Tanzlächeln auf ihrem Gesicht wieder und freute sich. Er begrüßte sie, als sie zu ihrem Tisch zurückging, und nahm dort Platz.

»Ich möchte Sie einladen, heute abend mit mir nach Castiglione zu fahren«, sagte er leise.

Sie besann sich.

»Gleich heut?« fragte sie. »Eilt es so sehr?«

»Ich kann auch warten. Aber es wäre hübsch. Wo darf ich Sie erwarten?«

Sie widerstand der Einladung nicht und nicht dem kindlichen Lachen, das für Augenblicke seltsam hübsch in seinem zerfurchten, einsamen Gesicht hing, wie an der letzten Wand eines abgebrannten und eingerissenen Hauses noch eine frohe bunte Tapete hängt.

»Wo waren Sie denn?« fragte sie neugierig. »Sie waren gestern so plötzlich verschwunden. Und jedesmal haben Sie ein anderes Gesicht, auch heute wieder. — Sie sind doch nicht Morphinist?«

Er lachte nur, mit einem seltsam hübschen und etwas fremdartigen Lachen, bei dem sein Mund und Kinn ganz knabenhaft aussah, während über Stirn und Augen unverändert der Dornenreif lag.

»Bitte, holen Sie mich gegen neun Uhr ab, im Restaurant des Hotel Esplanade. Ich glaube, um neun geht ein Boot. Aber sagen Sie, was haben Sie seit gestern gemacht?«

»Ich glaube, ich war spazieren, den ganzen Tag, und auch die ganze Nacht. Ich habe eine Frau in einem Dorf trösten müssen, weil ihr Mann fortgelaufen war. Und dann habe ich mir viel Mühe mit einem italienischen Lied gegeben, das ich lernen wollte, weil es von einer Teresina handelt.«

»Was ist das für ein Lied?«

»Es fängt an: Su in cima di quel boschetto.«

»Um Gottes willen, diesen Gassenhauer kennen Sie auch schon? Ja, der ist jetzt in Mode bei den Ladenmädchen.«

»Oh, ich finde das Lied sehr hübsch.«

»Und eine Frau haben Sie getröstet?«

»Ja, sie war traurig, ihr Mann war weggelaufen und war ihr untreu.«

»So? Und wie haben Sie sie getröstet?«

»Sie kam zu mir, um nicht mehr allein zu sein. Ich habe sie geküßt und bei mir liegen gehabt.«

»War sie denn hübsch?«

»Ich weiß nicht, ich sah sie nicht genau. — Nein, lachen Sie nicht, nicht hierüber! Es war so traurig.«

Sie lachte dennoch. »Wie sind Sie komisch! Nun, und geschlafen haben Sie überhaupt nicht? Sie sehen danach aus.«

»Doch, ich habe mehrere Stunden geschlafen, in einem Wald dort oben.«

Sie blickte seinem Finger nach, der in die Saaldecke deutete, und lachte laut.

»In einem Wirtshaus?«

»Nein, im Wald. In den Heidelbeeren. Sie sind schon beinahe reif.«

»Sie sind ein Phantast. — Aber ich muß tanzen, der Direktor klopft schon. — Wo sind Sie, Claudio?«

Der schöne, dunkle Tänzer stand schon hinter ihrem Stuhl, die Musik begann. Am Schluß des Tanzes ging er.

Abends holte er sie pünktlich ab und war froh, den Smoking angezogen zu haben, denn Teresina hatte sich überaus festlich gekleidet, violett mit vielen Spitzen, und sah wie eine Fürstin aus.

Am Strande führte er Teresina nicht zum Kursschiff, sondern in ein hübsches Motorboot, das er für den Abend gemietet hatte. Sie stiegen ein, in der halboffenen Kajüte lagen Decken für Teresina bereit und Blumen. Mit scharfer Kurve schnob das rasche Boot zum Hafen hinaus in den See.

Draußen in der Nacht und Stille sagte Klein: »Teresina, ist es nicht eigentlich schade, jetzt dort hinüber unter die vielen Menschen zu gehen? Wenn Sie Lust haben, fahren wir weiter, ohne Ziel, solang es uns gefällt, oder wir fahren in irgendein hübsches stilles Dorf, trinken einen Landwein und hören zu, wie die Mädchen singen. Was meinen Sie?«

Sie schwieg, und er sah alsbald Enttäuschung auf ihrem Gesicht. Er lachte.

»Nun, es war ein Einfall von mir, verzeihen Sie. Sie sollen vergnügt sein und haben, was Ihnen Spaß macht, ein andres Programm haben wir nicht. In zehn Minuten sind wir drüben.«

»Interessiert Sie denn das Spiel gar nicht?« fragte sie.

»Ich werde ja sehen, ich muß es erst probieren. Der Sinn davon ist mir noch etwas dunkel. Man kann Geld gewinnen und Geld verlieren. Ich glaube, es gibt stärkere Sensationen.«

»Das Geld, um das gespielt wird, braucht ja nicht bloß Geld zu sein. Es ist für jeden ein Sinnbild, jeder gewinnt oder verliert nicht Geld, sondern all die Wünsche und Träume, die es für ihn bedeutet. Für mich bedeutet es Freiheit. Wenn ich Geld habe, kann niemand mir mehr befehlen. Ich lebe, wie ich will. Ich tanze, wann und wo und für wen ich will. Ich reise, wohin ich will.«

Er unterbrach sie.

»Was sind Sie für ein Kind, liebes Fräulein! Es gibt keine solche Freiheit, außer in Ihren Wünschen. Werden Sie morgen reich und frei und unabhängig — übermorgen verlieben Sie sich in einen Kerl, der Ihnen das Geld wieder abnimmt oder der Ihnen bei Nacht den Hals abschneidet.«

»Reden Sie nicht so scheußlich! Also: wenn ich reich wäre, würde ich vielleicht einfacher leben als jetzt, aber ich täte es, weil es mir Spaß machte, freiwillig und nicht aus Zwang. Ich hasse Zwang! Und sehen Sie, wenn ich nun mein Geld im

Spiel einsetze, dann sind bei jedem Verlust und Gewinn alle meine Wünsche beteiligt, es geht um alles, was mir wertvoll und begehrenswert ist, und das gibt ein Gefühl, das man sonst nicht leicht findet.«

Klein sah sie an, während sie sprach, ohne sehr auf ihre Worte zu achten. Ohne es zu wissen, verglich er Teresinas Gesicht mit dem Gesicht jener Frau, von der er im Walde geträumt hatte.

Erst als das Boot in die Bucht von Castiglione einfuhr, wurde es ihm bewußt, denn jetzt erinnerte ihn der Anblick des beleuchteten Blechschildes mit dem Stationsnamen heftig an das Schild im Traum, auf welchem »Lohengrin« oder »Wagner« gestanden hatte. Genau so hatte jenes Schild ausgesehen, genau so groß, so grau und weiß, so grell beleuchtet. War dies hier die Bühne, die auf ihn wartete? Kam er hier zu Wagner? Nun fand er auch, daß Teresina der Traumfrau glich, vielmehr den beiden Traumfrauen, deren eine er mit dem Messer totgestochen, deren andre ihn tödlich mit den Krallen gewürgt hatte. Ein Schrecken lief ihm über die Haut. Hing denn das alles zusammen? Wurde er wieder von unbekannten Geistern geführt? Und wohin? Zu Wagner? Zu Mord? Zu Tod?

Beim Aussteigen nahm Teresina seinen Arm, und so Arm in Arm gingen sie durch den kleinen bunten Lärm der Schifflände, durchs Dorf und in das Kasino. Hier gewann alles jenen halb reizenden, halb ermüdenden Schimmer von Unwahrscheinlichkeit, den die Veranstaltungen gieriger Menschen stets da bekommen, wo sie fern den Städten in stille Landschaften verirrt stehen. Die Häuser waren zu groß und zu neu, das Licht zu reichlich, die Säle zu prächtig, die Menschen zu lebhaft. Zwischen den großen, finsteren Bergzügen und dem weiten, sanften See hing der kleine dichte Bienenschwarm begehrlicher und übersättigter Menschen so ängstlich gedrängt, als sei er keine Stunde seiner Dauer gewiß, als könne jeden Augenblick etwas geschehen, das ihn wegwischte. Aus Sälen, wo gespeist und Champagner getrunken wurde, quoll süße überhitzte Geigenmusik heraus, auf Treppen zwischen Palmen und laufenden Brunnen glühten Blumengruppen und Frauenkleider durcheinander, bleiche Männergesichter über offnen Abendröcken, blaue Diener mit Goldknöpfen geschäftig, dienstbar und vielwissend, duftende Weiber mit südlichen Gesichtern bleich und glühend, schön und krank, und nordische derbe Frauen drall, befehlend und selbstbewußt, alte Herren wie aus Illustrationen zu Turgenjew und Fontane.

Klein fühlte sich unwohl und müde, sobald sie die Säle betraten. Im großen Spielsaal zog er zwei Tausenderscheine aus der Tasche.

»Wie nun?« fragte er. »Wollen wir gemeinsam spielen?«

»Nein, nein, das ist nichts. Jeder für sich.«

Er gab ihr einen Schein und bat sie, ihn zu führen. Sie standen bald an einem Spieltisch. Klein legte seine Banknote auf eine Nummer, das Rad wurde gedreht, er verstand nichts davon, sah nur seinen Einsatz weggewischt und verschwunden. Das geht schnell, dachte er befriedigt, und wollte Teresina zulachen. Sie war nicht mehr neben ihm. Er sah sie bei einem andern Tisch stehen und ihr Geld wechseln. Er ging hinüber. Sie sah nachdenklich, besorgt und sehr beschäftigt aus wie eine Hausfrau.

Er folgte ihr an einen Spieltisch und sah ihr zu. Sie kannte das Spiel und folgte ihm mit scharfer Aufmerksamkeit. Sie setzte kleine Summen, nie mehr als fünfzig Franken, bald hier, bald dort, gewann einige Male, steckte Scheine in ihre perlengestickte Handtasche, zog wieder Scheine heraus.

»Wie geht's?« fragte er zwischenein.

Sie war empfindlich über die Störung.

»Oh, lassen Sie mich spielen! Ich werde es schon gut machen.« Bald wechselte sie den Tisch, er folgte ihr, ohne daß sie ihn sah. Da sie so sehr beschäftigt war und seine Dienste nie in Anspruch nahm, zog er sich auf eine Lederbank an der Wand zurück. Einsamkeit schlug über ihm zusammen. Er versank wieder in Nachdenken über seinen Traum. Es war sehr wichtig, ihn zu verstehen. Vielleicht würde er nicht oft mehr solche Träume haben, vielleicht waren sie wie im Märchen die Winke der guten Geister: zweimal, auch dreimal wurde man gelockt, oder wurde gewarnt, war man dann immer noch blind, so nahm das Schicksal seinen Lauf, und keine befreundete Macht griff mehr ins Rad. Von Zeit zu Zeit blickte er nach Teresina aus, sah sie an einem Tische bald sitzen, bald stehen, hell schimmerte ihr gelbes Haar zwischen den Fräcken.

Wie lang sie mit den tausend Franken ausreicht! dachte er gelangweilt, bei mir ging das schneller.

Einmal nickte sie ihm zu. Einmal, nach einer Stunde, kam sie herüber, fand ihn in sich versunken und legte ihm die Hand auf den Arm.

»Was machen Sie? Spielen Sie denn nicht?«

»Ich habe schon gespielt.«

»Verloren?«

»Ja. Oh, es war nicht viel.«

»Ich habe etwas gewonnen. Nehmen Sie von meinem Geld.«

»Danke, heut nicht mehr. — Sind Sie zufrieden?«

»Ja, es ist schön. Nun, ich gehe wieder. Oder wollen Sie schon nach Hause?«

Sie spielte weiter, da und dort sah er ihr Haar zwischen den Schultern der Spieler aufglänzen. Er brachte ihr ein Glas Champagner hinüber und trank selbst ein Glas. Dann setzte er sich wieder auf die Lederbank an der Wand.

Wie war das mit den beiden Frauen im Traum? Sie hatten seiner eigenen Frau geglichen und auch der Frau im Dorfwirtshaus und auch Teresina. Von andern Frauen wußte er nicht, seit Jahren nicht. Die eine Frau hatte er erstochen, voll Abscheu über ihr verzerrtes geschwollenes Gesicht. Die andre hatte ihn überfallen, von hinten, und erwürgen wollen. Was war nun richtig? Was war bedeutsam? Hatte er seine Frau verwundet, oder sie ihn? Würde er an Teresina zugrunde gehen, oder sie an ihm? Konnte er eine Frau nicht lieben, ohne ihr Wunden zu schlagen, und ohne von ihr verwundet zu werden? War das sein Fluch? Oder war das allgemein? Ging es allen so? War alle Liebe so?

Und was verband ihn mit dieser Tänzerin? Daß er sie liebte? Er hatte viele Frauen geliebt, die nie davon erfahren hatten. Was band ihn an sie, die drüben stand und das Glücksspiel wie ein ernstes Geschäft betrieb? Wie war sie kindlich in ihrem Eifer, in ihrer Hoffnung, wie war sie gesund, naiv und lebenshungrig! Was würde sie davon verstehen, wenn sie seine tiefste Sehnsucht kannte, das Verlangen nach Tod, das Heimweh nach Erlöschen, nach Rückkehr in Gottes Schoß! Vielleicht würde sie ihn lieben, schon bald, vielleicht würde sie mit ihm leben — aber würde es anders sein, als es mit seiner Frau gewesen war? Würde er nicht, immer und immer, mit seinen innigsten Gefühlen allein sein?

Teresina unterbrach ihn. Sie blieb bei ihm stehen und gab ihm ein Bündel Banknoten in die Hand.

»Bewahren Sie mir das auf, bis nachher.«

Nach einer Zeit, er wußte nicht, war es lang oder kurz, kam sie wieder und erbat das Geld zurück.

Sie verliert, dachte er, Gott sei Dank! Hoffentlich ist sie bald fertig.

Kurz nach Mitternacht kam sie, vergnügt und etwas erhitzt. »So, ich höre auf. Sie Armer sind gewiß müde. Wollen wir nicht noch einen Bissen essen, eh wir heimfahren?«

In einem Speisesaal aßen sie Schinkeneier und Früchte und tranken Champagner. Klein erwachte und wurde munter. Die Tänzerin war verändert, froh und in einem leichten süßen Rausch. Sie sah und wußte wieder, daß sie schön war und schöne Kleider trug, sie spürte die Blicke der Männer, die von benachbarten Tischen herüber warben, und auch Klein fühlte die Verwandlung, sah sie wieder von Reiz und holder Verlokkung umgeben, hörte wieder den Klang von Herausforderung und Geschlecht in ihrer Stimme, sah wieder ihre Hände weiß und ihren Hals perlfarben aus den Spitzen steigen.

»Haben Sie auch tüchtig gewonnen?« fragte er lachend.

»Es geht, noch nicht das große Los. Es sind etwa fünftausend.«

»Nun, das ist ein hübscher Anfang.«

»Ja, ich werde natürlich fortfahren, das nächstemal. Aber das richtige ist es noch nicht. Es muß auf einmal kommen, nicht tropfenweise.«

Er wollte sagen: »Dann müßten Sie auch nicht tropfenweise setzen, sondern alles auf einmal« — aber er stieß statt dessen mit ihr an, auf das große Glück, und lachte und plauderte weiter.

Wie war das Mädchen hübsch, gesund und einfach in seiner Freude! Vor einer Stunde noch hatte sie an den Spieltischen gestanden, streng, besorgt, faltig, böse, rechnend. Jetzt sah sie aus, als habe nie eine Sorge sie berührt, als wisse sie nichts von Geld, Spiel, Geschäften, als kenne sie nur Freude, Luxus und müheloses Schwimmen an der schillernden Oberfläche des Lebens. War das alles wahr, alles echt? Er selbst lachte ja auch, war ja auch vergnügt, warb ja auch um Freude und Liebe aus heitern Augen — und doch saß zugleich einer in ihm, der an das alles nicht glaubte, der dem allem mit Mißtrauen und mit Hohn zusah. War das bei andern Menschen anders? Ach, man wußte so wenig, so verzweifelt wenig von den Menschen! Hundert Jahreszahlen von lächerlichen Schlachten und Namen von lächerlichen alten Königen hatte man in den Schulen gelernt, und man las täglich Artikel über Steuern oder über den Balkan, aber vom Menschen wußte man nichts! Wenn eine Glocke nicht schellte, wenn ein Ofen rauchte, wenn ein Rad in einer Maschine stockte, so wußte man sogleich, wo zu suchen sei, und tat es mit Eifer, und fand den Schaden und wußte, wie er zu heilen war. Aber das Ding in uns, die geheime Feder, die allein dem Leben den Sinn gibt, das Ding in uns, das allein lebt, das allein fähig ist, Lust und Weh zu fühlen, Glück zu begehren, Glück zu erleben — das war unbekannt, von dem wußte man nichts, gar nichts, und wenn es krank wurde, so gab es keine Heilung. War es nicht wahnsinnig?

Während er mit Teresina trank und lachte, stiegen in andern Bezirken seiner Seele solche Fragen auf und nieder, dem Bewußtsein bald näher, bald ferner. Alles war zweifelhaft, alles schwamm im Ungewissen. Wenn er nur das Eine gewußt hätte: ob diese Unsicherheit, diese Not, diese Verzweiflung mitten in der Freude, dieses Denkenmüssen und Fragenmüssen auch in andern Menschen so war, oder nur in ihm allein, in dem Sonderling Klein?

Eines fand er, darin unterschied er sich von Teresina, darin war sie anders als er, war kindlich und primitiv gesund. Dies Mädchen rechnete, wie alle Menschen, und wie auch er selbst es früher getan hatte, immerzu instinktiv mit Zukunft, mit Morgen und Übermorgen, mit Fortdauer. Hätte sie sonst spielen und das Geld so ernst nehmen können? Und da, das fühlte er tief, da stand es bei ihm anders. Für ihn stand hinter jedem Gefühl und Gedanken das Tor offen, das ins Nichts führte. Wohl litt er an Angst, an Angst vor sehr vielem, vor dem Wahnsinn, vor der Polizei, der Schlaflosigkeit, auch an Angst vor dem Tod. Aber alles, wovor er Angst empfand, das begehrte und ersehnte er dennoch zugleich — er war voll brennender Sehnsucht und Neugierde nach Leid, nach Untergang, nach Verfolgung, nach Wahnsinn und Tod.

»Komische Welt«, sagte er vor sich hin, und meinte damit nicht die Welt um ihn her, sondern dies innere Wesen. Plaudernd verließen sie den Saal und das Haus, kamen im blassen Laternenlicht an das schlafende Seeufer, wo sie ihren Bootsmann wecken mußten. Es dauerte eine Weile, bis das Boot abfahren konnte, und die beiden standen nebeneinander, plötzlich aus der Lichtfülle und farbigen Geselligkeit des Kasinos in die dunkle Stille des verlassenen nächtlichen Ufers verzaubert, das Lachen von drüben noch auf erhitzten Lippen und schon kühl berührt von Nacht, Schlafnähe und Furcht vor Einsamkeit. Sie fühlten beide dasselbe. Unversehens hielten sie sich bei den Händen, lächelten irr und verlegen in die Dunkelheit, spielten mit zuckenden Fingern einer auf Hand und Arm des andern. Der Bootsmann rief, sie stiegen ein, setzten sich in die Kabine, und mit heftigem Griff zog er den blonden schweren Kopf zu sich her und in die ausbrechende Glut seiner Küsse.

Zwischenein sich erwehrend, setzte sie sich aufrecht und fragte: »Werden wir wohl bald wieder hier herüber fahren?«

Mitten in der Liebeserregung mußte er heimlich lachen. Sie dachte bei allem noch ans Spiel, sie wollte wiederkommen und ihr Geschäft fortsetzen.

»Wann du willst«, sagte er werbend, »morgen und übermorgen und jeden Tag, den du willst.«

Als er ihre Finger in seinem Nacken spielen fühlte, durchzuckte ihn Erinnerung an das furchtbare Gefühl im Traum, als das rächende Weib ihm die Nägel in den Hals krallte.

»Jetzt sollte sie mich plötzlich töten, das wäre das richtige«, dachte er glühend — »oder ich sie.«

Ihre Brust mit tastender Hand umspannend lachte er leise vor sich hin. Unmöglich wäre es ihm gewesen, noch Lust und Weh zu unterscheiden. Auch seine Lust, seine hungrige Sehnsucht nach der Umarmung mit diesem schönen starken Weibe, war von Angst kaum zu unterscheiden, er ersehnte sie wie der Verurteilte das Beil. Beides war da, flammende Lust und trostlose Trauer, beides brannte, beides zuckte in fiebernden Sternen auf, beides wärmte, beides tötete.

Teresina entzog sich geschmeidig einer zu kühnen Liebkosung, hielt seine beiden Hände fest, brachte ihre Augen nah an seine und flüsterte wie abwesend: »Was bist du für ein Mensch, du? Warum liebe ich dich? Warum zieht mich etwas zu dir? Du bist schon alt und bist nicht schön — wie ist das? Höre, ich glaube doch, daß du ein Verbrecher bist. Bist du nicht einer? Ist dein Geld nicht gestohlen?«

Er suchte sich loszumachen: »Rede nicht, Teresina! Alles Geld ist gestohlen, alle Habe ist ungerecht. Ist denn das wichtig? Wir sind alle Sünder, wir sind alle Verbrecher, nur schon weil wir leben. Ist denn das wichtig?«

»Ach, was ist wichtig?« zuckte sie auf.

»Wichtig ist, daß wir diesen Becher austrinken«, sagte Klein langsam, »nichts anderes ist wichtig. Vielleicht kommt er nicht wieder. Willst du mit mir schlafen kommen, oder darf ich mit zu dir gehen?«

»Komm zu mir«, sagte sie leise. »Ich habe Angst vor dir, und doch muß ich bei dir sein. Sage mir dein Geheimnis nicht! Ich will nichts wissen!«

Das Abklingen des Motors weckte sie, sie riß sich los, strich sich klärend über Haar und Kleider. Das Boot lief leise an den Steg, Laternenlichter spiegelten splitternd im schwarzen Wasser. Sie stiegen aus.

»Halt, meine Tasche!« rief Teresina nach zehn Schritten. Sie lief zum Steg zurück, sprang ins Boot, fand auf dem Polster die Tasche mit ihrem Geld liegen, warf dem mißtrauisch blickenden Fährmann einen der Scheine hin und lief Klein in die Arme, der sie am Kai erwartete.

5

Der Sommer hatte plötzlich begonnen, in zwei heißen Tagen hatte er die Welt verändert, die Wälder vertieft, die Nächte verzaubert. Heiß drängte sich Stunde an Stunde, schnell lief die Sonne ihren glühenden Halbkreis ab, schnell und hastig folgten ihr die Sterne, Lebensfieber glühte hoch, eine lautlose gierige Eile jagte die Welt.

Ein Abend kam, da wurde Teresinas Tanz im Kursaal durch ein rasend hertobendes Gewitter unterbrochen. Lampen erloschen, irre Gesichter grinsten sich im weißen Flackern der Blitze an, Weiber schrien, Kellner brüllten, Fenster zerklirrten im Sturm.

Klein hatte Teresina sofort zu sich an den Tisch gezogen, wo er neben dem alten Komiker saß.

»Herrlich!« sagte er. »Wir gehen. Du hast doch keine Angst?«

»Nein, nicht Angst. Aber du darfst heute nicht mit mir kommen. Du hast drei Nächte nicht geschlafen, und du siehst scheußlich aus. Bring mich nach Haus, und dann geh schlafen in dein Hotel! Nimm Veronal, wenn du es brauchst. Du lebst wie ein Selbstmörder.«

Sie gingen, Teresina im geborgten Mantel eines Kellners, mitten durch Sturm und Blitze und aufheulende Staubwirbel durch die leergefegten Straßen, hell und frohlockend knallten die prallen Donnerschläge durch die aufgewühlte Nacht, plötzlich brauste Regen los, auf dem Pflaster zerspritzend, voll und voller mit dem erlösenden Schluchzen wilder Güsse im dicken Sommerlaub.

Naß und durchschüttelt kamen sie in die Wohnung der Tänzerin, Klein ging nicht nach Hause, es wurde nicht mehr davon gesprochen. Aufatmend traten sie ins Schlafzimmer, taten lachend die durchnäßten Kleider ab, durchs Fenster schrillte grell das Licht der Blitze, in den Akazien wühlte Sturm und Regen sich müde.

»Wir waren noch nicht wieder in Castiglione«, spottete Klein. »Wann gehen wir?«

»Wir werden wieder gehen, verlaß dich drauf. Hast du Langeweile?«

Er zog sie an sich, beide fieberten, und Nachglanz des Gewitters loderte in ihrer Liebkosung. In Stößen kam durchs Fenster die gekühlte Luft, mit bittrem Geruch von Laub und stumpfem Geruch von Erde. Aus dem Liebeskampf fielen sie beide schnell in Schlummer. Auf dem Kissen lag sein ausgehöhltes Gesicht neben ihrem frischen, sein dünnes trockenes Haar neben ihrem vollen blühenden. Vor dem Fenster glühte das Nachtgewitter in letzten Flammen auf, wurde müde und erlosch, der Sturm schlief ein, beruhigt rann ein stiller Regen in die Bäume.

Bald nach ein Uhr erwachte Klein, der keinen längern Schlaf mehr kannte, aus einem schweren schwülen Traumgewirre, mit wüstem Kopf und schmerzenden Augen. Regungslos lag er eine Weile, die Augen aufgerissen, sich besinnend, wo er sei. Es war Nacht, jemand atmete neben ihm, er war bei Teresina.

Langsam richtete er sich auf. Nun kamen die Qualen wieder, nun war ihm wieder beschieden, Stunde um Stunde zu liegen, Weh und Angst im Herzen, allein, nutzlose Leiden leiden, nutzlose Gedanken denken, nutzlose Sorgen sorgen. Aus dem Alpdrücken, das ihn geweckt hatte, krochen schwere fette Gefühle ihm nach, Ekel und Grauen, Übersättigung, Selbstverachtung.

Er tastete nach dem Licht und drehte an. Die kühle Helligkeit floß übers weiße Kissen, über die Stühle voll Kleider, schwarz hing das Fensterloch in der schmalen Wand. Über Teresinas abgewandtes Gesicht fiel Schatten, ihr Nacken und Haar glänzte hell.

So hatte er einst auch seine Frau zuweilen liegen sehen, auch neben ihr war er zuzeiten schlaflos gelegen, ihren Schlummer beneidend, von ihrem satten zufriedenen Atemholen wie verhöhnt. Nie, niemals war man von seinem Nächsten so ganz und gar, so vollkommen verlassen, als wenn er schlief! Und wieder, wie schon oft, fiel ihm das Bild des leidenden Jesus ein, im Garten Gethsemane, wo die Todesangst ihn ersticken will, seine Jünger aber schlafen, schlafen.

Leise zog er das Kissen mehr zu sich herüber, samt dem schlafenden Kopf Teresinas. Nun sah er ihr Gesicht, im Schlaf so fremd, so ganz bei sich selbst, so ganz von ihm abgewandt. Eine Schulter und Brust lag bloß, unter dem Leintuch wölbte sich sanft ihr Leib bei jedem Atemzug. Komisch, fiel ihm ein, wie man in Liebesworten, in Gedichten, in Liebesbriefen immer und immer von den süßen Lippen und Wangen sprach, und nie von Bauch und Bein! Schwindel! Schwindel! Er betrachtete Teresina lang. Mit diesem schönen Leib, mit dieser Brust und diesen weißen, gesunden, starken, gepflegten Armen und Beinen würde sie ihn noch oft verlocken und ihn umschlingen und Lust von ihm nehmen und dann ruhen und schlafen, satt und tief, ohne Schmerzen, ohne Angst, ohne

Ahnung, schön und stumpf und dumm wie ein gesundes schla fendes Tier. Und er würde neben ihr liegen, schlaflos, mit flackernden Nerven, das Herz voll Pein. Noch oft? Noch oft? Ach nein, nicht oft mehr, nicht viele Male mehr, vielleicht keinmal mehr! Er zuckte zusammen. Nein, er wußte es: keinmal mehr!

Stöhnend bohrte er den Daumen in seine Augenhöhle, wo zwischen Auge und Stirn diese teuflischen Schmerzen saßen. Gewiß hatte auch Wagner diese Schmerzen gehabt, der Lehrer Wagner. Er hatte sie gehabt, diese wahnsinnigen Schmerzen, gewiß jahrelang, und hatte sie getragen und erlitten, und sich dabei reifen und Gott näher kommen gemeint in seinen Qualen, seinen nutzlosen Qualen. Bis er eines Tages es nicht mehr ertragen konnte — so wie auch er, Klein, es nicht mehr ertragen konnte. Die Schmerzen waren ja das wenigste, aber die Gedanken, die Träume, das Alpdrücken! Da war Wagner eines Nachts aufgestanden und hatte gesehen, daß es keinen Sinn habe, noch mehr, noch viele solche Nächte voll Qual aneinander zu reihen, daß man dadurch nicht zu Gott komme, und hatte das Messer geholt. Es war vielleicht unnütz, es war vielleicht töricht und lächerlich von Wagner, daß er gemordet hatte. Wer seine Qualen nicht kannte, wer seine Pein nicht gelitten hatte, der konnte es ja nicht verstehen.

Er selbst hatte vor kurzem, in einem Traum, eine Frau mit dem Messer erstochen, weil ihr entstelltes Gesicht ihm unerträglich gewesen war. Entstellt war freilich jedes Gesicht, das man liebte, entstellt und grausam aufreizend, wenn es nicht mehr log, wenn es schwieg, wenn es schlief. Da sah man ihm auf den Grund und sah nichts von Liebe darin, wie man auch im eigenen Herzen nichts von Liebe fand, wenn man auf den Grund sah. Da war nur Lebensgier und Angst, und aus Angst, aus dummer Kinderangst vor der Kälte, vor dem Alleinsein, vor dem Tode floh man zueinander, küßte sich, umarmte sich, rieb Wange an Wange, legte Bein zu Bein, warf neue Menschen in die Welt. So war es. So war er einst zu seiner Frau gekommen. So war die Frau des Wirtes in einem Dorf zu ihm gekommen, einst, am Anfang seines jetzigen Weges, in einer kahlen steinernen Kammer, barfuß und schweigend, getrieben von Angst, von Lebensgier, von Trostbedürfnis. So war auch er zu Teresina gekommen, und sie zu ihm. Es war stets derselbe Trieb, dasselbe Begehren, dasselbe Mißverständnis. Es war auch stets dieselbe Enttäuschung, dasselbe grimme Leid. Man glaubte, Gott nah zu sein, und hielt ein Weib in den Armen. Man glaubte, Harmonie erreicht zu haben, und hatte nur seine Schuld und seinen Jammer weggewälzt, auf ein fernes zukünftiges Wesen! Ein Weib hielt man in den Armen, küßte ihren Mund, streichelte ihre Brust und zeugte mit ihr ein Kind, und einst würde das Kind, vom selben Schicksal ereilt, in einer Nacht ebenso neben einem Weibe liegen und ebenso aus dem Rausch erwachen und mit schmerzenden Augen in den Abgrund sehen, und das Ganze verfluchen. Unerträglich, das zu Ende zu denken!

Sehr aufmerksam betrachtete er das Gesicht der Schlafenden, die Schulter und Brust, das gelbe Haar. Das alles hatte ihn entzückt, hatte ihn getäuscht, hatte ihn verlockt, das alles hatte ihm Lust und Glück vorgelogen. Nun war es aus, nun wurde abgerechnet. Er war in das Theater Wagner eingetreten, er hatte erkannt, warum jedes Gesicht, sobald die Täuschung dahinfiel, so entstellt und unausstehlich war.

Klein stand vom Bett auf und ging auf die Suche nach einem Messer. Im Vorbeischleichen streifte er Teresinas lange hellbraune Strümpfe vom Stuhl — dabei fiel ihm blitzschnell ein, wie er sie das erste Mal gesehen, im Park, und wie von ihrem Gang und von ihrem Schuh und straffen Strumpf der erste Reiz ihm zugeflogen war. Er lachte leise, wie schadenfroh, und nahm Teresinas Kleider, Stück um Stück, in die Hand, befühlte sie und ließ sie zu Boden fallen. Dann suchte er weiter, dazwischen für Momente alles vergessend. Sein Hut lag auf dem Tisch, er nahm ihn gedankenlos in die Hände, drehte ihn, fühlte, daß er naß war, und setzte ihn auf. Beim Fenster blieb er stehen, sah in die Schwärze hinaus, hörte Regen singen, es klang wie aus verschollenen anderen Zeiten her. Was wollte das alles von ihm, Fenster, Nacht, Regen — was ging es ihn an, das alte Bilderbuch aus der Kinderzeit.

Plötzlich blieb er stehen. Er hatte ein Ding in die Hand genommen, das auf einem Tische lag, und sah es an. Es war ein silberner ovaler Handspiegel, und aus dem Spiegel schien ihm sein Gesicht entgegen, das Gesicht Wagners, ein irres verzogenes Gesicht mit tiefen schattigen Höhlen und zerstörten, zersprungenen Zügen. Das geschah ihm jetzt so merkwürdig oft, daß er sich unversehens in einem Spiegel sah, ihm schien, er habe früher jahrzehntelang nie in einen geblickt. Auch das, schien es, gehörte zum Theater Wagner.

Er blieb stehen und blickte lang in das Glas. Dies Gesicht des ehemaligen Friedrich Klein war fertig und verbraucht, es hatte ausgedient, Untergang schrie aus jeder Falte. Dies Gesicht mußte verschwinden, es mußte ausgelöscht werden. Es war sehr alt, dies Gesicht, viel hatte sich in ihm gespiegelt, allzu viel, viel Lug und Trug, viel Staub und Regen war darüber gegangen. Es war einmal glatt und hübsch gewesen, er hatte es einst geliebt und gepflegt und Freude daran gehabt, und hatte es oft auch gehaßt. Warum? Beides war nicht mehr zu begreifen.

Und warum stand er jetzt da, nachts in diesem kleinen fremden Zimmer, mit einem Glas in der Hand und einem nassen Hut auf dem Kopf, ein seltsamer Hanswurst — was war mit ihm? Was wollte er? Er setzte sich auf den Tischrand. Was hatte er gewollt? Was suchte er? Er hatte doch etwas gesucht, etwas sehr Wichtiges gesucht?

Ja, ein Messer.

Plötzlich ungeheuer erschüttert sprang er empor und lief zum Bett. Er beugte sich über das Kissen, sah das schlafende Mädchen im gelben Haare liegen. Sie lebte noch! Er hatte es noch nicht getan! Grauen überfloß ihn eisig. Mein Gott, nun war es da! Nun war es so weit, und es geschah, was er schon immer und immer in seinen furchtbarsten Stunden hatte kommen sehen. Nun war es da. Nun stand er, Wagner, am Bett einer Schlafenden, und suchte das Messer! — Nein, er wollte nicht. Nein, er war nicht wahnsinnig! Gott sei Dank, er war nicht wahnsinnig! Nun war es gut.

Es kam Friede über ihn. Langsam zog er seine Kleider an, die Hosen, den Rock, die Schuhe. Nun war es gut.

Als er nochmals zum Bett treten wollte, fühlte er Weiches unter seinem Fuß. Da lagen Teresinas Kleider am Boden, die Strümpfe, das hellgraue Kleid. Sorgfältig hob er sie auf und legte sie über den Stuhl.

Er löschte das Licht und ging aus dem Zimmer. Vor dem Hause troff Regen still und kühl, nirgends Licht, nirgends ein Mensch, nirgends ein Laut, nur der Regen. Er wandte das Gesicht nach oben und ließ sich den Regen über Stirn und Wangen laufen. Kein Himmel zu finden. Wie dunkel es war! Gern, gern hätte er einen Stern gesehen.

Ruhig ging er durch die Straßen, vom Regen durchweicht. Kein Mensch, kein Hund begegnete ihm, die Welt war ausgestorben. Am Seeufer ging er von Boot zu Boot, sie waren alle hoch ans Land gezogen und stramm mit Ketten befestigt. Erst ganz in der Vorstadt außen fand er eins, das locker am Strick hing und sich lösen ließ. Das machte er los und hängte die Ruder ein. Schnell war das Ufer vergangen, es floß ins Grau hinweg wie nie gewesen, nur Grau und Schwarz und Regen war noch auf der Welt, grauer See, nasser See, grauer See, nasser Himmel, alles ohne Ende.

Draußen, weit im See, zog er die Ruder ein. Es war nun so weit, und er war zufrieden. Früher hatte er, in den Augenblicken, wo Sterben ihm unvermeidlich schien, doch immer gern noch ein wenig gezögert, die Sache auf morgen verschoben, es erst noch einmal mit dem Weiterleben probiert. Davon war nichts mehr da. Sein kleines Boot, das war er, das war sein kleines, umgrenztes, künstlich versichertes Leben — rundum aber das weite Grau, das war die Welt, das war All und Gott, dahinein sich fallen zu lassen war nicht schwer, das war leicht, das war froh.

Er setzte sich auf den Rand des Bootes nach außen, die Füße hingen ins Wasser. Er neigte sich langsam vor, neigte sich vor, bis hinter ihm das Boot elastisch entglitt. Er war im All.

In die kleine Zahl von Augenblicken, welche er von da an noch lebte, war viel mehr Erlebnis gedrängt als in die vierzig Jahre, die er zuvor bis zu diesem Ziel unterwegs gewesen war.

Es begann damit: Im Moment, wo er fiel, wo er einen Blitz lang zwischen Bootsrand und Wasser schwebte, stellte sich ihm dar, daß er einen Selbstmord begehe, eine Kinderei, etwas zwar nicht Schlimmes, aber Komisches und ziemlich Törichtes. Das Pathos des Sterbenwollens und das Pathos des Sterbens selbst fiel in sich zusammen, es war nichts damit. Sein Sterben war nicht mehr notwendig, jetzt nicht mehr. Es war erwünscht, es war schön und willkommen, aber notwendig war es nicht mehr. Seit dem Moment, seit dem aufblitzenden Sekundenteil, wo er sich mit ganzem Wollen, mit ganzem Verzicht auf jedes Wollen, mit ganzer Hingabe hatte vom Bootsrand fallen lassen, in den Schoß der Mutter, in den Arm Gottes — seit diesem Augenblick hatte das Sterben keine Bedeutung mehr. Es war ja alles so einfach, es war ja alles so wunderbar leicht, es gab ja keine Abgründe, keine Schwierigkeiten mehr. Die ganze Kunst war: sich fallen lassen! Das leuchtete als Ergebnis seines Lebens hell durch sein ganzes Wesen: sich fallen lassen! Hatte man das einmal getan, hatte man einmal sich dahingegeben, sich anheimgestellt, sich ergeben, hatte man einmal auf alle Stützen und jeden festen Boden unter sich verzichtet, hörte man ganz und gar nur noch auf den Führer im eigenen Herzen, dann war alles gewonnen, dann war alles gut, keine Angst mehr, keine Gefahr mehr.

Dies war erreicht, dies Große, Einzige: er hatte sich fallen lassen! Daß er sich ins Wasser und in den Tod fallen ließ, wäre nicht notwendig gewesen, ebensogut hätte er sich ins Leben fallen lassen können. Aber daran lag nicht viel, wichtig war dies nicht. Er würde leben, er würde wieder kommen. Dann aber würde er keinen Selbstmord mehr brauchen und keinen von all diesen seltsamen Umwegen, keine von all diesen mühsamen und schmerzlichen Torheiten mehr, denn er würde die Angst überwunden haben.

Wunderbarer Gedanke: ein Leben ohne Angst! Die Angst überwinden, das war die Seligkeit, das war die Erlösung. Wie hatte er sein Leben lang Angst gelitten, und nun, wo der Tod ihn schon am Halse würgte, fühlte er nichts mehr davon, keine Angst, kein Grauen, nur Lächeln, nur Erlösung, nur Einverstandensein. Er wußte nun plötzlich, was Angst ist, und daß sie nur von dem überwunden werden kann, der sie erkannt hat. Man hatte vor tausend Dingen Angst, vor Schmerzen, vor Richtern, vor dem eigenen Herzen, man hatte Angst vor dem Schlaf, Angst vor dem Erwachen, vor dem Alleinsein, vor der Kälte, vor dem Wahnsinn, vor dem Tode — namentlich vor ihm, vor dem Tode. Aber all das waren nur Masken und Verkleidungen. In Wirklichkeit gab es nur eines, vor dem man Angst hatte: das Sichfallenlassen, den Schritt in das Ungewisse hinaus, den kleinen Schritt hinweg über all die Versicherungen, die es gab. Und wer sich einmal, ein einziges Mal hingegeben hatte, wer einmal das große Vertrauen geübt und sich dem Schicksal anvertraut hatte, der war befreit. Er gehorchte nicht mehr den Erdgesetzen, er war in den Weltraum gefallen und schwang im Reigen der Gestirne mit. So war das. Es war so einfach, jedes Kind konnte das verstehen, konnte das wissen.

Er dachte dies nicht, wie man Gedanken denkt, er lebte, fühlte, tastete, roch und schmeckte es. Er schmeckte, roch, sah und verstand, was Leben war. Er sah die Erschaffung der Welt, er sah den Untergang der Welt, beide wie zwei Heerzüge beständig gegeneinander in Bewegung, nie vollendet, ewig unterwegs. Die Welt wurde immerfort geboren, sie starb immerfort. Jedes Leben war ein Atemzug, von Gott ausgestoßen. Jedes Sterben war ein Atemzug, von Gott eingesogen. Wer gelernt hatte, nicht zu widerstreben, sich fallen zu lassen, der starb leicht, der wurde leicht geboren. Wer widerstrebte, der litt Angst, der starb schwer, der wurde ungern geboren.

Im grauen Regendunkel über dem Nachtsee sah der Untersinkende das Spiel der Welt gespiegelt und dargestellt: Sonnen und Sterne rollten herauf, rollten hinab, Chöre von Menschen und Tieren, Geistern und Engeln standen gegeneinander, sangen, schwiegen, schrien, Züge von Wesen zogen gegeneinander, jedes sich selbst mißkennend, sich selbst hassend, und sich in jedem andern Wesen hassend und verfolgend. Ihrer aller Sehnsucht war nach Tod, war nach Ruhe, ihr Ziel war Gott, war die Wiederkehr zu Gott und das Bleiben in Gott. Dies Ziel schuf Angst, denn es war ein Irrtum. Es gab kein Bleiben in Gott! Es gab keine Ruhe! Es gab nur das ewige, ewige, herrliche, heilige Ausgeatmetwerden und Eingeatmetwerden, Gestaltung und Auflösung, Geburt und Tod, Auszug und Wiederkehr, ohne Pause, ohne Ende. Und darum gab es nur Eine Kunst, nur Eine Lehre, nur Ein Geheimnis: sich fallen lassen, sich nicht gegen Gottes Willen sträuben, sich an nichts klammern, nicht an Gut noch Böse. Dann war man erlöst, dann war man frei von Leid, frei von Angst, nur dann.

Sein Leben lag vor ihm wie ein Land mit Wäldern, Talschaften und Dörfern, das man vom Kamm eines hohen Gebirges übersieht. Alles war gut gewesen, einfach und gut gewesen, und alles war durch seine Angst, durch sein Sträuben zu Qual und Verwicklung, zu schauerlichen Knäueln und Krämpfen von Jammer und Elend geworden! Es gab keine Frau, ohne die man nicht leben konnte — und es gab auch keine Frau, mit der man nicht hätte leben können. Es gab kein Ding in der Welt, das nicht ebenso schön, ebenso begehrenswert, ebenso beglückend war wie sein Gegenteil! Es war selig zu leben, es war selig zu sterben, sobald man allein im Weltraum hing. Ruhe von außen gab es nicht, keine Ruhe im Friedhof, keine Ruhe in Gott, kein Zauber unterbrach je die ewige Kette der Geburten, die unendliche Reihe der Atemzüge Gottes. Aber es gab eine andere Ruhe, im eigenen Innern zu finden. Sie hieß: Laß dich fallen! Wehre dich nicht! Stirb gern! Lebe gern!

Alle Gestalten seines Lebens waren bei ihm, alle Gesichter seiner Liebe, alle Wechsel seines Leidens. Seine Frau war rein und ohne Schuld wie er selbst, Teresina lächelte kindlich her. Der Mörder Wagner, dessen Schatten so breit über Kleins Leben gefallen war, lächelte ihm ernst ins Gesicht, und sein Lächeln erzählte, daß auch Wagners Tat ein Weg zur Erlösung gewesen war, auch sie ein Atemzug, auch sie ein Symbol, und daß auch Mord und Blut und Scheußlichkeit nicht Dinge sind, welche wahrhaft existieren, sondern nur Wertungen unsrer eigenen, selbstquälerischen Seele. Mit dem Morde Wagners hatte er, Klein, Jahre seines Lebens hingebracht, in Verwerfen und Billigen, Verurteilen und Bewundern, Verabscheuen und Nachahmen hatte er sich aus diesem Morde unendliche Ketten von Qualen, von Ängsten, von Elend geschaffen. Er hatte hundertmal voll Angst seinem eigenen Tode beigewohnt, er hatte sich auf dem Schafott sterben sehen, er hatte den Schnitt des Rasiermessers durch seinen Hals gefühlt und die Kugel in seiner Schläfe — und nun, da er den gefürchteten Tod wirklich starb, war es so leicht, war es so einfach, war es Freude und Triumph! Nichts in der Welt war zu fürchten, nichts war schrecklich — nur im Wahn machten wir uns all diese Furcht, all dies Leid, nur in unsrer eignen, geängsteten Seele entstand Gut und Böse, Wert und Unwert, Begehren und Furcht.

Die Gestalt Wagners versank weit in der Ferne. Er war nicht Wagner, nicht mehr, es gab keinen Wagner, das alles war Täuschung gewesen. Nun, mochte Wagner sterben! Er, Klein, würde leben.

Wasser floß ihm in den Mund, und er trank. Von allen Seiten, durch alle Sinne floß Wasser herein, alles löste sich auf. Er wurde angesogen, er wurde eingeatmet. Neben ihm, an ihn gedrängt, so eng beisammen wie die Tropfen im Wasser, schwammen andere Menschen, schwamm Teresina, schwamm der alte Sänger, schwamm seine einstige Frau, sein Vater, seine

Mutter und Schwester, und tausend, tausend, tausend andre Menschen, und auch Bilder und Häuser, Tizians Venus und das Münster von Straßburg, alles schwamm, eng aneinander, in einem ungeheuren Strom dahin, von Notwendigkeit getrieben, rasch und rascher, rasend — und diesem ungeheuern, rasenden Riesenstrom der Gestaltungen kam ein anderer Strom entgegen, ungeheuer, rasend, ein Strom von Gesichtern, Beinen, Bäuchen, von Tieren, Blumen, Gedanken, Morden, Selbstmorden, geschriebenen Büchern, geweinten Tränen, dicht, dicht, voll, voll, Kinderaugen und schwarze Locken und Fischköpfe, ein Weib mit langem starrem Messer im blutigen Bauch, ein junger Mensch, ihm selbst ähnlich, das Gesicht voll heiliger Leidenschaft, das war er selbst, zwanzigjährig, jener verschollene Klein von damals! Wie gut, daß auch diese Erkenntnis nun zu ihm kam: daß es keine Zeit gab! Das einzige, was zwischen Alter und Jugend, zwischen Babylon und Berlin, zwischen Gut und Böse, Geben und Nehmen stand, das einzige, was die Welt mit Unterschieden, Wertungen, Leid, Streit, Krieg erfüllte, war der Menschengeist, der junge ungestüme und grausame Menschengeist im Zustand der tobenden Jugend, noch fern vom Wissen, noch weit von Gott. Er erfand Gegensätze, er erfand Namen. Dinge nannte er schön, Dinge häßlich, diese gut, diese schlecht. Ein Stück Leben wurde Liebe genannt, ein andres Mord. So war dieser Geist, jung, töricht, komisch. Eine seiner Erfindungen war die Zeit. Eine feine Erfindung, ein raffiniertes Instrument, sich noch inniger zu quälen und die Welt vielfach und schwierig zu machen! Von allem, was der Mensch begehrte, war er immer nur durch Zeit getrennt, nur durch diese Zeit, diese tolle Erfindung! Sie war eine der Stützen, eine der Krücken, die man vor allem fahren lassen mußte, wenn man frei werden wollte.

Weiter quoll der Weltstrom der Gestaltungen, der von Gott eingesogene, und der andere, ihm entgegen, der ausgeatmete. Klein sah Wesen, die sich dem Strom widersetzten, die sich unter furchtbaren Krämpfen aufbäumten und sich grauenhafte

Qualen schufen: Helden, Verbrecher, Wahnsinnige, Denker, Liebende, Religiöse. Andre sah er, gleich ihm selbst, rasch und leicht in inniger Wollust der Hingabe, des Einverstandenseins dahingetrieben, Selige wie er. Aus dem Gesang der Seligen und aus dem endlosen Qualschrei der Unseligen baute sich über den beiden Weltströmen eine durchsichtige Kugel oder Kuppel aus Tönen, ein Dom von Musik, in dessen Mitte saß Gott, saß ein heller, vor Helle unsichtbarer Glanzstern, ein Inbegriff von Licht, umbraust von der Musik der Weltchöre, in ewiger Brandung.

Helden und Denker traten aus dem Weltstrom, Propheten, Verkünder. »Siehe, das ist Gott der Herr, und sein Weg führt zum Frieden«, rief einer, und viele folgten ihm. Ein andrer verkündete, daß Gottes Bahn zum Kampf und Kriege führe. Einer nannte ihn Licht, einer nannte ihn Nacht, einer Vater, einer Mutter. Einer pries ihn als Ruhe, einer als Bewegung, als Feuer, als Kühle, als Richter, als Tröster, als Schöpfer, als Vernichter, als Verzeiher, als Rächer. Gott selbst nannte sich nicht. Er wollte genannt, er wollte geliebt, er wollte gepriesen, verflucht, gehaßt, angebetet sein, denn die Musik der Weltchöre war sein Gotteshaus und war sein Leben — aber es galt ihm gleich, mit welchen Namen man ihn pries, ob man ihn liebte oder haßte, ob man bei ihm Ruhe und Schlaf, oder Tanz und Raserei suchte. Jeder konnte suchen. Jeder konnte finden.

Jetzt vernahm Klein seine eigene Stimme. Er sang. Mit einer neuen, gewaltigen, hellen, hallenden Stimme sang er laut, sang er laut und hallend Gottes Lob, Gottes Preis. Er sang im rasenden Dahinschwimmen, inmitten der Millionen Geschöpfe, ein Prophet und Verkünder. Laut schallte sein Lied, hoch stieg das Gewölbe der Töne auf, strahlend saß Gott im Innern. Ungeheuer brausten die Ströme hin.

Zeittafel

1871 Deutsche Reichsgründung.

1873–1894 Große wirtschaftliche Depression im Kaiserreich.

1874 Ernst Wagner wird in Eglosheim bei Ludwigsburg geboren.

1876 Tod von Ernst Wagners Vater.

1880 Letzte große Massenauswanderungswelle aus Deutschland und Landflucht.

1884/85 Deutschland wird Kolonialmacht.

1886 Ludwig II. und sein Psychiater Bernhard von Gudden sterben unter ungeklärten Umständen im Starnberger See.

1888 »Dreikaiserjahr« (in einem Jahr folgen drei deutsche Kaiser aufeinander: Wilhelm I., Friedrich III., Wilhelm II.).

1888 Ernst Wagner kommt auf die Präparandenanstalt und danach ins Lehrerseminar.

1889 Geburt Adolf Hitlers.

1895 Große Feiern zum 25. Jahrestag der Schlacht bei Sedan.

1895 Sigmund Freud mit Josef Breuer: *Studien über Hysterie*.

1895 Deutschland überflügelt England in der Güterproduktion.

1896 Die Firma Mauser in Oberndorf/Neckar beginnt mit der Serienproduktion der Selbstladepistole C-96.

1898 Ausbau der deutschen Kriegsflotte.

1900 Reichskanzler von Bülow: »Wir wollen niemanden in den Schatten stellen, aber wir verlangen auch unseren Platz an der Sonne.«

1900 Im Deutschen Reich tritt das Bürgerliche Gesetzbuch (BGB) in Kraft.

1900 Zeppelin baut das erste lenkbare Luftschiff.

1901 Ernst Wagner wird Lehrer in Mühlhausen an der Enz.

1901 Deutsche Rechtschreibkonferenz in Berlin.

1901 Thomas Mann: *Die Buddenbrooks*.

1901 Kaiser Wilhelm II.: »Eine Kunst, die sich über die von mir bezeichneten Gesetze und Schranken hinwegsetzt, ist keine Kunst mehr.«

1902 Ernst Wagner wird Lehrer in Radelstetten auf der Schwäbischen Alb; Tod seiner Mutter.

1903 Daniel Paul Schreber veröffentlicht seine *Denkwürdigkeiten eines Nervenkranken*.

1903 Schiller-Nationalmuseum in Marbach am Neckar eröffnet.

1903 Ernst Sachs entwickelt den Freilauf für das Fahrrad.

1903 Ernst Wagner heiratet in Ludwigsburg.

1904 Beginn der Produktion im Daimler-Werk in Untertürkheim bei Stuttgart.

1905 Landesweite Jubiläumsfeiern zum 100. Todestag Friedrich Schillers.

1905 Erste Vorarbeiten Heinrich Manns an *Der Untertan* (Privatdruck 1916, erschienen 1918).

1905 Max Weber: *Die protestantische Ethik und der Geist des Kapitalismus*.

1906 In Frankreich: Gesetz zur Trennung von Kirche und Staat.

1906 Auftritt des Schusters Wilhelm Voigt als »Hauptmann von Köpenick«.

1907 Nichtzulassung Adolf Hitlers an der Kunstakademie.

1908 Beschleunigung der Flottenrüstung in Deutschland.

1908/09 Bosnienkrise.

1910 und 1911 Neues Volksschulgesetz und Lehrerbesoldungsgesetz in Württemberg mit finanzieller Besserstellung der Lehrer.

1910 Eine Million Telefone im Deutschen Reich.

1910 Diskussionen in der Wiener Psychoanalytischen Vereinigung über die Schädlichkeit der Masturbation.

1910 Ludwig Klages: *Prinzipien der Charakterologie*.

1911 Aufrüstung des deutschen Heeres.

1911 Sigmund Freud: *Psychoanalytische Bemerkungen über einen autobiographisch beschriebenen Fall von Paranoia (Dementia paranoides)* [Fall Schreber].

1912 Ernst Wagner wird nach Degerloch bei Stuttgart versetzt.

1912 Gerhart Hauptmann erhält den Nobelpreis für Literatur.

1912 Bei den Reichstagswahlen wird die SPD stärkste Partei.

1912 Untergang der *Titanic*.

1912/13 Balkankriege.

1913 Erdbeben in Süddeutschland.

1913 Karl Jaspers: *Allgemeine Psychopathologie*.

1913 Vollendung des Völkerschlachtdenkmals bei Leipzig.

1913 Zum fünfundzwanzigjährigen Regierungsjubiläum amnestiert Kaiser Wilhelm II. über 20000 Strafgefangene.

1913 Wagners Verbrechen in Degerloch und Mühlhausen. Psychiatrische Untersuchung durch Robert Gaupp in Tübingen.

1914 Wagner wird in die Heilanstalt Winnental eingewiesen.

1914 Robert Gaupp veröffentlicht sein Gutachten über Ernst Wagner: *Zur Psychologie des Massenmords. Hauptlehrer Wagner von Degerloch*.

1916 Wagner fordert seine Teilnahme am Weltkrieg.

1921 Ernst Wagner: *Wahn (König Ludwig II. von Bayern)*.

1923 Franz Werfels *Schweiger* wird in Stuttgart aufgeführt.

1923 Hitler-Putsch in München.

1924 Initiative zur Freilassung Wagners.

1925 Der erste Band von Adolf Hitlers *Mein Kampf* erscheint.

1926 und 1929 Die Anstaltsdruckerei Winnental druckt Ernst Wagners Flugblätter »Werfel, der Plagiator«.

1932 Ernst Wagner wird auf der 55. Tagung der südwestdeutschen Psychiater in Tübingen vorgestellt.

1938 Wagner stirbt in Winnenden.

Bibliographie

Akten, Dokumente, Materialien

Krankengeschichte über Ernst Wagner im Psychiatrischen Landeskrankenhaus Winnenden.

Krankengeschichte über Ernst Wagner in der Psychiatrischen Universitätsklinik Tübingen.

Gutachten von Robert Gaupp über Ernst Wagner im Archiv der Eberhard-Karls-Universität Tübingen (Signatur: UAT 309/7782).

Protokollbuch der Ortsschulbehörde Radelstetten, 1886.

Kirchenbücher der Gemeinden Kleinbottwar, Eglosheim, Radelstetten und Mühlhausen a. d. Enz.

Akte über das Gehirn Ernst Wagners im Vogt'schen Hirnforschungsinstitut Düsseldorf.

Akten über die zivilrechtlichen Folgen der Verbrechen Wagners in Mühlhausen a. d. Enz im Staatsarchiv Ludwigsburg (Bestand F 209, Bü 138).

Exposé von Heinar Kipphardt zu einem nicht realisierten Filmprojekt »Hauptlehrer Wagner« (z.T. handschriftlich) in seinem Nachlaß im Deutschen Literaturarchiv Marbach am Neckar.

Stuttgarter Neues Tagblatt: Ausgaben vom 6. bis 10. September 1913.

Im Druck erschienene Dramen von Ernst Wagner

(alle im Selbstverlag)
Unter dem Pseudonym »Walther Ernst«:
    a.) *Bilder aus dem alten Rom. Schauspiel.* Ulm 1906.

b.) *Nero. Historisches Schauspiel in 3 Akten.* Ulm 1907.

c.) *David und Saul. Drama in 5 Akten.* Ulm 1909.

Mit der Verfasserangabe »Ernst Wagner«:

d.) *Absalom. Drama.* Winnenden 1919.

e.) *Saul. Drama in fünf Aufzügen.* Winnenden 1920 (veränderte Neuauflage von c).

f.) *Wahn. König Ludwig II. von Bayern. Drama in drei Akten.* Winnenden 1921.

g.) *Die Landhofmeisterin. Schauspiel.* Winnenden 1922.

Nachzuweisen sind

– im Deutschen Literaturarchiv Marbach: d, e, f, g;

– in der Württembergischen Landesbibliothek Stuttgart: a, b, c, d, e;

– im Psychiatrischen Landeskrankenhaus Winnenden: a, b, e, g.

Von *Wahn* (f) gibt es offensichtlich zwei Ausgaben mit unterschiedlichem Titelblatt. Das Exemplar im Besitz des Psychiatrischen Landeskrankenhauses Winnenden gibt keinen Verfasser an.

Wahn ist auch abgedruckt in:

Hofer, Gunter: *Der Mensch im Wahn.* Basel 1968 (S. 87–134).

– in französischer Übersetzung in:

Vindras, Anne-Marie: *Louis II de Bavière selon Ernst Wagner paranoïaque dramaturge.* Paris 1993.

– in italienischer Übersetzung in:

Cargnello, Danilo: *Il caso Ernst Wagner. Lo sterminatore e il drammaturgo e il dramma* Delirio *di Ernst Wagner.* Milano 1984.

Literatur zum Fall Wagner

Bacmeister, Walther: »Der Massenmörder und Brandstifter Wagner«. In: *Archiv für Kriminologie,* Jg. 106, Heft 5/6 (1940), S. 16–35, 68–76, 129–136.

Barlen, Fritz: »Sippentafel des Hauptlehrers Wagner«. In: *Zeitschrift für die gesamte Neurologie und Psychiatrie* 176 (1943), S. 320–324.

Bruch, Hilde: »Mass Murder: The Wagner Case«. In: *American Journal of Psychiatry* 124/1 (1967/68), pp. 693–698.

Burkhardt, Bernd: *Ernst Wagner – Hauptlehrer und Massenmörder.* Manuskript einer Rundfunksendung des Südfunks Stuttgart vom 5. 2. 1988.

Cargnello, Danilo: *Il caso Ernst Wagner. Lo sterminatore e il drammaturgo e il dramma* Delirio *di Ernst Wagner.* Milano 1984.

Gaupp, Robert: »Zur Psychologie des Massenmords. Hauptlehrer Wagner von Degerloch«. In: *Verbrechertypen.* Band I, Heft 3. Hrsg. von Hans W. Gruhle und Albrecht Wetzel. Berlin 1914, S. 1–188.

–, –: »Die wissenschaftliche Bedeutung des ›Falles Wagner‹«. In: *Münchener medizinische Wochenschrift* 12 (1914), S. 663 bis 637.

–, –: »Der Fall Wagner. Eine Katamnese, zugleich ein Beitrag zur Lehre von der Paranoia«. In: *Zeitschrift für die gesamte Neurologie und Psychiatrie* 60 (1920), S. 312–327.

–, –: »Die dramatische Dichtung eines Paranoikers über den ›Wahn‹. Ein weiterer Beitrag zur Lehre von der Paranoia«. In: *Zeitschrift für die gesamte Neurologie und Psychiatrie* 69 (1921). S. 182–198.

–, –: »Vom dichterischen Schaffen eines Geisteskranken«. In: *Jahrbuch der Charakterologie,* 2. und 3. Jg. Hrsg. von Emil Utitz. Berlin 1926, S. 197–225.

–, –: »Krankheit und Tod des paranoischen Massenmörders Hauptlehrer Wagner. Eine Epikrise«. In: *Zeitschrift für die gesamte Neurologie und Psychiatrie* 163 (1938), S. 48–82.

Hofer, Gunter: *Der Mensch im Wahn.* Basel 1968.

Janzarik, Werner: »Die ›Paranoia (GAUPP)‹«. In: *Archiv für Psychiatrie und Zeitschrift Neurologie* 183 (1949), S. 328–382.

Kretschmer, Ernst: *Der sensitive Beziehungswahn.* 3. Aufl. Berlin u. a. 1950.

Kuiper, Pieter Cornelis: »Psychoanalytische Betrachtungen über Wahnbildung«. In: *Wahn.* Hrsg. von Walter Schulte und Rainer Tölle. Stuttgart 1972.

Neuzner, Bernd: »Hauptlehrer Wagner und Professor Gaupp — eine 25jährige Beziehungskatamnese«. In: *Fortschritte der Neurologie, Psychiatrie* 64 (1996) S. 243–249.

Vindras, Anne-Marie: *Louis II de Bavière selon Ernst Wagner paranoïaque dramaturge.* Paris 1993.

–, –: *Ernst Wagner, Robert Gaupp: Un Monstre et son Psychiatre.* Paris 1996 [nach Abschluß unseres Manuskripts erschienen].

Waag, Bernhard: *Der Mordbrenner Wagner, sein furchtbares Verbrechen und eine Erklärung, wie solches möglich war.* Lorch 1913.

Wollenberg, Robert: »Der Fall Wagner. 2. Gutachten«. In: *Verbrechertypen.* Band I, Heft 3. Hrsg. von Hans W. Gruhle und Albrecht Wetzel. Berlin 1914, S. 189–216.

Weitere Literatur (in Auswahl)

Brandstätter, Horst: *Winnental — Eine deutsche Heilanstalt.* Manuskript einer Rundfunksendung des Südfunks Stuttgart vom 6. 5. 1986.

Csáth, Géza: *Tagebuch. 1912–1913.* Aus dem Ungarischen von Hans Skirecki und mit einem Nachwort von Lászlo F. Földényi. Berlin 1990.

Freud, Sigmund: »Psychoanalytische Bemerkungen über einen autobiographisch beschriebenen Fall von Paranoia (Dementia paranoides)«, 1911. In: *Gesammelte Werke VIII.* Frankfurt am Main 1978.

Göbel, Wolfram: *Der Kurt Wolff Verlag. 1913–1930.* Frankfurt am Main 1977.

Groddeck, Georg: *Der Mensch und sein Es. Briefe, Aufsätze, Biographisches.* Hrsg. von Margarethe Honegger. Wiesbaden 1970.

–, –: Werke. *Vorträge Band II. 1917–1918.* Hrsg. von Beate
Schuh und Frieder Kern. Frankfurt am Main 1988.

Gross, Otto: »Elterngewalt«. In: *Die Zukunft.* Hrsg. von Maximilian Harden 17 (1908). Nachgedruckt in: Otto Gross: *Von
der geschlechtlichen Not zur sozialen Katastrophe.* Hrsg. von
Kurt Kreiler. Frankfurt am Main 1980.

Henze, Eberhard: *Kleine Geschichte des deutschen Buchwesens.*
Düsseldorf 1983.

Hesse, Hermann: »Klein und Wagner«. In: *Gesammelte Schriften III.* Frankfurt am Main 1978.

–, –: »Nachruf auf Christoph Schrempf«. In: *Gesammelte Schriften IV.* Frankfurt am Main 1978.

–, –: »O Freunde, nicht diese Töne!« In: *Gesammelte Schriften
VII.* Frankfurt am Main 1978.

Hitler, Adolf: *Mein Kampf.* 474/478. Aufl. München 1939.

Hurwitz, Emanuel: *Otto Gross. Ein Paradiessucher zwischen
Freud und Jung.* Frankfurt am Main 1979.

Jägersberg, Otto (Hrsg.): *Georg Groddeck. Dokumente und
Schriften.* Bühl-Moos 1984.

Jaspers, Karl: *Allgemeine Psychopathologie.* 9. Aufl. Berlin u. a.
1973.

Jungk, Peter Stephan: *Franz Werfel. Eine Lebensgeschichte.*
Frankfurt am Main 1987.

Kaschka, Wolfgang P./Lungershausen, Eberhard (Hrsg.): *Para-
noide Störungen.* Berlin u. a. 1992.

Klee, Ernst: »Euthanasie« im NS-Staat. Die »Vernichtung lebens-
unwerten Lebens«.* Frankfurt am Main 1983.

Lahnstein, Peter: *Schillers Leben.* Frankfurt am Main 1984.

Leins, Claudia: *Robert Eugen Gaupp. Leben und Werk.* Medizinische Dissertation, Tübingen 1991.

Leins, Claudia/Foerster, Klaus: »Robert Gaupp aus heutiger
Sicht«. In: *Fundamenta Psychiatrica* 8 (1994), S. 84–89.

Mann, Thomas: »Bruder Hitler«. In: *Werke. Politische Schriften und Reden. Band 3.* Frankfurt am Main 1968.

Mauz, Friedrich: »Robert Gaupp«. In: Kolle, Kurt (Hrsg.): *Große Nervenärzte*. Stuttgart 1959.

McGuire, William/Sauerländer, Wolfgang (Hrsg.): *Sigmund Freud/C. G. Jung — Briefwechsel*. Frankfurt am Main 1974.

Mileck, Joseph: *Hermann Hesse*. München 1979.

Schreber, Daniel Paul: *Denkwürdigkeiten eines Nervenkranken*. Frankfurt am Main 1985.

Schulte, Walter/Tölle, Rainer (Hrsg.): *Wahn*. Stuttgart 1972.

Schulte, Walter/Tölle, Rainer: *Psychiatrie*. 2. Aufl. Berlin u. a. 1973.

Seel, Wolfgang: *Mauser. Von der Waffenschmiede zum Weltunternehmen*. Dietikon 1986.

Tölle, Rainer: »Die Krankengeschichte in der Psychiatrie«. In: Jüttemann, Gerd/Thomae, Hans (Hrsg.): *Biographie und Psychologie*. Berlin u. a. 1987.

Unseld, Siegfried: *Hermann Hesse. Eine Werkgeschichte*. Frankfurt am Main 1973.

Vischer, Friedrich Theodor: *Auch Einer. Eine Reisebekanntschaft*. 90.–94. Aufl. Stuttgart und Berlin 1918.

Weller, Karl / Weller, Arnold: *Württembergische Geschichte.* Stuttgart und Aalen 1972.

Werfel, Franz: *Schweiger. Ein Trauerspiel in drei Akten*. München 1922.

Zeller, Bernhard: *Hermann Hesse*. Reinbek 1977.

Bildnachweis

S. 26/27: aus: Gruhle/Wetzel, a.a.O., S. 34/35: Landesbibliothek Stuttgart, S. 62: aus: Gruhle/Wetzel, a.a.O., S. 67: Psychiatrische Universitätsklinik Tübingen (Repr. Foto Killmann), S. 81: Psychiatrisches Landeskrankenhaus Winnenden, S. 88/89: dito, S. 154: aus: Gruhle/Wetzel, a.a.O., S. 158: aus: Seel, Wolfgang, a.a.O., S. 168: Privat, S. 171: Deutsches Literaturarchiv Marbach, S. 196: Psychiatrisches Landeskrankenhaus Winnenden, S. 205: aus: Gaupp, Epikrise, a.a.O.

Das Vorsatzblatt zeigt Hauptlehrer Wagner mit seiner Klasse in Radelstetten; dabei auch in der ersten Reihe, dritte und vierte von links, die beiden Töchter Klara und Elsa. (Foto: Privat)

Die Abbildung am Schluß des Bandes dokumentiert die Beerdigung der Opfer Wagners in Mühlhausen. (Foto: Privat)

Dank

»Schön und holdselig ist diese Dichtung nicht, mehr wie Cyan-kali, aber sie ist gut und war notwendig«, resümiert Hermann Hesse im Sommer 1919, als er *Klein und Wagner* abgeschlossen hatte. »In der ganzen Geschichte des Menschen ist kein Kapitel unterrichtender für Herz und Geist als die Annalen seiner Ver-irrungen«, lautet der erste Satz von Friedrich Schillers *Ver-brecher aus verlorener Ehre*.

Wenn ein einzelner der Spur des Hauptlehrers und Massen-mörders Wagner folgt, der wie Schillers »Verbrecher« sein erstes Geständnis in Vaihingen an der Enz ablegte, kann er sich leicht im Dickicht von Realität und Phantasie verirren, oder er gerät in einen Hinterhalt und landet in einem der Wag-nerschen Gräber. Wir hoffen, daß die Zusammenarbeit uns davor bewahrt hat.

Für Hinweise und Unterstützung möchten wir den vielen freundlichen und friedlichen Menschen aus Wissenschaft, Ar-chiven und Bibliotheken, aus Mühlhausen und Degerloch, Radelstetten und Scharenstetten danken. Insbesondere Anne-Marie Vindras, Dr. Martin Müller und Professor Dr. Klaus Foerster.

Darüber hinaus: Prof. Dr. Hartmut Binder, Franz Boger, Prof. Dr. Bernhard Bogerts, Prof. Dr. Gerhard Buchkremer, Ulrich von Bülow, Bernd Burkhardt, Dr. Urs Diederichs, Dr. Heinfried Duncker, Dr. Robert Fehlings, Prof. Dr. Ger-hard Fichtner, Harald Grieb, Klaus Hägele, Friedrich Hetzel, Dr. Gerhard Hildenbrand, Dr. Emanuel Hurwitz, Hans Ilgen, Dr. Bernhard Janta, Otto Jägersberg, Peter Stephan Jungk, Dr. Gerd Kimmerle, Wolfgang Kiwus, Donate Knippel, Dr. Martin Krupinski, Dr. Claudia Leins, Hanns Lenz, Sibylle

Lewitscharoff, Barbara und Elsbeth Loth, Volker Michels, Georg und Luise Ott, Prof. Dr. Uwe H. Peters, Dr. Friedrich Pfäfflin, Lilo Primke, Dr. Gerhard Raff, Robert Radu, Ernst Reichart, Karl Scheytt, Dr. Gertrud Schneider-Doveri, Michael Schulte, Peter Sindlinger, Heinrich Stooß, Jürgen Vogt, Horst Wieland, Prof. Dr. Wolfgang Wischmeyer.

Ferner dem Archiv der Eberhard-Karls-Universität Tübingen, dem Deutschen Literaturarchiv in Marbach, dem Staatsarchiv Ludwigsburg und dem Hauptstaatsarchiv Stuttgart, der Stadtverwaltung Vaihingen an der Enz, dem Psychiatrischen Landeskrankenhaus Winnenden und der Württembergischen Landesbibliothek Stuttgart.

Und nicht zuletzt unserer Lektorin Roswitha Gerlach.

WAGNER. LEHRER DICHTER MASSENMÖRDER von Bernd Neuzner und Horst Brandstätter, samt Hermann Hesses Novelle KLEIN UND WAGNER, ist im November 1996 als einhundertdreiundvierzigster Band der ANDEREN BIBLIOTHEK im Eichborn Verlag, Frankfurt am Main, erschienen.

Hermann Hesse hat seine Novelle erstmals 1919 in der von ihm mitbegründeten und -herausgegebenen Monatsschrift *Vivos voco* veröffentlicht. 1920 ist »Klein und Wagner« in der Sammlung *Klingsors letzter Sommer* bei S. Fischer in Berlin erschienen. Der Abdruck geschieht mit freundlicher Erlaubnis des Suhrkamp Verlages, Frankfurt am Main. (Copyright 1920 by Hermann Hesse. Alle Rechte bei und vorbehalten durch Suhrkamp Verlag, Frankfurt am Main).

Der Einbandschuber wurde gestaltet unter Verwendung eines Wagner-Portraits von Jan Peter Tripp, Barr-Mittelbergheim, Elsaß (Titel: *Wagner,* Entstehungsjahr: 1988. Technik: Kohle/Leinwand. Format: 123 × 88 cm).

Das Lektorat lag in den Händen von Roswitha Gerlach.